Christian Jacq

Né à Paris en 1947, Christian Jacq découvre l'Égypte à treize ans à travers ses lectures, et se rend pour la première fois au pays des pharaons quelques années plus tard. L'Égypte et l'écriture prennent désormais toute la place dans sa vie. Après des études de philosophie et de lettres classiques, il s'oriente vers l'archéologie et l'égyptologie, et obtient un doctorat d'études égyptologiques en Sorbonne avec pour sujet de thèse « Le voyage dans l'autre monde selon l'Égypte ancienne. »
Christian Jacq publie alors une vingtaine d'essais, dont *L'Égypte des grands pharaons* chez Perrin en 1981, couronné par l'Académie française. Il fut un temps collaborateur de France Culture, notamment pour l'émission « Les Chemins de la connaissance ». Parallèlement, il publie des romans historiques qui ont pour cadre l'Égypte antique ainsi que, sous pseudonyme, des romans policiers. Son premier succès, *Champollion l'Égyptien*, a suscité la passion des lecteurs en France comme à l'étranger, tout comme ses autres romans – *Le Juge d'Égypte*, *Ramsès*, *La Pierre de Lumière*, *Le Procès de la momie*, *Imhotep, l'inventeur d'éternité*. Après sa trilogie *Et l'Égypte s'éveilla* (XO Éditions, 2011) et *Le Dernier Rêve de Cléopâtre* (XO Éditions, 2012), il a publié *Néfertiti : l'ombre du Soleil* (XO Éditions, 2013).
Les ouvrages de Christian Jacq sont aujourd'hui traduits dans plus de trente langues.

ET L'ÉGYPTE S'ÉVEILLA

La Guerre des clans
Tome 1

DU MÊME AUTEUR
CHEZ POCKET

LA REINE SOLEIL
L'AFFAIRE TOUTANKHAMON
BARRAGE SUR LE NIL
LE MOINE ET LE VÉNÉRABLE
LE PHARAON NOIR
TOUTÂNKHAMON
LE PROCÈS DE LA MOMIE
IMHOTEP, L'INVENTEUR DE L'ÉTERNITÉ
LE DERNIER RÊVE DE CLÉOPÂTRE
NÉFERTITI

LE JUGE D'ÉGYPTE

LA PYRAMIDE ASSASSINÉE
LA LOI DU DÉSERT
LA JUSTICE DU VIZIR

RAMSÈS

LE FILS DE LA LUMIÈRE
LE TEMPLE DES MILLIONS D'ANNÉES
LA BATAILLE DE KADESH
LA DAME D'ABOU SIMBEL
SOUS L'ACACIA D'OCCIDENT

LA PIERRE DE LUMIÈRE

NÉFER LE SILENCIEUX
LA FEMME SAGE
PANEB L'ARDENT
LA PLACE DE VÉRITÉ

LA REINE LIBERTÉ

L'EMPIRE DES TÉNÈBRES
LA GUERRE DES COURONNES
L'ÉPÉE FLAMBOYANTE

LES MYSTÈRES D'OSIRIS

L'ARBRE DE VIE
LA CONSPIRATION DU MAL
LE CHEMIN DE FEU
LE GRAND SECRET

MOZART

LE GRAND MAGICIEN
LE FILS DE LA LUMIÈRE
LE FRÈRE DU FEU
L'AIMÉ D'ISIS

LA VENGEANCE DES DIEUX

CHASSE À L'HOMME
LA DIVINE ADORATRICE

ET L'ÉGYPTE S'ÉVEILLA

LA GUERRE DES CLANS
LE FEU DU SCORPION
L'ŒIL DU FAUCON

CHRISTIAN JACQ

ET L'ÉGYPTE S'ÉVEILLA

La Guerre des clans

Tome 1

XO EDITIONS

Le papier de cet ouvrage est composé de fibres naturelles, renouvelables, recyclables et fabriquées à partir de bois provenant de forêts plantées et cultivées durablement pour la fabrication du papier.

ISBN : 978-2-266-26074-9

Une question m'a souvent été posée : comment l'Égypte des pharaons est-elle née, de quelle manière s'est affirmée cette prodigieuse civilisation ? Quantité de livres et d'articles ont été écrits à ce sujet, balançant entre données historiques et mythiques.

Grâce à de récentes découvertes, notamment à Abydos, il est possible de soulever au moins l'un des coins du voile et de pressentir, avec une relative certitude, ce qui s'est passé.

C'est cette épopée de la « dynastie zéro », des chefs de clan et de l'émergence de la royauté pharaonique, que le romancier, étroitement associé à l'égyptologue, désire vous raconter en ressuscitant ces temps primordiaux.

À paraître :

Tome 2 : Le Feu du Scorpion
Tome 3 : L'œil du Faucon

1

Le ciel explosa, la terre se déchira.

Pris de panique, les membres du clan, placés sous la protection du coquillage sacré, se ruèrent vers la vaste hutte de leur chef. Des vieillards, des enfants et un boiteux furent piétinés.

Indifférent aux hurlements des humains, le jeune Narmer contempla les convulsions provoquées par la colère des dieux. Le vent violent emporta les habitations en roseaux, les marais saumâtres se mirent à bouillonner.

Âgé de dix-sept ans, élancé mais solide, le visage grave, Narmer voulait vaincre sa peur et ne pas reculer devant la tourmente. Dans ces zones humides, où l'eau régnait en maîtresse absolue, l'existence était rude. L'adolescent, comme tant d'autres, avait échappé de justesse aux crocodiles et à quantité de périls menaçant la vie de son clan.

Personne ne remettait en question l'autorité de Coquillage, un quinquagénaire aux yeux glauques, fuyant et rusé. Ses derniers opposants avaient été retrouvés noyés, et nul ne s'autorisait à contester ses décisions.

Pourtant, la fureur de l'au-delà se déchaînait.

Qui était responsable, sinon le chef du clan ?

Soudain, une petite main s'agrippa à celle de Narmer. Une jolie brunette de sept ans, serrant sur sa poitrine sa poupée de chiffons.

— Tu vas me protéger ?

— Où sont tes parents ?

— Ils m'ont oubliée.

— Je ne suis pas plus fort que l'orage !

— Oh si, tu l'es ! Mais tu ne le sais pas encore.

Surtout, ne pas la décevoir.

Un éclair jaillit de la masse de nuages, et la foudre tomba à une centaine de pas.

— Entendu, je m'occupe de toi. Tiens-moi très fort.

Avançant avec peine à cause de la violence du vent, le jeune homme et la fillette prirent la direction d'un bras d'eau en furie, résidence du bon génie de Narmer, « l'aimé du poisson-chat ».

Long de trois mètres, les nageoires pectorales équipées d'épines venimeuses pouvant causer la mort, le maître des lieux était d'humeur agressive, et les pêcheurs avaient renoncé à le capturer.

Une faille s'ouvrit sous les pieds de la gamine, Narmer la rattrapa de justesse.

— J'ai sauvé ma poupée ! Tu verras, le dieu de la terre ne nous engloutira pas.

Se sentant responsable d'une vie, le garçon domptait sa peur.

Le bras d'eau n'était qu'enchevêtrement de vagues naissant de bourrasques en provenance de toutes les directions. Trempés, Narmer et sa protégée parvinrent à une rive miraculeusement intacte.

Il était là.

Les yeux fixes, à demi enfoui dans la vase, l'énorme poisson-chat semblait les attendre.

— Imitons-le, préconisa Narmer, allongeons-nous et terrons-nous !

La tempête redoubla d'intensité. Tenant fermement le jeune homme d'une main et sa poupée de l'autre, la fillette sourit.

— Ton génie est puissant, il nous aide. Si nous ne quittons pas son regard, la mort nous épargnera.

Narmer suivit le conseil, tentant d'oublier le vacarme d'éléments en folie. Une pluie brune tombait, des stries noires barraient un ciel rouge, des colonnes d'eau verdâtre montaient des marais.

Le jour et la nuit n'existaient plus, le soleil et la lune avaient disparu. Les heures n'étaient qu'un chemin chaotique menant au néant. Confiante, la fillette s'endormit. Narmer, lui, s'entêtait à fixer le poisson-chat, ultime point d'ancrage à son ancien monde.

Cette fatalité, il la refusait de tout son être.

Pourquoi cette colère des dieux, quelle en était la cause ? Certes pas lui ! Donc, il n'avait pas à subir un châtiment immérité. En évitant le pire, grâce à son génie protecteur, il ne se contenterait pas de le remercier et de retourner à l'existence insipide d'un membre du clan obéissant à Coquillage.

Narmer voulait déchiffrer ces signes. Ils avaient forcément un sens caché, et seule la connaissance de ce mystère tracerait son destin.

Quand la fillette s'éveilla, les vents tombèrent et le bras d'eau du poisson-chat retrouva son calme. Alors, il disparut.

— J'ai bien dormi, dit-elle. Toi, tu as veillé et tu nous as sauvées, ma poupée et moi. Les dieux ne l'oublieront pas.

Elle nettoya soigneusement sa compagne de chiffons, pendant que Narmer, ivre de bruits assourdissants, titubait.

Le silence fut abrutissant.

Un silence anormal, plus effrayant que la tempête. Pas un chant d'oiseau, pas la moindre brise, pas un rire d'enfant.

Le cataclysme avait dévasté le territoire du clan Coquillage, situé à proximité de la mer, et comprenant un dédale de marais, de forêts de papyrus et d'îles herbeuses. Le poisson y était abondant, et nul étranger ne s'aventurait dans ces lieux dont il fallait connaître chaque recoin pour survivre.

Papyrus déchiquetés, îlots anéantis, chenaux bouleversés, nouvelles langues de terre apparues à côté de fosses inondées. Par une trouée, on apercevait même l'immense et dangereuse étendue d'eau salée sur laquelle naviguaient parfois d'intrépides membres du clan.

— On rentre chez nous, décida la fillette. Ma poupée a faim.

Sans lâcher la main de Narmer, elle emprunta un chemin improbable. Les points de repère avaient disparu, l'horizon changé de place. Pourtant, elle ne s'égara pas et, au détour d'une butte sableuse, apparurent les ruines du village.

Çà et là, des cadavres.

Des noyés flottaient à la surface de mares verdâtres, des femmes recherchaient les corps de leurs enfants, des vieillards hébétés se tenaient accroupis, le regard vide. Quelques robustes pêcheurs commençaient à nettoyer les lieux.

Ouverte en deux, privée de toit, la case du chef tenait encore debout. Agité, couvert de boue, il distribuait ses consignes.

— S'il ne t'écoute pas, prédit la fillette à Narmer, le clan mourra.

2

Ayant perdu ses parents très jeune, Narmer connaissait la souffrance. Recueilli par une cousine, il s'était habitué à la solitude en acquérant son indépendance. Ses dons de pêcheur avaient assuré sa subsistance, et il ne devait rien à personne. Jusqu'à cet instant, il s'était cru aussi endurci qu'un rocher résistant au flot et aux vents.

Mais cette désolation lui déchira le cœur.

Tant de victimes, tant de désespoir… Un tel désordre n'était pas le fait du hasard.

— Recherchons tes parents, dit-il à la fillette.

— Ce n'est pas la peine. Le dieu de la terre les a engloutis.

— Si tu dis vrai, qui s'occupera de toi ?

— Ma hutte est la seule intacte, je saurai me débrouiller.

La gamine ne se trompait pas. Son modeste logement, en roseaux solidement tressés, avait échappé à la fureur des éléments. À l'intérieur, de la nourriture et des vêtements.

— Mangeons, décida-t-elle. Ensuite, tu iras voir le chef.

— Qu'aurai-je à lui dire ?

— La vérité. Et je te le répète : s'il ne t'écoute pas, le clan mourra.

Troublé, le jeune homme dégusta du poisson séché et vida une jarre d'eau. Revigoré, il accepta l'évidence : il avait bel et bien envie de parler au souverain.

En sortant de la hutte, il se heurta au fils de Coquillage, un barbu arrogant.

— Au lieu de te reposer, tu ferais mieux de nous aider. Il faut brûler les corps et reconstruire le village.

Narmer acquiesça.

La journée fut épuisante. Accablés de douleur, les membres du clan se parlaient à peine. La mort n'avait épargné aucune famille, chacun pleurait un proche. Plus de la moitié de la communauté avait disparu, et les habitants, après avoir rebâti leurs demeures, devraient s'habituer à un nouvel environnement que la mer menaçait.

Des femmes valides avaient ramassé des moules d'eau douce, puis préparé un repas rassemblant les rescapés. On alluma des feux et on s'inclina devant le chef du clan qui brandit l'emblème sacré dont il était le détenteur : un coquillage géant aux sept appendices pointus.

— Voici notre véritable fortune, affirma-t-il. Elle garantit notre avenir et nous protège contre le malheur. Les dieux m'ont préservé, mon pouvoir est intact : demain, votre clan retrouvera ses forces. Sous mon autorité, vous vivrez heureux et en paix.

La voix était hésitante, le ton geignard. Néanmoins, la majorité voulut croire aux déclarations de Coquillage, et son fils déclencha une série d'acclamations.

Narmer demeura muet.

On rassembla des nattes, et les membres du clan s'endormirent à la belle étoile. L'héritier du chef s'approcha de Narmer, assis à l'écart.

— Pourquoi es-tu resté silencieux, au lieu d'honorer notre souverain ?

— À ton avis ?

La question surprit le barbu.

— Aurais-tu des reproches à lui adresser ?

— Pas toi ?

— Serais-tu devenu fou, Narmer !

— La colère des dieux ne châtie-t-elle pas un mauvais dirigeant et, à travers lui, ses sujets ?

— Je préfère ne rien avoir entendu !

— Tu as bien entendu.

— Si je rapporte ces propos à mon père, tu seras condamné et exécuté.

— Ne te donne pas cette peine, je lui parlerai en personne.

La détermination du jeune homme impressionna le barbu.

— Ce désastre nous a tous bouleversés, je mets tes propos sur le compte de l'émotion.

— Demande audience à ton père, je désire m'entretenir avec lui au plus vite.

— Nous ne sommes pas amis, Narmer, et je ne t'apprécie pas. Mais dans les circonstances actuelles, nous avons besoin de tes bras. Reprends tes esprits, oublions cette conversation et renonce à ta démarche insensée.

— J'exige cette entrevue.

L'œil mauvais, le barbu s'écarta.

— Espérons que la nuit te calmera. Coquillage déteste les provocateurs et les traite comme ils le méritent. Tiens-toi à ta place, et tu n'auras pas d'ennuis. Sinon…

Serein, Narmer n'éprouva aucune crainte. Conscient de son devoir, il n'avait pas le choix. Ne ressentant pas le besoin de dormir, il bénéficia de la lumière de la pleine lune pour travailler la nuit durant à la remise en ordre du village.

La nature semblait reprendre son rythme, des milliers d'étoiles brillaient. N'était-ce pas un répit illusoire ? La tranquille suite des jours venait de se briser ; ce cataclysme n'oblitérait-il pas l'avenir ?

Peu avant l'aube, Narmer retrouva le cadavre de sa mère adoptive. Il le dégagea de la boue, le lava et l'enterra. Attentive, généreuse, cette femme lui avait permis de grandir et de devenir un homme. Elle reposerait ici, au sein de sa terre natale.

Un chaud soleil réveilla les rescapés. Les yeux hagards, la plupart espérèrent avoir subi un banal cauchemar. Mais la réalité du drame les écrasa, et beaucoup peinèrent à se lever, regrettant de sortir du sommeil.

Narmer se dirigea vers la hutte de Coquillage. Son fils était allongé sur le seuil.

— Je demande audience.

Le barbu se redressa.

— Toi… C'est toi ? Alors, tu persistes !

— Je persiste.

— Réfléchis une dernière fois, Narmer ! Notre chef ne supporte pas qu'on lui manque de respect, et sa loi s'exerce de manière inflexible.

— S'il a correctement agi, c'est le propre d'un bon guide.

— Je ne te comprends pas…

— Va prévenir ton père. J'attendrai le temps nécessaire.

Furibond, le barbu s'exécuta.

Narmer était conscient d'entreprendre une démarche décisive et de ne plus pouvoir revenir en arrière. L'essentiel consistait à ouvrir son cœur.

3

Armé d'un lourd bâton servant à tuer les poissons, le fils du chef réapparut.

— Toujours décidé, Narmer ?

— Toujours.

— Entre, mon père accepte de te recevoir.

Le jeune homme franchit le seuil et s'inclina.

La vaste hutte de Coquillage était dévastée ; la remettre en état prendrait du temps. Assis sur une natte grossière, le bras et la main gauches couverts d'un emplâtre, mal rasé, le cheveu triste et le regard bas, il paraissait à bout de forces.

— Sois bref, mon garçon. J'ai besoin de soigner mes blessures et de me reposer.

— Seriez-vous gravement atteint ?

— Ça ne te regarde pas !

— Ça regarde tous les membres du clan.

— Je leur ai redonné confiance, ils m'obéiront.

— Cette confiance, je l'ai perdue.

Coquillage regarda Narmer par en dessous.

— Voilà des propos bien imprudents… Explique-toi !

— On ne dirige pas un clan sans la faveur des dieux.

— Ce n'est pas à toi d'en juger !

— Le ciel, l'orage, la foudre, les vents, l'eau et la terre n'ont-ils pas manifesté leur colère à votre égard ?

— Certainement pas, puisque je suis vivant ! Que cela te plaise ou non, mon garçon, je continue à régner.

— En ce cas, autorisez-moi à sortir de notre territoire.

Coquillage ne cacha pas sa stupéfaction.

— Tu veux… mourir ?

— Je veux comprendre.

— Comprendre… quoi ?

— Les paroles des dieux. Soit vous êtes responsable de ce désastre, et le clan doit choisir un autre chef ; soit l'explication est ailleurs, et je désire découvrir cet ailleurs.

— Il n'existe pas, Narmer ! Le seul endroit habitable pour des humains, c'est notre domaine. Au-delà, il n'y a que le néant.

— Jusqu'à présent, je l'ai cru.

— Ma parole ne te suffit-elle pas ?

Le despote se releva avec peine et planta son regard dans celui de Narmer.

— Tu oses m'accuser de mensonge ?

— Les dieux ne vous ont-ils pas abandonné ?

De sa main valide, le chef de clan brandit le coquillage sacré.

— Voici le symbole de mon pouvoir absolu ! Incline-toi immédiatement.

Narmer baissa légèrement la tête.

— M'accordez-vous l'autorisation d'explorer le monde extérieur ?

Le visage de plus en plus rouge, le quinquagénaire se mit à hurler.

— Tu cherches à prouver ma faiblesse et à prendre ma place ! Je te briserai, Narmer, je te…

La bouche grande ouverte, Coquillage manqua d'air. Ses yeux devinrent fixes, il vacilla, lâcha son emblème et s'écroula.

Au moment où Narmer ramassait la précieuse relique pour s'assurer qu'elle était intacte, le fils du chef et deux acolytes, eux aussi armés de bâtons, pénétrèrent dans la hutte.

— Il a été victime d'un malaise, expliqua le jeune homme.

— Tu l'as tué, affirma le barbu, et tu mérites le pire des supplices.

*

Frappé, ligoté, Narmer avait été condamné sans le moindre jugement. Il n'avait même pas pu se défendre devant les membres du clan. Assassiner son chef était un crime abominable, et les rescapés avaient rendu leur sentence en criant « à mort », reconnaissant le barbu comme nouveau guide, détenteur du coquillage sacré.

Attaché à un poteau planté au pied d'une petite butte environnée de marais hostiles, Narmer mourait lentement, dévoré par les insectes et la gorge desséchée.

Impossible de se détacher. Ses tortionnaires étaient experts en nœuds, et ils avaient promis de revenir afin de s'assurer que les souffrances de leur victime ne cessaient d'augmenter.

Éprouvant une formidable envie de vivre, le supplicié se révoltait contre ce destin injuste. Il n'avait ni offensé les dieux ni commis d'acte indigne, et refusait cette mort-là. Mais la douleur provenant des coups reçus, la morsure des moustiques, la soif et les brûlures du soleil commençaient à entamer son énergie.

Non loin, des clapotis. Un crocodile en maraude lui sectionnerait aisément une jambe.

Narmer avait su se battre pour conquérir son autonomie au sein du clan. À présent, le courage ne suffisait pas.

Et le mensonge triomphait.

— Ne t'inquiète pas, murmura une petite voix. J'ai un couteau.

La lame de silex fut efficace. La fillette trancha les liens un à un et libéra le jeune homme.

— Je t'ai apporté notre trésor. Toi seul es digne de le posséder.

D'un sac grossier, la brunette sortit le coquillage sacré et le remit à Narmer.

Stupéfait, il le présenta au ciel.

— Comment t'en es-tu emparée ?

— Ils ont dansé la nuit entière pour célébrer le nouveau chef. Quand ils se sont endormis, je me suis glissée à l'intérieur de sa hutte. Coquillage ne t'a pas écouté… Alors, le clan disparaîtra. Maintenant, il faut t'en aller, très loin.

— Tu viens avec moi !

La fillette eut un air boudeur.

— Pas sans ma poupée. Je vais la chercher.

— Je t'accompagne !

— Surtout pas, ils te reprendraient et te découperaient en morceaux. Tiens-toi à bonne distance du village.

Narmer suivit les directives de son alliée.

À l'abri au cœur d'un fourré de papyrus hauts de six mètres, il reprit enfin son souffle. Un papillon multicolore se posa sur son épaule, un pélican traversa le ciel bleu. Épuisé, le rescapé s'assoupit.

4

Une odeur effroyable et des cris déchirants réveillèrent Narmer.

Les cris étaient ceux d'oisillons que dévorait une genette, après avoir gravi en silence une tige de papyrus et découvert leur nid.

L'odeur, celle de la chair grillée.

Le jeune homme sortit de son abri végétal. Au loin, montant de l'emplacement du village, des colonnes de fumée noirâtre.

N'oubliant pas le sac contenant l'inestimable coquillage sacré, il s'élança en direction de l'endroit où il avait vécu en paix jusqu'à ce jour. Quel nouveau désastre avait déclenché le fils du chef défunt, incapable de régner ?

Progressant à grandes enjambées, Narmer ne tarda pas à atteindre son but.

La puanteur était insupportable ; éparpillés, des cadavres noirâtres. La principale colonne de fumée provenait des débris de la hutte du chef ; y étaient entassés de nombreux corps, méconnaissables. Autour, des têtes tranchées et des membres découpés.

Bouleversé, Narmer demeura prostré un long moment.

Les membres du clan s'étaient-ils entre-tués ? Non, ils avaient été exterminés !

Affolé, il explora les restes calcinés de la hutte de la fillette.

Il en exhuma la petite dépouille, percée d'une flèche qui avait traversé la poupée qu'elle serrait sur sa poitrine.

La prenant dans ses bras, il hurla de rage.

— Dieux, je vous jure que je la vengerai ! Je consacrerai le reste de ma vie à retrouver l'assassin et, quel qu'il soit, je lui ferai payer son crime !

Seul le chef du clan connaissait les formules de l'inhumation rituelle. Narmer se contenta de vénérer l'âme de l'enfant, de verser des pleurs et d'envelopper le cadavre avec des morceaux de natte. Il l'enterra auprès de sa mère adoptive et pria les puissances du ciel et de la terre, en les suppliant de l'aider à accomplir sa vengeance.

Jamais il n'oublierait la voyante qui lui avait sauvé la vie.

Ses prédictions s'étaient réalisées : en refusant d'écouter Narmer, Coquillage avait provoqué le massacre de son clan.

Mais cette sauvagerie… Elle était forcément l'œuvre de démons surgis des ténèbres auxquels le chef avait été incapable de s'opposer !

Avoir vu juste ne réjouissait pas Narmer.

Il parcourut les ruines du village, sans savoir ce qu'il cherchait. Tous les êtres qu'il connaissait étaient morts de manière horrible, son passé n'existait plus.

Étonné, il ramassa un étrange objet. Une sorte de peigne, fabriqué dans un matériau inconnu, dont la partie supérieure semblait représenter un animal. Il n'appartenait pas à un membre du clan Coquillage.

Des agresseurs l'auraient-ils abandonné ou perdu ?

Perplexe, Narmer explora le site martyrisé, à la recherche d'autres indices.

En vain.

Provenant de la lisière d'une vaste mare, en bordure du village, une sorte de soupir l'alerta. Puis il entendit distinctement un appel à l'aide.

Intrigué et méfiant, Narmer s'approcha d'un amas de jarres brisées qui avaient contenu du poisson séché.

— Sauve-moi, implorait une voix tremblotante.

Le jeune homme ôta plusieurs gros morceaux et découvrit le fils du chef, couvert de sang.

— C'est toi, mon ami ! Quel bonheur de te revoir… Ainsi, tu leur as échappé !

— C'est à toi que j'ai échappé.

— Je t'aurais délivré, sois-en certain ! C'était juste une punition.

— Ne m'avais-tu pas condamné à une mort atroce, au mépris de la vérité et de la justice ?

— Sûrement pas ! Je comptais même te nommer à mon grand conseil. Un homme de ta valeur était indispensable au clan. Libère-moi, je t'en prie… J'ai les jambes brisées.

— Que s'est-il passé ?

— Dégage-moi, Narmer.

— Raconte d'abord.

Le barbu avala sa salive.

— Une nuée de tueurs s'est abattue sur notre clan. Impossible de leur résister.

— Décris-les-moi.

— Des grands, des petits, des trapus… Ils maniaient des armes inconnues.

— Leur chef ?

Le barbu hésita.

— Une sorte de géant, à la voix puissante.

Une idée sinistre germa dans l'esprit de Narmer.

— Toi, le maître de notre clan, l'as-tu combattu ?

Le regard du blessé vacilla, il chercha ses mots.

— Je n'avais que mon bâton et…

— Tu t'es caché, avoue-le, et tu as laissé tes sujets se faire massacrer.

— Nous n'étions pas de taille, mon ami !

— Lâche parmi les lâches, tu as abandonné les tiens. Est-il pire trahison ?

— Ensemble, nous recréerons une tribu. Et tu seras mon souverain !

— À cause de toi et de ton père, les dieux ont détruit le clan Coquillage. Qu'ils jugent ta conduite.

Narmer dégagea le barbu et lui tourna le dos.

— Aide-moi, implora-t-il, ne m'abandonne pas !

Indifférent aux supplications du menteur doublé d'un couard, le jeune homme s'éloigna. Où aller ? Certainement pas du côté de la mer dangereuse, remplie de créatures maléfiques. Donc, il prendrait la direction du sud.

Si le défunt Coquillage avait dit la vérité, il n'y aurait que des marais et des forêts de papyrus à perte de vue, peuplés de bêtes sauvages et de démons contre lesquels Narmer ne saurait pas se défendre.

Mais les dieux avaient châtié ce mauvais chef, sanctionnant sa duplicité. En interdisant aux membres de son clan de franchir les limites de son domaine, il s'était condamné lui-même en provoquant un cataclysme.

L'attaque prouvait l'existence d'un autre clan, suffisamment cruel et brutal pour détruire un village entier. Les agresseurs se trouvaient-ils à proximité, Narmer ne tomberait-il pas entre leurs mains, son voyage dans l'inconnu à peine commencé ?

Rester ici était exclu.

Le jeune homme donna du chemin à ses pieds[1] et sortit du territoire du clan Coquillage, à jamais englouti.

1. Expression égyptienne.

5

Abydos, « la Montagne de l'Éléphant [1] », était considérée par tous les clans comme la porte de l'au-delà. Personne ne fréquentait cet endroit étrange où régnaient des forces mystérieuses et incontrôlables. La cheffe Éléphante avait légué son ancien domaine à Chacal dont les meutes surveillaient en permanence ce territoire sacré, peuplé de nécropoles abritant les squelettes de chefs de tribu, enterrés avec leurs armes et leurs parures. Les vents de sable avaient recouvert les sépultures oubliées, et le souffle rauque de la mort ne cessait de hanter la vaste étendue désertique entre le village et les collines barrant l'horizon.

Les éléphants s'étaient réfugiés plus au sud, près de la première cataracte du Nil [2], abandonnant le contrôle de cette frontière de l'invisible au Premier des Occidentaux, le maître des chacals.

Élancé, l'œil vif, rapide au point d'effectuer le tour de la terre en un instant, Chacal ne sortait pas d'Abydos et ses fidèles se contentaient de monter la garde. Guide

1. Ab-djou, à 500 km au sud du Caire, capitale actuelle de l'Égypte.

2. Barrière rocheuse à la frontière méridionale de l'Égypte (jadis Éléphantine).

des morts, détenteur de secrets inaccessibles aux humains, il provoquait une profonde frayeur lorsque ses yeux orange fixaient un adversaire.

Des dizaines de chacals s'étaient rassemblés autour de leur souverain, les uns prêts à bondir sur un ennemi, les autres portant des masques dissuasifs et décidés à seconder leurs frères animaux. Une petite armée, certes, mais capable de défendre son royaume. Quel insensé commettrait la folie d'attaquer Abydos, au risque de déclencher la fureur des forces du néant ?

Se sentant en sécurité, Chacal accueillait les maîtres des clans qui se partageaient le Nord et le Sud. À l'issue de luttes féroces, certaines lignées – tels le héron, le hérisson, le serpent – se contentaient de subsister. Se partageant le pays, les vainqueurs figeaient la situation, évitant des affrontements meurtriers. Une seule règle : chacun chez soi, chacun pour soi.

Et cette règle, quelqu'un venait de la briser.

Aussi Chacal, au terme de longs palabres, avait-il convaincu ses pairs de se rassembler à Abydos, en garantissant que cette rencontre ne tournerait pas au massacre.

Au milieu d'un cercle soigneusement tracé, il déposa le coffre mystérieux contenant les parties du corps de la puissance divine assassinée et ressuscitée. Nul, à l'exception du Premier des Occidentaux, ne pouvait toucher ce reliquaire sans être foudroyé. Sa vue apaiserait les esprits échauffés. N'affirmait-on pas que, sur l'ordre de Chacal, des flammes dévastatrices en jaillissaient ?

Chargé de compter les cœurs et de juger les vivants, il ouvrit les chemins menant au cercle magique.

La première à se présenter fut la souveraine du clan des éléphants, précédée de son enseigne. Âgée et ridée, elle se déplaçait lentement. Dotée de grandes oreilles et de petits yeux, Éléphante semblait indestructible. Pourtant, elle connaissait l'état exact de ses forces et déplorait le manque de naissances. Année après année, la taille de son clan se réduisait. Trop de mortalité, pas assez de nourriture… La paix était une aubaine. S'il fallait repartir en guerre, la cheffe craignait l'extinction des siens, néanmoins redoutés de l'ensemble de leurs adversaires.

Au moment où Éléphante prit place à l'endroit que lui désignait Chacal, le barrissement du mâle qui l'avait escortée troubla le silence d'Abydos. Au loin, le colosse affirmait ainsi sa vigilance.

Apparut le chef du clan Taureau, accompagné de la maîtresse de celui des Cigognes, tous deux régnant sur le nord de l'Égypte. Quoique cheffe de clan et reconnue comme telle, Cigogne, dont l'esprit était capable de traverser l'espace et d'y percevoir les messages des dieux, ne prenait pas d'initiative sans consulter l'impressionnant Taureau. Méditative, Cigogne détestait les conflits et les éclats de voix. Elle avait réussi à persuader son voisin, colérique et batailleur, de se contenter de son territoire qu'il contrôlait en despote absolu, à la tête d'un troupeau de taureaux sauvages. Mieux valait ne pas déclencher leur fureur.

À l'invitation de Chacal, Taureau et Cigogne s'assirent côte à côte. Les maîtres du Nord n'auraient guère apprécié une séparation.

À l'apogée de sa force physique, Taureau avait une tête carrée, un cou épais, un large torse et des jambes inébranlables. La seule vue de sa musculature dissuadait un ennemi potentiel, et son regard noir, alliance de domination et d'agressivité à peine contenue, clouait le bec d'éventuels contestataires.

« Éléphante est arrivée la première, pensa Taureau, afin de conclure des accords secrets avec Chacal. Ces deux-là ont toujours comploté. »

Il fixa l'homme à tête de chien.

— Des décisions auraient-elles été prises à mon insu ?

— Bien sûr que non, répondit Chacal. Je n'exerce pas le moindre pouvoir sur les clans, et mon rôle consiste seulement à garantir la neutralité de cette réunion exceptionnelle.

Comme Cigogne hocha affirmativement la tête, Taureau se sentit rassuré. Il continuerait néanmoins à se méfier de l'intelligence d'Éléphante et de l'habileté de son complice, Chacal.

Un enseigne annonça l'arrivée de Lion, chef redoutable et redouté qui, grâce à son armée de rudes guerriers et ses hordes de fauves, occupait une vaste partie du Sud. Doté d'une superbe crinière, athlétique, Lion avait une voix grave et jouait de sa prestance.

— Je vous salue.

Ses égaux s'inclinèrent.

Quand Chacal conduisit Lion à sa place, ce dernier hésita, vérifiant qu'il ne serait pas désavantagé. Au passage, Taureau et Lion échangèrent un regard hostile. Depuis la conclusion d'un pacte de non-agression, ils ne s'étaient pas rencontrés, mais leur haine réciproque demeurait palpable. Le sourire supérieur de Lion ne désarma pas l'agressivité de Taureau, aux narines dilatées.

La venue d'Oryx mit fin à ce début d'affrontement. Grand, robuste et farouche, il dirigeait un clan vindicatif défendant un territoire du Sud assez modeste. Les longues cornes acérées de ses meilleurs sujets avaient déjà éventré des lionnes, et nul ne souhaitait affronter ce combattant. La tête haute, il dévisagea les membres de l'assemblée.

Chacal le pria de prendre place.

— Vous aurais-je fait patienter ? s'inquiéta Oryx, nerveux.

— Tu n'es pas le dernier, précisa Éléphante.

— Les discussions ont-elles commencé ?

— En tant que maître des cérémonies, indiqua Chacal, comment aurais-je commis un tel faux pas ?

Tous approuvèrent.

— Faudra-t-il attendre indéfiniment les retardataires ? s'insurgea Lion.

L'apparition de Gazelle évita des débats houleux. Fine, légère, les yeux allongés et délicatement fardés, la souveraine du plus petit clan du Sud, dépourvu d'armes et de guerriers, charma l'assemblée par sa seule présence. Elle paraissait fragile et inoffensive, mais ses dons de diplomate n'avaient-ils pas permis d'aboutir à l'équilibre actuel ? Douce et mélodieuse, sa voix apaisait les tensions. Et lorsqu'elle se déplaçait, on assistait, émerveillé, à une sorte de danse envoûtante. Gazelle était une éternelle jeune femme, au visage lumineux, aux yeux remplis d'amour et de compassion. À son peuple sans défense, elle enseignait l'art de négocier.

Même Taureau, à son corps défendant, cédait à l'emprise de cette créature née de la beauté et de la grâce. Et Lion ne se lassait pas de la contempler.

Gazelle occupa la place que lui attribua Chacal, lui aussi fasciné.

Restaient deux sièges vides.

Ceux de Crocodile, maître d'un énorme clan du Sud, à la tête d'une bande de prédateurs impitoyables, et de Coquillage, chef d'une minuscule communauté, aux confins des marais du Nord.

— Ils ne viendront pas, annonça Cigogne.

Cette déclaration glaça l'assistance. Chaque chef de clan disposait d'un pouvoir surnaturel, lié aux dieux. Cigogne savait percer les secrets du temps, s'envoler vers l'invisible et en revenir.

Personne ne douta de sa prédiction.

— En ce cas, déclara Taureau, cette réunion est inutile.

— J'ai une information extrêmement grave à vous communiquer, intervint Chacal. C'est la raison pour laquelle vous avez accepté de venir à Abydos en vous plaçant sous ma protection.

— Nous t'écoutons, décida Lion.

6

— J'ignore le motif de l'absence de Crocodile et je la déplore, précisa Chacal.

— Moi, je le connais ! affirma Oryx. À son habitude, il refuse tout contact avec les autres clans et toute négociation. En usant de sa magie, Gazelle lui a extirpé un accord de paix qu'il n'a pas reconnu de manière formelle.

— Exact, admit Éléphante. Au moins, il le respecte.

— La crainte de mon armée l'oblige à se tenir sur la réserve, affirma Lion.

— Ne redoute-t-il pas aussi Éléphante et Taureau ? demanda Oryx, piquant.

Lion haussa les épaules, Cigogne sourit.

Chacal s'exprima d'une voix sourde :

— Le siège de Coquillage, lui, restera vide à jamais.

Oryx sursauta.

— Que veux-tu dire ?

— Les clans s'étaient partagé le Nord et le Sud, à la condition de ne plus s'affronter et de respecter strictement leur territoire. Ce pacte vient d'être rompu.

— Rompu… Comment ? s'étonna Taureau.

— Le clan Coquillage a été anéanti, révéla Chacal.

Un silence pesant s'établit.

Lion le brisa.

— Est-ce… une certitude ?

— Malheureusement oui. Un chien errant des marais a constaté ce désastre, et j'ai envoyé sur place un émissaire.

— Qui a massacré le clan Coquillage ? demanda Taureau.

— Voici la question essentielle.

— As-tu… la réponse ?

L'œil orange de Chacal parcourut l'assistance et se posa, tour à tour, sur chacun des chefs de clan.

— Cette réponse, je ne la possède pas. En revanche, l'un ou l'une de vous détient la vérité.

Taureau grogna, Cigogne baissa les yeux, Éléphante se redressa, Oryx s'agita, Lion tourna la tête, Gazelle prit un air triste.

— Pourquoi a-t-on détruit un clan entier au mépris de notre accord sacré, passé devant les dieux, et quel est le coupable ? reprit Chacal.

— Je doute fort qu'il se dénonce de lui-même, estima Éléphante.

— Des indices ont-ils été recueillis ? demanda Oryx.

— Aucun, répondit Chacal. Le village a été incendié, les cadavres brûlés. L'attaque fut d'une rare sauvagerie.

— Il ne faut peut-être pas rechercher l'assassin très loin du lieu du crime, suggéra Lion. Coquillage était un clan du Nord…

Poings serrés, visage empourpré, Taureau se leva.

— Oserais-tu m'accuser ?

— La timide Cigogne, ton admiratrice, n'apprécie pas la violence. Toi, en revanche… Si le malheureux Coquillage a commis l'erreur de te manquer de respect, il l'aura payé de sa vie.

Voyant Taureau prêt à foncer sur Lion, Chacal s'interposa.

— Je vous ai promis que nul conflit n'entacherait ce lieu sacré ! Si nécessaire, je déclencherai le feu du coffre mystérieux.

Ni Taureau ni Lion ne prirent la menace à la légère. Le regard empli de colère, le premier présenta sa défense sous l'œil dédaigneux du second.

— Mon territoire me suffit, et j'ai fourni la preuve de ma loyauté ! Oui, mes troupes sont puissantes et ne redoutent personne. Mais qui s'en est plaint, depuis la conclusion de notre pacte ? Lion ne peut pas en dire autant ! N'a-t-il pas attaqué des membres du clan Oryx ?

— Simple bévue d'une lionne trop zélée, affirma Lion. On s'est expliqués, et tout est rentré dans l'ordre. Quant à moi, pourquoi aurais-je voulu conquérir le misérable domaine de Coquillage, perdu à la lisière de marécages inhospitaliers ?

— Pas conquérir, objecta Oryx, mais démontrer ta force, une fois encore !

Lion se figea.

— Toi, ne me provoque pas. Sinon…

— À quoi servent ces affrontements ? intervint Gazelle. Ni moi ni Cigogne ne disposons d'armes. Éléphante ne s'est jamais aventurée dans les étendues d'eau du Nord, pas davantage qu'Oryx. Et les explications de Taureau et de Lion me paraissent acceptables.

— En ce cas, conclut Cigogne, un seul coupable possible : le grand absent de cette assemblée, Crocodile. Bien qu'il possède de vastes étendues au Sud, lui et ses monstres sont capables de s'infiltrer au Nord.

— Ne l'aurais-tu pas pressenti ? s'étonna Éléphante.

— La magie de Crocodile est si efficace qu'elle trouble mes perceptions. En empruntant les innombrables cours d'eau, il a pu atteindre le village du clan Coquillage, incapable de résister à son assaut.

— Le coupable idéal, jugea Lion, narquois.

— Son absence n'est-elle pas un aveu ? demanda Oryx.

— Crocodile refuse de participer à toute réunion. Est-ce suffisant pour l'accuser ? Le véritable assassin, s'il est parmi nous, en a tenu compte.

— Les clans sont les expressions des dieux, rappela Chacal. Nous avons eu la sagesse d'interrompre nos guerres et de nous partager le pays.

— À la condition que rien ne bouge ! intervint Taureau. Coquillage avait droit à son territoire.

— C'est pourquoi la situation est grave. La disparition de l'un des nôtres ne remet-elle pas en question un fragile équilibre ? Moi qui compte les cœurs [1], je rechercherai la vérité. Le coupable sera châtié.

— En un premier temps, avança Gazelle, ne nous déchirons pas et maintenons l'harmonie obtenue au prix de rudes efforts. Nos deux villes saintes, Bouto [2] au Nord, Nékhen [3] au Sud, doivent être préservées. Si elles étaient dévastées, les dieux quitteraient notre pays et les clans seraient anéantis.

— Bouto ne m'appartient pas, déclara Taureau, bougon, et je n'ai pas l'intention de me l'approprier.

— Mes sujets la survolent mais ne s'y posent pas, précisa Cigogne. La ville sainte du Nord demeurera un sanctuaire.

— Celle du Sud également ! affirma Lion, offusqué. Mon clan en assure la protection de manière parfaite.

— Quiconque attaquerait Nékhen me trouverait sur son chemin, annonça Éléphante avec calme.

1. Expression égyptienne signifiant que Chacal recense les consciences des êtres justes.

2. Site du delta septentrional.

3. Une vingtaine de kilomètres au nord d'Edfou. Les Grecs baptisèrent Hiérakonpolis cette très ancienne cité.

— Nékhen garantit la stabilité du Sud et l'indépendance de nos clans, répliqua Oryx. Aucun de nous ne songe à s'en emparer, pas même Crocodile !

— Paroles rassurantes, constata Chacal. Il reste que le clan Coquillage a été sauvagement anéanti. Pourquoi le coupable ne s'en prendrait-il pas aux villes saintes ?

— Si vous le souhaitez, avança Taureau, l'un de mes régiments campera devant Bouto.

— Je m'y oppose formellement ! rugit Lion. Tes troupes sortiraient de leur domaine et contrôleraient un nouveau territoire. Cette manœuvre serait une déclaration de guerre au Sud, car modifier la situation actuelle reviendrait à briser la paix.

— Ne pourrions-nous former une milice comprenant des membres de divers clans ? suggéra Gazelle.

— Hors de question, trancha Oryx, irrité. Chacun chez soi, chacun pour soi : telle est notre loi.

— Cette réunion est terminée, décida Lion. Le destin a frappé, acceptons sa sentence. Que Chacal poursuive son enquête et fournisse des preuves. S'il n'en obtient pas, oublions ce drame et ne songeons qu'à préserver nos clans.

— M'acceptez-vous comme négociatrice ? demanda Gazelle. Sans doute aurons-nous de nouvelles dispositions communes à adopter.

Éléphante approuva, les autres l'imitèrent.

— La meilleure solution consisterait à ne plus jamais nous rencontrer, estima Oryx, qui fut le premier à quitter l'assemblée d'un pas rapide, suivi de Taureau, accompagné de Cigogne.

Au passage, son regard noir affronta celui de Lion, hautain.

— Tu m'as insulté, Lion. Je m'en souviendrai.

Éléphante s'interposa. Son autorité dissuada les deux mâles de s'affronter ; se tournant le dos, ils s'éloignèrent.

À son tour, la vieille dame sortit lentement du cercle magique.

— Ta mission s'annonce difficile, dit la belle Gazelle à Chacal.

— Je crains que la tienne ne soit impossible !

— Je ferai tout pour éviter la guerre.

Rassemblés dans la nécropole, les chacals d'Abydos émirent une plainte déchirante.

7

Seul rescapé du défunt clan Coquillage, Narmer savait survivre au sein d'un paysage hostile, composé de hautes herbes, de marécages et de bras d'eau, repaires de créatures dangereuses.

À son grand étonnement, depuis qu'il avait franchi les limites de son territoire, un ibis le guidait et lui indiquait les endroits où il pouvait boire en toute sécurité. Chacun savait que le grand oiseau s'abreuvait aux eaux pures, dépourvues de souillures. Le jeune homme se nourrissait aussi de lait de papyrus et de souchets concassés qui lui procuraient une énergie constante. Et il y avait souvent un poisson au menu, les techniques de pêche n'ayant aucun secret pour le voyageur. Il s'était confectionné un harpon, une épuisette et une nasse, et dénichait les endroits abritant de belles pièces.

Une vaste mare, tranquille.

Un léger mouvement l'anima. Narmer s'approcha en silence et repéra un énorme tilapia qui créait un courant afin de protéger son nid circulaire, rempli d'œufs. Patient et affamé, le pêcheur guetta sa proie, un mâle brun olivâtre, nageoire et queue rouges.

Après avoir imploré le poisson de lui pardonner, il frappa. Le harpon transperça le tilapia qui, cuit à feu doux, régala Narmer. D'ordinaire, ce mets savoureux était réservé au chef du clan Coquillage, à sa famille et aux membres du grand conseil.

Le solitaire s'enivrait de cette liberté inattendue, trop chèrement acquise. La vision de la petite voyante assassinée le hantait. Et les mêmes questions revenaient sans cesse : qui avait massacré son clan et pourquoi ? Comment retrouver les assassins ?

Les jours passant, il obtenait la preuve du mensonge de son chef : il existait bien un monde extérieur, mais il commençait à le décevoir. Un paysage uniforme guère différent du domaine de Coquillage. Pourtant, les dieux avaient sévèrement châtié le tyran, entraînant la disparition d'un peuple entier.

Les réponses à ses interrogations se trouvaient ailleurs, loin du lieu du massacre. Sa vie était désormais consacrée à la recherche de la vérité, et il n'avait pas le droit de céder à la lassitude. Tôt ou tard, il découvrirait le bon chemin.

Au crépuscule, d'étranges bruits lui firent lever la tête.

Stupéfait, Narmer vit une nuée de serpents ailés obscurcir les derniers rayons du soleil. Des ibis se précipitèrent à leur rencontre et, grâce à la puissance de leur vol et à la précision de leur bec, mirent les monstres en fuite.

L'un d'eux se détacha du groupe et se posa à dix pas de Narmer. De ses yeux rouges, le serpent fixa sa proie.

Impuissant face à cette créature des ténèbres, le jeune homme ne songea même pas à s'enfuir. Hypnotisé, il la regarda battre des ailes, déployer un cou interminable et ouvrir une gueule équipée de crochets.

À l'instant où le serpent portait son attaque fatale, l'ibis qui avait guidé Narmer fendit l'air orangé du couchant et transperça son adversaire dont le sang noir brûla la terre.

L'oiseau se tourna vers son protégé.

Et Narmer entendit une voix montant du plus profond de son être.

« Un immense océan contient toutes les formes de vie. La terre n'est qu'un îlot que les dieux ont façonné au premier matin. Toi, tu vas sortir du pays des eaux et découvrir la réalité de ton univers. Ces monstres ailés ne représentaient qu'un danger mineur. Prépare-toi à d'autres épreuves et trouve en ton cœur la force de les affronter. Sinon, disparais. »

L'ibis s'envola.

Du cadavre du serpent, il ne restait rien. Narmer demeura prostré, baigné de la lumière de la pleine lune. Comment se sentir de taille à défier l'inconnu ? Ne valait-il pas mieux retourner en arrière, regagner son territoire et tenter d'y rebâtir un village ? Ce voyage avait montré à l'explorateur qu'il savait se débrouiller seul. Les destructeurs du clan Coquillage ne reviendraient probablement pas sur les lieux de leur crime et Narmer, habitué à la solitude, serait en sécurité.

Mais il aurait trahi la parole donnée à la petite voyante. À juste titre, la morte lacérerait son âme et ne lui accorderait pas le moindre repos. En négligeant la recherche de la vérité, il deviendrait pire que le chef défunt.

Alors, il contempla les étoiles innombrables.

D'abord, il éprouva une sorte de vertige. Ensuite, il laissa son esprit errer parmi ces figures scintillantes. N'étaient-elles pas des portes permettant à la lumière de l'au-delà de passer et d'atteindre la terre ? Peu à peu, il distingua des tracés, comme si une main géante avait dessiné un plan comprenant à la fois des lignes et des volumes.

De nouveau, le vertige le prit. Ne tentait-il pas de franchir la frontière de contrées interdites à l'homme ?

Soudain, le ciel pleura des étoiles, En touchant le proche marais, elles devinrent des poissons. Narmer les vit s'ébattre, absorbant la lueur argentée de la lune, avant de reprendre la direction de la voûte immense et d'y briller sous leur forme première.

La vie naissait-elle des étoiles, nourries d'un fleuve céleste ? Les humains et les autres créatures avaient-ils surgi d'une eau venue de là-haut ?

Au village du clan Coquillage, Narmer ne s'était pas posé de telles questions. Il avait fallu cette errance pour qu'il prît conscience des mystères qui l'entouraient. Désormais, chaque nuit, il dialoguerait avec le ciel.

*

Les interminables marécages avaient disparu, cédant la place à des poches d'eau, assez espacées. Aux impénétrables forêts de papyrus succédait une savane herbeuse, plantée d'arbustes que Narmer n'avait jamais vus.

Il sortait enfin de son monde. Cette fois, le paysage se modifiait et une contrée nouvelle apparaissait. Mais était-elle peuplée ou déserte ? Des animaux dangereux ne manqueraient pas d'agresser l'intrus, et son modeste harpon ne suffirait pas à les terrasser.

Narmer mit longtemps à s'habituer à cet environnement insolite et, la peur au ventre, ralentit sa progression. Il comprit la raison de sa crainte : l'absence de chants d'oiseaux, un ciel vide, un espace silencieux. La région semblait inerte, victime d'un sommeil mortel.

Presser l'allure pour la traverser provoquerait un manque de vigilance. Et le danger était palpable.

Au détour d'un bosquet, il la vit.

Une créature humaine, courbée, les pieds dans la boue. Vêtue de haillons, tête nue, sale, elle cherchait des herbes.

Ressentant une présence, elle se retourna et aperçut Narmer.

Une femme.

Laide, ridée, les cheveux poisseux, la poitrine tombante, elle s'immobilisa.

Le jeune homme s'avança.

— Décampe, voleur, ou je te tue !

8

« Soit c'est une sorcière, estima Narmer, et je ne lui échapperai pas ; soit elle n'a pas de pouvoirs et tente de m'intimider. N'ayant pas le choix, je continue à progresser. »

La boueuse essaya de s'enfuir et chuta lourdement.

Parvenu à sa hauteur, le jeune homme la tira par un bras et l'aida à se relever.

— Tu veux me voler mes herbes !

— Certes, non, rassure-toi.

— Alors, tu veux quoi ?

— Je viens de loin, de très loin, et je suis perdu.

Les yeux chassieux de la boueuse exprimèrent un profond étonnement.

— Impossible, personne ne vient ici.

— À cause des serpents ailés ?

— Tu… tu les as vus ?

— Les ibis les ont mis en fuite.

La boueuse faillit s'évanouir. Narmer l'entraîna au sec, et ils s'assirent au pied d'un arbre décharné.

— Tu as vraiment vu ça, mon garçon ?

— Comme je te vois.

La boueuse poussa un long soupir, porteur d'une intense souffrance. À l'évidence, elle se libérait d'un poids presque insupportable.

— Raconte-moi en détail !

Narmer s'exécuta, la pauvresse goûta son récit avec délectation.

Et puis l'anxiété fripa son visage.

— Comment les ibis ont-ils osé ! Voilà longtemps que leur clan a disparu… Cette victoire risque de déplaire à Taureau.

— Qui est-ce ?

— Tu n'as pas entendu parler de Taureau ? Alors, tu viens réellement de très loin ! Il est à la tête du plus puissant des clans.

— Y appartiens-tu ?

— Malheureusement non ! Cette région a été maudite, et je suis la dernière survivante. Tu n'aurais pas à manger ?

La boueuse lorgna le sac de Narmer.

— Je n'ai pas de nourriture, déplora-t-il.

— Et ça, ça contient quoi ?

Le jeune homme montra à la boueuse, déçue, le coquillage sacré et le peigne recueilli sur le lieu du massacre.

— Connais-tu ce matériau ?

Elle tâta l'objet.

— Connais pas.

— Et l'animal représenté ?

— Connais pas. Mais j'ai mes secrets, moi aussi ! Si tu m'aides à récolter des herbes, je t'en révélerai au moins un.

— On pourrait faire un meilleur repas.

Elle ouvrit de grands yeux.

— Tu te moques de moi, garçon !

— Il y a forcément du poisson dans les parages.

— Impossible de l'attraper !

— Je vais quand même essayer.

Narmer dut déployer sa technique afin de piéger un brochet au nez pointu. La boueuse dévora la chair grillée, ne laissant qu'une infime portion à son bienfaiteur.

— Je te fabriquerai des nasses et t'expliquerai comment t'en servir, promit-il.

De ses lambeaux de vêtements, elle extirpa un sachet contenant des plantes séchées.

— Frotte-toi le corps avec l'armoise, préconisa-t-elle. C'est efficace contre les vers et les morsures de serpents. Moi, je survis grâce à cette précaution. Elle te permettra de regagner ton territoire sain et sauf.

— Mon territoire n'existe plus et je veux retrouver les monstres qui ont massacré mon clan.

La boueuse mastiqua la tête du brochet.

— À ta place, j'oublierais. Les tiens ont dû provoquer la colère de Taureau, et ses créatures ne laissent aucune chance à l'adversaire.

— Domine-t-il la totalité de la région ?

— Il a exterminé les autres clans, à l'exception de Cigogne. Elle ne possède pas d'armes et lui est soumise. Comme elle entend les paroles de l'invisible, il l'épargne. Un seul endroit échappe au contrôle de Taureau : la ville sainte de Bouto, habitée par des dieux qu'il n'ose pas défier, sous peine de perdre sa puissance.

— Pourquoi restes-tu ici ?

— J'ai sommeil. Ma hutte est minuscule, je n'ai pas d'abri à te fournir ; demain, continueras-tu à pêcher ?

— Répondras-tu à ma question ?

— Les insectes risquent de te dévorer ! Voici mon dernier trésor.

La boueuse offrit à Narmer un filet de pêche usagé qui lui servirait de moustiquaire. Avant de s'endormir, il contempla longuement la voûte céleste et repéra un chemin entre les étoiles.

*

— Ce poisson est encore meilleur ! s'exclama la boueuse en savourant un nouveau brochet. Mon garçon, tu m'auras offert mes dernières joies. La mort s'approche et je l'accueillerai sans crainte. Mon dos est cassé, mes mains raides, mes jambes sur le point de se briser. Je respire mal, ma vue se brouille. Et la solitude devient trop pesante.

— Avais-tu une famille ?

Un pauvre sourire anima le visage ridé.

— Elle a commis la bêtise d'affronter les taureaux sauvages ! En quelques instants, mon existence s'est écroulée. Mon mari, mes enfants, mes sœurs, mon frère… Tous éventrés, piétinés. Et le reste du village a subi le même sort. Je me suis allongée dans la boue, les sabots m'ont effleurée, j'ai eu la malchance de leur échapper. Et Taureau a maudit cette contrée.

— Pourquoi es-tu restée ?

De douloureux souvenirs remontèrent à la mémoire de la boueuse.

— Quand la lune semblera disparaître, mon souffle s'évanouira. Auras-tu la patience de me nourrir jusqu'à cet instant ? J'ai eu tellement faim…

Narmer acquiesça.

*

Un vent froid courbait les arbustes et soulevait des nuages de poussière. Aujourd'hui, la pêche ne serait pas facile. N'apercevant pas la boueuse, Narmer supposa qu'elle n'était pas sortie de sa hutte.

Il cueillit de l'armoise, ranima le feu et acheva la fabrication d'une nasse. Un soleil pâle tentait de percer les nuages. Inquiet, le jeune homme franchit le seuil de la pauvre demeure.

Immobile, les yeux troubles, la vieille femme était à l'agonie.

— Tu… tu as pêché ?

— Les conditions sont mauvaises.

— Ce n'est pas grave, je vais quitter cette prison… Mais toi, tu y resteras. On ne peut pas s'enfuir, mon pauvre garçon ! Le vent a ramené les esprits errants des marais, et nul n'échappe à leur voracité. Reste le Sud… Surtout, ne t'y aventure pas !

— Qu'aurais-je à redouter ?

— La vallée des Entraves. Ceux qui ont tenté de la traverser n'en sont pas revenus. Établis-toi ici et, comme moi, laisse s'écouler les jours et les nuits. La torpeur t'envahira, tu n'auras plus de projets et tu accepteras ton sort.

La boueuse se coucha sur le côté, ramena les jambes vers elle et s'endormit de son dernier sommeil.

Narmer sortit de la hutte. Le vent s'était renforcé et l'air rafraîchi.

Les esprits errants des marais finiraient par se dissiper, lorsque la chaleur reviendrait. Mais le voyageur ne souhaitait pas rebrousser chemin. Il lui fallait donc affronter cette vallée dangereuse, au risque de s'y perdre, car l'avenir qu'envisageait la défunte lui paraissait bien pire.

Narmer se frotta le corps avec de l'armoise séchée, prit son sac contenant le coquillage sacré et l'étrange objet qu'avaient abandonné les assassins, et marcha d'un pas assuré en direction de la vallée des Entraves.

9

L’esprit de la cheffe de clan Cigogne volait en compagnie de ses fidèles sujets, au-dessus des vastes étendues du Nord. Elle connaissait à merveille ce paysage d’eau et de papyrus où régnaient les énormes taureaux sauvages, si habiles à se dissimuler et à fondre silencieusement sur l’adversaire.

Comment les maigres troupes de Cigogne auraient-elles pu résister aux guerriers de Taureau ? Les clans qui s’étaient crus capables de le vaincre avaient disparu. Soumise, Cigogne bénéficiait d’un petit domaine au sud-ouest du delta du Nil, à proximité d’une zone aride que parcouraient les coureurs des sables. Connaissant la réputation de Taureau, protecteur terrifiant, jamais ces pillards n’oseraient attaquer le village de Cigogne.

Dépourvus d’armes, elle et les siens se contentaient de peu. La nature leur fournissait du poisson en abondance et des herbes médicinales. Cigogne savait préparer des remèdes et soignait souvent les guerriers de Taureau, blessés lors de joutes féroces pour la conquête d’une femelle.

Elle exécutait fidèlement les missions qu’il lui confiait et jouissait ainsi d’une existence paisible. Combien de temps durerait ce miracle ? À tout moment, Taureau pouvait décider d'envahir ce territoire fertile et d'éliminer le clan Cigogne.

Les éclaireurs se posèrent devant la hutte de leur cheffe qui écouta leur récit sans mot dire.

Il lui fallait informer Taureau au plus vite.

*

Le camp retranché de Taureau était entouré d'une haute palissade composée de pieux taillés en pointe. À l'intérieur, un enclos où le chef en personne élevait les meilleurs taurillons en les formant au combat. Lui habitait une cabane de roseaux comprenant plusieurs pièces ; les membres de son état-major et leurs familles avaient droit à des huttes spacieuses. Personnage considéré, le cuisinier préparait chaque jour d'énormes quantités de nourriture, en ne lésinant pas sur la viande des bœufs engraissés à souhait.

Impossible d'attaquer le camp par surprise. Des dizaines de guetteurs parcouraient la savane herbeuse, et des hardes de taureaux aux cornes meurtrières déchiquèteraient d'éventuels agresseurs. Sachant se faire silencieux et rapides, ils formaient une redoutable armée, dévouée à son maître.

Seule Cigogne était autorisée à traverser le territoire de Taureau et à franchir le seuil de l'enclos. Quel danger pouvait représenter cette femme fragile ? Les gardiens s'étaient moqués d'elle, jusqu'au jour où elle avait guéri un colosse souffrant d'atroces douleurs à l'estomac. Comme les autres chefs de clan, Cigogne possédait des pouvoirs surnaturels, et la mépriser provoquerait des représailles.

La lourde porte à deux battants s'ouvrit, un soldat courut prévenir Taureau qui terminait un copieux repas.

Il accueillit chaleureusement la visiteuse.

— Assieds-toi, je t'en prie, et régale-toi !

— Merci, je n'ai pas faim.

— Ne te laisse pas dépérir, mon amie !

— Mes envoyées ont survolé ton domaine.

— Résultat ?

— Pas trace d'une tentative d'invasion.

— Magnifique ! Lion n'est qu'un vantard, incapable de fédérer contre moi les clans du Sud.

— Un étrange incident s'est produit.

Taureau fronça les sourcils.

— Oryx ?

— Non, des ibis ont repoussé les serpents ailés qui stérilisent les terres que tu as maudites.

— J'ai démantelé leur clan ! Ont-ils osé s'en prendre à la vallée des Entraves ?

— Non, elle est intacte. Et la dernière survivante du village rebelle, la boueuse, a rendu l'âme. Les ibis se sont dispersés et n'ont pas occupé le pays désolé.

Taureau rumina.

— Étrange, en effet. Les ibis n'auraient donc tiré aucun avantage de leur victoire ?

— Aucun.

— Lion les aurait-il manipulés ?

— En ce cas, ses troupes auraient envahi ton domaine.

— Le crois-tu coupable de la destruction du clan Coquillage ?

Cigogne baissa la tête.

— Mon aveu me condamnera peut-être à mort, mais je ne sais pas mentir. En temps ordinaire, j'aurais été capable de te répondre. Depuis la réunion d'Abydos, mes perceptions sont brouillées. Un événement grave s'est produit, j'ignore lequel.

— Lion cherche à conquérir le Nord, j'en suis certain !

— Ses troupes ne sont pas supérieures aux tiennes, il connaît mal le terrain et sait qu'il n'a aucune chance de réussir.

— Sa vanité le persuade du contraire.

— Il lui faudrait l'appui d'Éléphante et d'Oryx. La première le lui refusera, le second défend farouchement son indépendance.

— Tes propos lénifiants ne me rassurent pas. La disparition du clan Coquillage, la déroute des serpents ailés, ton incapacité à entendre les paroles des dieux… Autant de signes qu'une catastrophe se prépare ! Quiconque prendra le risque de m'attaquer le regrettera.

*

Après s'être échappé, le petit veau s'était égaré et ne savait plus comment retrouver sa mère. Si amusante lui avait-elle paru, son escapade tournait au cauchemar. Affolé, il commit l'erreur de traverser un bras d'eau, les pattes sur un tronc à la dérive.

Le veau ignorait la capacité de dissimulation du crocodile. Le faux tronc d'arbre se déroba, une gueule s'ouvrit et les dents meurtrières se refermèrent sur les jarrets de sa victime qu'il noya afin d'attendrir la chair.

Ravi du spectacle, le chef du clan se réjouissait de son futur dîner. Chacun de ses sujets lui devait une partie des proies capturées, et aucun ne s'amusait à tricher. Le nez proéminent, le regard insaisissable, le front bas, la peau calleuse, Crocodile semblait perpétuellement assoupi.

Illusion trompeuse.

En un instant, Crocodile s'éveillait et frappait avec une rapidité foudroyante. Quantité de vantards avaient regretté leur fatuité, et les victimes du prédateur ne se comptaient plus. Il tuait de manière naturelle, sans hésitation ni remords, et franchissait volontiers les limites de son territoire reconnu par les autres clans dont les chefs étaient contraints de fermer les yeux.

Crocodile hésitait cependant à déclencher un conflit, de peur de fédérer ses ennemis contre lui. Il préférait se tenir à l'écart et entretenir la crainte d'éventuelles agressions. Tant qu'on le redouterait, le souverain des reptiles aux dents acérées préserverait son domaine et ses richesses.

Une inquiétude cependant : la réunion d'Abydos, à laquelle il avait refusé de se rendre. Crocodile détestait ces assemblées de bavards, persuadé qu'elles ne servaient qu'à lui tendre un piège. En dépit des assurances de Chacal, il était resté éloigné de ce complot forcément destiné à lui nuire.

L'un de ses seconds s'inclina devant son maître.

— As-tu obtenu des informations ?

— J'ai essayé.

Crocodile eut un sourire énigmatique.

— As-tu réussi ?

— Je comptais sur un membre du clan Oryx, malheureusement victime d'une meute de lionnes.

— Autrement dit, elles l'ont démasqué.

— Ce n'est pas certain… Peut-être a-t-il commis une imprudence.

— Te moquerais-tu de moi ?

— Oh non, seigneur !

— Résultat de ta mission ?

Le subordonné bredouilla.

— Rien de précis… Il semble que la situation actuelle demeure inchangée.

— La réunion des clans était donc inutile.

— En effet, seigneur.

— Parfait, mon ami !

Crocodile prit son subordonné par les épaules.

— Tu as bien travaillé, et je t'en remercie. Désires-tu contempler une merveille ?

— Ce serait un grand honneur !

Crocodile ne dormait jamais deux soirs de suite au même endroit. Il ne possédait pas de campement fixe et surgissait de façon inopinée pour vérifier les agissements de ses sujets.

Il entraîna son second jusqu'à une mare remplie de végétaux en décomposition. Au milieu, deux yeux surnageaient.

— Un mâle fabuleux, murmura Crocodile d'une voix presque émue. Tape dans tes mains.

Le serviteur de Crocodile hésita.

— Qu'attends-tu, mon ami ?

Nerveux, il s'exécuta.

Surgissant des eaux vertes, un crocodile monstrueux ouvrit la gueule.

— Magnifique, ne trouves-tu pas ? J'en ferai un chef de troupe. Sa taille, sa férocité, son sens de l'attaque… Qu'espérer de mieux ? Ne souhaites-tu pas le caresser ?

Le second se raidit.

— Je… je n'ai pas votre magie !

— Aurais-tu peur ?

L'homme se mit à trembler.

— Je m'en sens incapable, seigneur.

— J'avais pleine confiance en toi, mon ami, mais tu m'as déçu. Je voulais savoir ce qui s'était passé lors de cette réunion d'Abydos et ton incompétence me laisse dans le doute. Fâcheux, ne trouves-tu pas ?

— J'implore votre pardon, seigneur ! Permettez-moi de me racheter, et je vous donnerai satisfaction.

— J'apprécie ta détermination.

Le second contint un soupir de soulagement.

— Diriger un clan n'est pas une mince affaire, reprit Crocodile. Nous sommes environnés d'ennemis qui désirent notre disparition. Au moindre faux pas, nous sommes en danger. N'est-ce pas ton avis ?

— Sous votre autorité, nous sommes confiants !

— Autorité : tu as prononcé le mot essentiel. Lui porter atteinte met notre existence en péril. Cette faute-là, tu l'as commise.

Blême, le second évita le regard torve de Crocodile.

— Un simple contretemps, un…

Violente et rapide, la ruade du chef précipita son subordonné dans la mare. La gueule du crocodile géant engloutit la tête du condamné et les mâchoires se refermèrent en un claquement sec, faisant jaillir un flot de sang.

Le maître du clan haïssait les incapables.

Oubliant déjà cet inutile, il échafauda un plan pour découvrir ce que les conjurés d'Abydos complotaient contre lui.

10

Le poisson-chat fixa Narmer de ses gros yeux menaçants. Les nageoires pectorales armées d'épines venimeuses, il empoisonnait son agresseur et ses piqûres pouvaient donner la mort. Capable de survivre hors de l'eau grâce à son dispositif suprabranchial, il était souvent appelé « celui qui respire » et savait se déplacer pour aller d'un point d'eau à un autre. Aussi Narmer suivit-il son animal protecteur, doté d'une résistance à toute épreuve.

Il le conduisit à un étroit chenal longeant une plaine brûlée. En la traversant, Narmer atteindrait le seuil d'une vallée étroite creusée entre deux monticules rougeâtres.

La vallée des Entraves.

Les regards du poisson-chat et du voyageur se croisèrent. Narmer perçut à la fois une mise en garde et la nécessité d'affronter l'épreuve. En cas de reculade, il serait condamné à dépérir en ce lieu hostile et ne découvrirait pas l'assassin de son clan et de la petite voyante.

Mais serait-il capable de sortir de ce piège annoncé ?

Le poisson-chat se glissa dans l'eau et disparut. Des nuages encombrèrent le ciel et voilèrent le soleil. Un faux crépuscule dévora le jour, les oiseaux cessèrent de chanter.

La peur serra la gorge du jeune homme. Déjà, la première entrave ! La crainte de ne plus pouvoir respirer, l'envie de s'enfuir, d'échapper à cette oppression… Afin de retrouver son calme, Narmer s'allongea et ferma les yeux.

Ce lieu maléfique le repoussait.

Pourtant, c'était l'unique passage vers un autre monde sur lequel régnait Taureau, le probable auteur du massacre. En posant de telles bornes à son territoire, il s'estimait en parfaite sécurité. Rageur, Narmer ne renoncerait pas dès la première difficulté.

Il ravala sa peur.

Son souffle libéré, il progressa en rampant. Le sol devint humide et, au seuil de la vallée, se transforma en sables mouvants aux odeurs nauséabondes. Une simple pierre s'y enfonçait en quelques instants.

Narmer contourna l'obstacle. Passant à la frange du traquenard, il atteignit le bas d'une colline caillouteuse, escalada la pente et redescendit dans la vallée à la terre blanchâtre.

Sous son talon, elle craqua.

Des milliers d'ossements d'animaux et d'humains étaient entassés là. Se rejetant en arrière, le voyageur évita de s'enfoncer au sein de ce magma.

Des plaintes rauques en montèrent, comme si des prisonniers agonisants tentaient en vain de se libérer. Et les fragments de squelettes s'étendaient à perte de vue.

Ignorant les appels, Narmer emprunta le flanc de la colline, prenant soin de ne pas perdre l'équilibre. Assez vite, ses forces s'épuisèrent. La vallée aspirait son énergie de façon à provoquer sa chute. Il se noierait parmi les débris de cadavres.

De tout son être, il refusa l'échec.

Puisque les dieux lui avaient permis d'échapper à l'anéantissement de son clan, ils voulaient qu'il poursuivît son voyage. Du sac, il sortit le coquillage sacré et le montra au ciel voilé, en signe de vénération.

À l'extrémité d'une branche basse d'un arbre décharné, une chenille se mit en mouvement. Repoussant son enveloppe extérieure, elle prit la forme d'une chrysalide et devint un papillon que Narmer avait souvent observé. Ces métamorphoses s'étaient produites à un rythme insensé, et la superbe créature voleta autour du jeune homme. Toxique et immangeable, ce papillon-là [1] n'était la proie d'aucun prédateur.

Son message signifiait-il que Narmer n'était pas un aliment pour la vallée des Entraves ?

Le papillon se posa sur les ossements, s'envola, se reposa et reprit son jeu en utilisant le vent. Le voyageur ne pouvait continuer à cheminer au flanc de la colline, car la pierraille, effritée, n'offrait plus qu'un mur vertical.

Écoutant la voix de la petite créature aux couleurs chatoyantes, née d'une horrible chenille, il descendit jusqu'au sol et tenta de marcher. D'abord, il s'enfonça. Aux craquements se mêlaient des bruits de succion, des mains gluantes tentaient d'agripper ses chevilles. Ne cédant pas à la panique, le jeune homme finit par avancer en terrain solide et se décida à courir.

La vallée se rétrécit. Des fumerolles l'environnèrent, les cailloux étaient brûlants. Narmer hâta l'allure, mais fut contraint de s'arrêter quand une énorme faille lui barra le passage.

Au fond, des centaines de reptiles, les fils de la terre. Ils en parcouraient les canaux et les veines afin de la féconder et de la rendre fertile. Les humains n'étaient pas autorisés à contempler leur travail secret, et Narmer se sentit ligoté, incapable d'avancer ou de reculer. Cette vision le faisait basculer dans un monde interdit auquel seuls les morts avaient accès.

1. Le monarque.

Derrière l'intrus, le sol se craquela. Une nouvelle fissure se formait ; bientôt, elle l'engloutirait.

Montant de la fosse, un serpent se préparait à l'attaquer.

Narmer s'élança et sauta.

Vu la longueur à franchir, il ne parviendrait pas à rejoindre l'autre rive et serait la proie de l'abîme. Au moins, il ne mourrait pas inerte et serait allé au terme de sa volonté.

Un coup violent le propulsa en avant. Narmer vola comme un oiseau et retomba lourdement sur une terre ocre et molle. Brisé, il parvint cependant à étendre bras et jambes.

Le miraculé se redressa.

Les fosses s'étaient refermées, la vallée se couvrait d'herbes folles. En dépit de ses contusions, Narmer réussit à marcher. Avait-il vaincu le lieu maudit ?

Une lueur.

Une lueur verte, aveuglante.

Ses yeux s'habituèrent et discernèrent peu à peu le poitrail d'un cobra géant, en posture d'attaque.

Narmer aurait dû mourir d'effroi, mais ce qu'il vit l'enchanta. La tête du serpent touchait un ciel bleu, ses yeux des étoiles, sa langue bifide portait les barques du jour et de la nuit, son corps se composait de paysages verdoyants.

La Verdoyante [1]… Ce nom sortit des lèvres de Narmer, apaisé et ravi.

Était-ce cela, la mort ?

Tant de beauté, tant d'émerveillement, tant de visions éblouissantes ! Le jeune homme s'y abandonna, ne songeant plus à combattre. Il eut le sentiment qu'il existait un pays heureux, né de l'amour d'une déesse, un pays que les hommes étaient capables de construire à condition d'entendre la voix du grand serpent.

1. Ouadjyt, la déesse cobra.

— Viens, lui dit le cobra femelle.

Sans angoisse, Narmer obéit.

Il traversa le gigantesque poitrail comme s'il franchissait le seuil d'une hutte.

Nulle résistance, pas le moindre obstacle.

Narmer venait de traverser la vallée des Entraves.

11

Une herbe drue et grasse.

Narmer s'agenouilla et broya des brins entre ses doigts. Il n'avait jamais contemplé pareille végétation, d'immenses étendues vertes parsemées de bosquets et d'arbres paraissant munis de longues ailes dansant au vent.

Il se retourna et n'aperçut pas la vallée des Entraves. N'était-elle qu'une illusion, ou avait-il parcouru une distance si longue qu'elle n'était plus visible ? En tout cas, il abordait un monde nouveau, bien différent de l'étroit territoire du clan Coquillage. Par le mensonge, son chef contraignait ses sujets à limiter leur horizon et leur interdisait de s'ouvrir à la réalité.

Un cri déchirant et inconnu l'alerta.

Non loin, quelqu'un souffrait.

À pas prudents, le jeune homme progressa vers l'endroit d'où provenaient les plaintes.

Il aperçut une cabane en roseaux derrière laquelle se tenaient un homme âgé et une énorme bête à quatre pattes, au pelage ocre, et pourvue de cornes.

— Rassure-toi, disait-il, je vais t'aider.

Caressant l'animal, il tentait de l'apaiser.

En se déplaçant, le paysan découvrit Narmer.

— Assiste-moi, garçon. Ma vache est sur le point de mettre bas, nous ne serons pas trop de deux. Toi, tu lui tiens fermement les cornes et tu asperges son front d'eau fraîche. Moi, je tire son petit.

Dépassé, Narmer observa les consignes. L'animal avait de beaux yeux tendres, emplis de gratitude et de confiance. Il essuya sa sueur et la rafraîchit pendant que le bouvier aidait le veau à naître. Sous l'effet de la douleur, la vache tira la langue.

— Tout se passe à merveille, lui murmura Narmer. Sois sans inquiétude.

La tête du petit apparut, le paysan la recueillit avec précaution et facilita le déploiement des pattes avant. Libérée, la mère offrit au jeune homme un regard de reconnaissance.

Quand son rejeton se retrouva sur la paille, encore entouré de morceaux de placenta, la vache les mangea puis lécha le veau avec tendresse.

— Laissons-les en famille, décida le bouvier. Nous, allons boire un coup ! Une naissance heureuse, ça se fête. D'où viens-tu, mon gars ?

— De… de la vallée des Entraves.

Le bouvier s'immobilisa et, les mains sur les hanches, fixa longuement le jeune homme.

— Tu es un plaisantin, toi ! Personne n'en est sorti vivant.

— J'ai eu de la chance.

— Qu'est-ce que tu as vu, là-bas ?

— Le sol d'ossements, la fosse aux reptiles et le poitrail du grand serpent. Une force m'a aidé à vaincre les épreuves.

Le paysan parut perplexe.

— Qui t'a envoyé dans la vallée ?

— Une vieille boueuse m'a appris son existence, et je n'avais d'autre choix que de la traverser.

— À quel clan appartiens-tu ?

— Coquillage. Il a été exterminé, et je recherche les coupables.

— Coquillage… Jamais entendu parler. Moi, je suis un serviteur de Taureau, et je m'en porte bien ! Et toi, tu sembles dire la vérité. D'après Cigogne, la prophétesse, si un humain réussissait à sortir indemne de la vallée des Entraves, elle disparaîtrait. Et ce serait toi, mon bonhomme, qui aurais accompli cet exploit !

Le bouvier tourna autour de Narmer, comme s'il examinait une créature inconnue.

— Tu as une bonne tête et l'œil franc. Après tout, pourquoi pas ? Une malédiction, ça se brise ! Alors, tu possèdes un pouvoir magique ?

De son sac, Narmer extirpa le coquillage aux sept branches.

— Un talisman… Je comprends mieux !

— Connais-tu ce genre d'objet ? demanda-t-il au bouvier en lui montrant l'indice recueilli sur les lieux du crime.

— On dirait une sorte de peigne.

Il le tâta.

— Étrange matériau… Inconnu ici.

— Et l'animal représenté ?

— Je ne vois pas. Bon, j'ai vraiment soif !

D'une cahute, le paysan sortit une jarre ; il ôta le bouchon d'herbes séchées et versa un liquide rouge dans deux coupes en terre. En l'absorbant, Narmer éprouva des sensations inédites. Un arôme puissant, une saveur enchantant le palais, un plaisir durable…

— Comment s'appelle cette boisson ?

— Du vin. En boirais-tu pour la première fois ?

— Mon clan n'en fabriquait pas.

Narmer tendit sa coupe.

— Tu as raison d'apprécier ! C'est un excellent cru. Fais quand même attention, ce n'est pas de l'eau. La tête risque de te tourner.

— Quelle merveille… Ton monde contient des trésors. Cet animal aux yeux si doux… En existe-t-il beaucoup ?

— Des troupeaux ! La vache est un prodige à elle seule. Elle mange de l'herbe et la transforme en lait. Ce liquide-là, tu en as bu ?

— Chez moi, il n'y avait pas de vaches.

— Tu as eu raison de quitter ta région, mon garçon ! Elle n'était guère accueillante. Ni lait ni vin… Mangeais-tu de la viande ?

— Mon clan pêchait des poissons.

— Je vais te préparer un vrai dîner ! Sur le territoire de Taureau, on sait vivre.

*

Le réveil de Narmer fut difficile. Il avait découvert de nouveaux aliments et ne s'était pas méfié d'un alcool de dattes, spécialité du bouvier qui possédait une petite palmeraie où les deux convives avaient dégusté un plantureux repas. Et l'ultime liqueur avait provoqué un sommeil lourd, hanté par un retour à la vallée des Entraves. Une seconde fois, le jeune homme avait traversé le poitrail du gigantesque cobra.

Ayant dormi à la belle étoile, il craignit d'avoir rêvé d'un pays imaginaire.

L'herbe grasse, les palmiers, un troupeau de vaches… Et au pied de la natte, un bol de lait dont il apprécia la fraîcheur. Tout cela était bien réel !

Comment avait-il pu supporter aussi longtemps la misérable existence du clan Coquillage ? En lui, une voix affirmait que son chef mentait en niant l'existence d'un autre monde. Ne parvenant pas à l'étouffer, l'adolescent avait laissé croître ses interrogations et ses doutes. Et il constatait aujourd'hui la validité de sa démarche.

Narmer admira les alentours, si différents des marécages et des forêts de roseaux du clan Coquillage. Le bouvier trayait une vache noir et blanc, surveillant son veau attaché à sa patte avant droite.

— As-tu passé une bonne nuit, garçon ?

— Un peu agitée.

— Il faudra t'habituer au bon vin et à l'alcool de dattes ! Regarde ma préférée : n'est-elle pas splendide ? Aucun être vivant n'est plus beau qu'une vache.

De superbes yeux noirs charmèrent le jeune homme. Il caressa la coquette, ravie de cette attention.

— Pourquoi attacher le petit ?

— S'il fugue, il sera en danger. L'endroit semble paisible, mais les crocodiles envahissent parfois les bras d'eau et attaquent mes bêtes égarées. Je prends les précautions nécessaires afin de les préserver et ne pas mécontenter Taureau. Il n'apprécie pas les incompétents, et je préfère éviter sa colère. Approche-toi et observe : traire, c'est un métier.

Narmer eut la vanité de croire que les gestes étaient simples. Son premier contact avec le pis et le mugissement de la vache lui prouvèrent le contraire. Tirant profit de son échec, il demanda conseil au bouvier et se laissa guider.

Satisfaite, la noir et blanc donna un lait délicieux.

— Tu es doué, mon garçon, et ton avenir me paraît tout tracé ! Le travail ne manque pas, j'ai besoin d'aide.

— N'as-tu pas de famille ?

— Ma femme est morte, mes deux fils ont choisi de devenir des soldats de Taureau. Je m'étais habitué à me débrouiller seul, mais ta venue ne me déplaît pas. À nous deux, nous agrandirons le troupeau.

12

Gazelle se recueillit sur les tombes de ses ancêtres, enterrés dans un cimetière de la cité du soleil où, aux origines du pays, son clan avait vénéré le principe créateur. Il était le plus ancien, et ses membres avaient fait cesser les interminables massacres entre tribus. Enveloppées de linceuls de lin et de nattes, les premières gazelles reposaient à l'ombre des acacias [1].

Sans combattre, grâce à leur intelligence et à leur diplomatie, elles avaient obtenu une première paix, avec l'espoir d'empêcher un nouveau conflit. Lors de l'irruption de Taureau, décidé à s'emparer du delta, Gazelle s'était vue contrainte de négocier. Incapable de lutter, elle avait accepté de se retirer vers le sud, à condition que Taureau laisse intacte la ville sainte de Bouto et ne sorte pas des limites de son territoire.

La magie de la ravissante cheffe de clan avait séduit le redoutable guerrier, satisfait de contrôler un vaste territoire. Le clan de Cigogne s'était soumis, celui de Coquillage végétait au sein des marécages du Nord.

Face au coup de force de Taureau, les clans du Sud avaient failli se fédérer afin de lancer une grande

1. Ces tombes furent retrouvées sur les sites d'Héliopolis et de Badari.

offensive. Ne ménageant pas ses efforts, Gazelle s'était acharnée à l'empêcher. Des centaines de morts, des terres dévastées, ni vainqueur ni vaincu… À coup sûr, l'affrontement se serait terminé en désastre.

La parole de la séduisante jeune femme avait porté. Ne haussant jamais le ton, écoutant ses interlocuteurs aussi longtemps que nécessaire, elle parvenait à retourner leurs arguments et à modifier leur opinion.

La faiblesse de Gazelle se transformait en force. Nul ne la redoutait, on lui prêtait attention. Et son entreprise improbable avait réussi : en se partageant le Nord et le Sud, les clans s'étaient engagés, quoi qu'il arrivât, à figer la situation.

De brèves années de tranquillité malgré le comportement de Crocodile, hostile à toute forme d'accord. Certes, le terrifiant prédateur commettait des exactions, mais il ne cherchait pas à conquérir les domaines de ses rivaux.

Et, soudain, l'extermination du clan Coquillage !

Ce drame hantait les nuits de Gazelle. La réunion d'Abydos n'avait rien résolu et l'enquête de Chacal s'annonçait difficile, voire impossible. L'auteur du massacre ne s'était-il pas montré assez rusé pour effacer les traces de son méfait ? Connaissant la rigueur de Chacal, Gazelle ne saurait lui proposer son aide sous peine de le vexer.

Les attitudes des uns et des autres occupaient les pensées de la négociatrice. Elle cherchait en vain un indice qui lui aurait permis d'identifier le coupable. Angoissée, Gazelle redoutait une série de conflits destructeurs.

Elle implora le secours de ses ancêtres, si agiles et si prompts à éviter les périls. Aurait-elle leur courage et leur génie ? En parcourant l'allée séparant les tombes, elle se nourrit de la sérénité de ce lieu isolé, à l'écart de la violence qu'elle haïssait.

Combien de temps réussirait-elle à la contenir? L'affrontement entre Taureau et Lion semblait inévitable. L'agressivité d'Oryx était incontrôlable, celle de Crocodile imprévisible. Et la colère d'Éléphante pouvait être redoutable.

Gazelle refusait pourtant le désespoir. En respectant les villes saintes du Nord et du Sud, les clans avaient affermi leur autorité et se réjouissaient de leur coexistence pacifique. Chacun faisait la loi chez lui, les peuples obéissaient à leur chef et mangeaient à leur faim. Toute modification de cet équilibre serait catastrophique; Gazelle rendrait visite à l'ensemble des dirigeants afin d'éteindre leurs velléités belliqueuses.

*

La responsable des éclaireuses s'inclina.

— Une nouvelle surprenante : la vallée des Entraves a disparu.

— En es-tu certaine?

— Deux des nôtres ont pris le temps de vérifier : aucun doute. À sa place, une étendue d'herbe grasse. Des vaches commencent à brouter.

Gazelle était perplexe.

Pourquoi Taureau avait-il levé sa malédiction? Si tel n'était pas le cas, un magicien aux pouvoirs extraordinaires avait réussi à traverser cet enfer et à en sortir indemne. Inconcevable! Gazelle en aurait forcément entendu parler.

Elle devait obtenir des informations sérieuses.

— Prépare mon escorte, ordonna-t-elle. Nous partons voir Cigogne.

*

Gazelle fut accueillie avec les honneurs dus à son rang. La sachant désarmée, personne ne la redoutait ; aussi franchissait-elle sans difficulté les frontières des clans.

Cigogne la reçut à l'ombre des palmes, et les deux cheffes se régalèrent d'un peu d'eau fraîche.

— Es-tu satisfaite de l'attitude de Taureau ? demanda Gazelle.

— Il respecte ses engagements, mon clan ne manque de rien.

— La disparition de Coquillage ne t'inquiète-t-elle pas ?

Le visage de la douce Cigogne s'assombrit.

— Elle risque de détruire la paix fragile dont nous bénéficions tous. J'ai conseillé à Taureau de ne prendre aucune initiative avant de te consulter. Il est persuadé que Lion est coupable et qu'il projette de l'attaquer. Taureau vient de remettre ses troupes sur le pied de guerre.

— Aurait-il l'intention d'envahir le Sud ?

— Je ne crois pas. Il tient à son territoire et ne souhaite pas en conquérir d'autres.

— Parviens-tu encore à l'apaiser ?

— De moins en moins. Son nouveau général me déteste et n'a qu'une envie : combattre. J'ai conseillé à Taureau de se méfier de ce personnage ambitieux, mais il ne m'écoute guère.

— Tu me sembles découragée, Cigogne.

Elle baissa les yeux.

— Comment te cacher mon inquiétude ? Mon domaine est modeste, je ne possède pas d'armée et je suis une proie idéale pour un prédateur. Si Taureau me retire sa protection, je subirai le même sort que le clan Coquillage.

— Tes pouvoirs sont considérables, Cigogne. Tu comprends le langage des dieux et tu connais les secrets de la guérison.

Un long silence suivit ces affirmations. Gazelle prit soin de laisser son interlocutrice réfléchir. En proie à un intense débat intérieur, elle cherchait la meilleure réponse.

— Guérir… Oui, j'en suis capable. Mon esprit traverse les cieux, je recueille les directives de l'invisible et je soigne les malades. Mais les ténèbres s'épaississent et mes paupières s'alourdissent.

Gazelle comprit que Cigogne n'avait plus qu'un contact épisodique avec les dieux et ne tenta pas d'obtenir de nouvelles confidences.

— Un événement surprenant vient de se produire, révéla-t-elle.

Cigogne regarda au loin.

— Je sais, la vallée des Entraves a disparu. Quand j'ai prévenu Taureau, il est entré dans une violente colère. Quelqu'un a brisé la malédiction. D'après lui, Crocodile aurait mis ses pouvoirs magiques au service de Lion.

— Et… d'après toi ?

— Crocodile n'a jamais conclu d'alliance avec quiconque. Il ne se préoccupe que de son clan et de sa propre puissance. À force de croire à un complot, Taureau s'obscurcit l'esprit.

— Reste la réalité : un magicien de grande envergure a effacé le maléfice et transformé la vallée des Entraves en terre fertile.

Cigogne opina du chef.

— As-tu discerné la vérité ? interrogea Gazelle.

La tristesse de la femme au visage grave et allongé fit peine à voir. Privée d'une partie essentielle de ses pouvoirs, elle perdait toute joie de vivre.

— Ce prodige est lié à l'anéantissement du clan Coquillage, affirma-t-elle. À mon avis, le coupable du massacre a aussi supprimé la vallée.

Gazelle frissonna.

Cet être redoutable n'avait-il pas l'intention de s'emparer du pays en tuant les chefs de clan les uns après les autres ? Si ces derniers rompaient l'équilibre actuel et s'épuisaient à se combattre, ils faciliteraient la tâche de ce prédateur inconnu, suffisamment habile pour agir dans l'ombre et frapper là où on ne l'attendait pas.

— Je tenterai de calmer Taureau, promit Cigogne, la voix lasse. Toi, ne relâche pas tes efforts et préserve la paix. Sinon, le chaos nous entraînera tous vers le néant.

13

Narmer découvrait une existence tranquille et laborieuse. Levé à l'aube, il s'occupait d'un troupeau de vingt vaches soumis à une rouquine aux longues cornes, séductrice et déterminée. Il fallait parfois d'assez longs palabres pour qu'elle acceptât les décisions de son nouveau bouvier et les transmît à ses consœurs. Le jeune homme la soupçonnait de goûter ces discussions que concluaient des regards enjôleurs.

Maîtrisant l'art de la traite et de la conservation du lait, il n'oubliait pas de pêcher une fois par semaine dans un chenal poissonneux. Excellent cuisinier, son patron préparait les repas. Narmer appréciait la viande et le vin, et sa musculature s'était affirmée. Ne ménageant pas ses efforts, bien nourri, bénéficiant de siestes et de nuits paisibles, il avait l'allure d'un fier gaillard qu'un éventuel agresseur n'aimerait guère affronter.

Il terminait de traire la rouquine quand le vieux paysan, affolé, l'interpella.

— Des soldats de Taureau ! Cache-toi à l'étable, et pas un bruit !

Derrière les bottes de paille, Narmer assista à la scène.

Ils étaient cinq costauds, armés de gourdins. À leur tête, un type trapu aux épais sourcils, au cou carré et aux jambes massives.

— Je suis le nouveau général de Taureau, annonça-t-il d'une voix acide, et j'ai reçu l'ordre de recruter de nouveaux guerriers. As-tu des employés ?

— Je vis seul, ici. Mon épouse est morte, mes fils appartiennent à ton armée.

Gros-Sourcils parut dubitatif.

— Ça fait beaucoup de travail pour un seul bouvier… Tu n'engages pas de temporaires ?

— À cause de la proximité de la vallée des Entraves, ce coin n'attire personne.

— N'aurais-tu pas vu quelqu'un en sortir ?

Le paysan ouvrit de grands yeux.

— Sortir de la vallée ? Impossible !

— Ignores-tu qu'elle a disparu ?

— Tu te moques de moi, général !

— Accompagne-moi.

— Où ça ?

— À la vallée.

— Je ne m'y rends jamais, c'est trop dangereux !

— En route.

Autoritaire, le ton ne souffrait pas de réplique.

Traînant les pieds, encadré par les soldats de Taureau, le bouvier suivit le général. Ils marchèrent longtemps, à perte de vue de l'herbe grasse.

À la hauteur d'un monticule couvert d'arbrisseaux, le gradé s'immobilisa.

— C'était ici. Si quelqu'un est sorti de la vallée des Entraves, il a forcément traversé ton domaine.

— Je n'ai vu personne.

— As-tu au moins noté un incident ?

— Pas le moindre.

— Mes hommes vont fouiller ton exploitation. J'espère que tu n'as pas menti.

Le général contint son désir de frapper ce vieillard stupide et sans défense.

Lorsque le bouvier vit les militaires déplacer les bottes de paille, il redouta le pire. Lui et son hôte seraient exécutés.

— Rien de rien, chef, constata un soldat.

— Continue à traire tes vaches, ordonna Gros-Sourcils, et n'oublie pas d'apporter les quantités de lait prévues au camp de Taureau. Tu amèneras aussi des veaux.

Le paysan s'inclina.

Soulagé, il regarda les soldats s'éloigner. Narmer avait dû s'enfuir ; ne connaissant pas la région, il risquait d'être rattrapé.

— Ce général est un tueur, dit la voix du jeune homme.

Le bouvier se retourna.

— Toi ! Mais comment…

— J'ai appris à respirer sous l'eau. Le chenal était une excellente cachette.

Ils se congratulèrent.

— Je pars, déclara Narmer. Ma présence te met en danger.

— On s'arrangera, on…

— J'avais décidé de poursuivre mon chemin.

— Tu n'aimes pas les vaches ?

— Ce sont les plus belles et les plus douces des créatures, mais je me suis fixé une mission.

— Des gardes sillonnent le territoire de Taureau ! Tu ne leur échapperas pas.

— J'espère le rencontrer. N'a-t-il pas exterminé mon clan ?

— Oublie ce projet insensé ! Tu seras mis en pièces avant d'approcher Taureau. Pis encore, on t'accusera d'espionnage et tu seras torturé.

— Où se trouve son camp ?

— À deux jours de marche, vers l'ouest. Ta seule et maigre chance, c'est le Sud. Si un clan t'accepte comme bouvier, tu mèneras une existence tranquille.

— J'ai promis à une morte de la venger, et je tiendrai parole.

La gravité de ces paroles impressionna le paysan.

— Tu ne possèdes pas la preuve de la culpabilité de Taureau !

— L'obtenir est ma prochaine étape.

— Renonce, mon garçon, je t'en supplie ! Je saurai te cacher.

— Les hommes du général reviendront à l'improviste, et je refuse de te porter malheur.

Le vieil homme comprit qu'il n'obtiendrait pas gain de cause. Nul argument n'entamerait la détermination de Narmer. Il se résigna donc à préparer un ultime dîner.

*

— Je te donne une vache et un veau, dit le bouvier à son protégé ; aux patrouilles, raconte que tu recherches un pâturage. Elles te laisseront peut-être passer. Viens, nous allons franchir la limite des terres qui m'ont été attribuées.

Un bras d'eau serpentait entre des saules. La chaleur incitait à choisir cet abri délicieux.

— Le repaire favori des crocodiles, révéla le vieil homme. Ils sont invisibles, guettent leur proie et lancent une attaque fulgurante. J'ai perdu ici plusieurs bêtes imprudentes, et des soldats de Taureau ont été mutilés. Ils avaient tellement envie de se baigner qu'ils ont perdu conscience du danger. Ne commets jamais cette erreur, mon garçon. Le crocodile ne te permettra pas de la réparer.

— Comment savoir s'il nous épie ?

— Ne te pose pas la question et pense qu'il est toujours à l'affût, même loin du territoire sur lequel règne son chef suprême. Les clans n'osent ni s'attaquer à Crocodile ni lui reprocher les incursions de ses créatures au Nord comme au Sud, car tous redoutent la violence de ses réactions.

— Tentes-tu de m'expliquer qu'il est impossible de traverser ce bras d'eau ?

— Pas impossible, mais très dangereux.

— Quelle arme utiliser ?

— Une seule : la conjuration.

— Serais-tu magicien ?

— J'ai eu la chance de rencontrer la cheffe du clan Cigogne. Elle m'a appris la formule nécessaire pour échapper aux pièges que tend le grand poisson. À mon tour de te la transmettre. Prends le veau sur tes épaules, je guide la vache.

La mère émit un meuglement inquiet. Le bouvier la rassura en la caressant, et parvint à la faire entrer dans l'eau. Elle tourna la tête, heureuse de voir son rejeton à la fois proche et en sécurité.

Narmer discerna un léger mouvement au pied d'un saule, comme si un tronc d'arbre, flottant à la surface, s'animait.

— Monstre, déclama le bouvier, sois aveugle ! Moi, je possède une bonne vue !

Le faux tronc d'arbre se figea.

Méfiant, le paysan répéta la conjuration une seconde fois.

— Traversons, vite !

La vache s'élança, Narmer et le veau suivirent, attentifs à un éventuel assaut du crocodile.

Mais la formule magique se révéla efficace, et la petite troupe atteignit, intacte, l'autre rive.

— Le sommeil du monstre sera de courte durée, précisa le bouvier. Je dois retourner chez moi, nos chemins se séparent.

— Tu as été un bon maître, dit Narmer, et je ne l'oublierai pas. Puissent les dieux te protéger.

— Une force étrange te guide, mon garçon. Tâche de trouver la bonne route.

14

À la vue de Cigogne, les gardes de l'enclos de Taureau s'écartèrent. Elle seule avait l'autorisation de franchir le seuil de ce domaine réservé sans être fouillée. Ayant prêté allégeance au puissant maître du clan, elle ne présentait aucun danger.

La femme au long visage et à la démarche saccadée avait beaucoup vieilli. Les cheveux blanchis, l'œil triste, elle semblait indifférente à ce qui l'entourait. Les rudes gaillards redoutaient cependant ses pouvoirs et craignaient de la mécontenter ; tôt ou tard, ils auraient besoin de ses dons de guérisseuse.

Cigogne constata que Taureau préparait ses troupes au combat. Partout, les guerriers s'entraînaient : course, lutte à mains nues, lancer de javelot, tir à l'arc, exercices d'endurance… Les instructeurs se montraient impitoyables. Et il n'y avait jamais eu un tel rassemblement de taureaux sauvages au regard meurtrier.

Inquiète, Cigogne passa entre deux escouades de fantassins prêtes à simuler un affrontement. Les officiers exigeaient un engagement total, au risque de subir des pertes.

La garde rapprochée du chef suprême avait été doublée. Cigogne se présenta à l'entrée de la vaste cabane.

— Taureau accepte-t-il de me recevoir ?

— Patientez ici, répondit un gradé.

Le camp était en ébullition. Simples préparatifs, ou veille d'une expédition vers le Sud ?

L'attente fut brève ; Taureau accordait encore des égards à Cigogne.

Elle pénétra dans son antre, une salle rectangulaire dont le sol était recouvert de nattes. À divers endroits, des plateaux en terre cuite chargés de nourritures. À gauche de l'imposant personnage, son nouveau général, un individu épais et brutal, au visage mal dégrossi.

— Heureux de voir ma fidèle alliée, dit Taureau. Les dieux t'auraient-ils envoyé un message ?

— J'aimerais te parler en particulier.

— Je n'ai pas de secrets pour mon général.

Contrariée, Cigogne n'insista pas. Elle détestait ce militaire buté et brutal, mais ne convaincrait pas Taureau de l'expulser.

— La disparition de la vallée des Entraves te prive d'une protection particulièrement efficace, déplora-t-elle. Elle empêchait d'éventuels envahisseurs d'atteindre la partie septentrionale de ton domaine.

— J'en suis conscient ! tonna Taureau. Qui a osé briser ma malédiction ?

— Je l'ignore.

— Moi, je le sais ! affirma le colosse. Lion s'est entendu avec Crocodile, ils ont envoyé un émissaire pour détruire le clan Coquillage et s'attaquer à mon territoire. S'ils misent sur ma faiblesse, ils se trompent lourdement.

— C'est toi qui te trompes.

Furibond, le général se leva.

— Tu insultes notre seigneur !

— Rassieds-toi, ordonna Taureau. Cigogne a le devoir de tout me dire et de me parler franchement.

L'œil noir, le militaire obéit.

— Crocodile ne s'allie à personne. Lion ne s'attaque pas à des proies dangereuses. Entre eux, l'entente est impossible. L'un et l'autre connaissent ta force.

Taureau croisa les bras, les ailes de son nez s'écartèrent.

— Ta conviction ?

— On tente de t'attirer dans un piège. As-tu une preuve de la culpabilité de Lion ?

— Je l'obtiendrai !

— Tenter d'envahir le Sud serait une folie. Injustement attaqués, les clans se coaliseront contre toi. Malgré ta puissance, tu seras vaincu.

— N'écoute pas cette défaitiste ! intervint le général.

— T'ai-je donné la parole ? interrogea Taureau.

Le haut gradé se renfrogna.

— Rompre l'équilibre actuel produira un désastre, affirma Cigogne. Reste à découvrir le fauteur de troubles qui a détruit le clan Coquillage et la vallée des Entraves.

— Tu associes les deux événements ! Cela implique l'existence d'un grand magicien, résolu à nous anéantir.

— Je le crains. C'est pourquoi les clans actuels ne doivent pas se diviser ; en cas de conflit, tous seront perdants.

Taureau rumina.

— Penses-tu qu'il n'existe pas de complot contre moi ?

— Tel est mon avis, en effet. Si tu ne modifies pas l'harmonie péniblement acquise, tu ne risques rien.

— Gazelle ne t'aurait-elle pas influencée ?

— Elle ne songe qu'à préserver notre tranquillité actuelle. Et je l'approuve.

— Les femmes… Vous oubliez que la guerre nous a permis de conquérir nos territoires ! Négocier, négocier… Ne serait-ce pas une illusion ?

— Ton domaine ne te suffit-il pas ?

— Merci de tes conseils, chère alliée. Rentre chez toi, et ne te soucie pas de l'avenir ; je m'en occupe.

Déçue de voir son influence décliner, Cigogne se retira.

*

Taureau, son général, ses cent meilleurs guerriers et dix taureaux sauvages sortirent du camp et prirent la direction du nord. Le sol résonna du bruit des pas et des sabots. Les bêtes ne se fiaient qu'à la voix du maître du clan qui parlait leur langue et percevait leurs pensées. Quand il leur ordonnerait d'attaquer, nul obstacle ne leur résisterait, et les fantassins n'auraient qu'à parachever leur œuvre de destruction.

Le général marchait derrière Taureau, à la tête de sa troupe. Il était satisfait d'avoir convaincu son chef d'entreprendre une démarche décisive. Voilà trop longtemps qu'il se contentait des positions acquises, comme s'il se sentait incapable de prouver sa véritable force.

— Les femelles n'ont qu'un but, estima-t-il : nous affaiblir. À mon avis, cette Cigogne a partie liée avec nos adversaires.

— La crois-tu complice de Lion ?

— Je n'en ai pas la certitude, mais ça ne me surprendrait pas. Elle supporte mal l'affaiblissement de son clan et souhaite celui du nôtre. L'écouter entraînerait notre perte.

— Cigogne est sincère. Elle n'a pas le goût du pouvoir.

— Méfie-toi d'elle, seigneur ; sa soumission apparente n'est qu'une ruse destinée à t'attendrir. Incapable de te vaincre, elle cherche à t'envoûter.

— Ta haine des femelles ne t'aveugle-t-elle pas ?

— Leur seule utilité consiste à donner naissance à nos fils. Sinon, elles bavardent et complotent.

La troupe traversa la défunte vallée des Entraves. L'herbe avait remplacé les anciens pièges, aucun maléfice n'empêcha la progression des soldats d'élite.

Bientôt, Taureau apercevrait le site sacré de Bouto. Sur le conseil de son général, il avait décidé de s'en emparer et de proclamer ainsi son contrôle absolu du delta. Certes, ce serait une brutale remise en cause des accords de stabilité passés entre les clans. Mais quelles seraient les représailles du Sud ? Lancerait-il une offensive ou renforcerait-il les murailles de Nékhen, sa propre cité sacrée ?

L'enjeu en valait la peine. Seul maître du Nord, Taureau découragerait ses adversaires.

À l'approche de Bouto, un vent violent se leva. Les taureaux montrèrent des signes d'irritation, les soldats parurent moins assurés. Pas un guerrier, fût-il invincible, n'avait osé attaquer la ville sainte.

— Ses fabuleuses défenses n'étaient que des racontars, jugea le général. Notre conquête sera une partie de plaisir.

Habitué à flairer le danger, Taureau ne partageait pas cette opinion.

Au milieu d'une forêt de roseaux, un passage. Une brume rendait la végétation inquiétante. Le chef de clan s'immobilisa.

— Fonçons, préconisa le général. Rien ne nous résistera.

Taureau demeura muet. Il pressentait une présence hostile et doutait de sa capacité à la vaincre.

Du brouillard surgirent trois créatures à corps d'homme et à tête de faucon.

— Les Âmes de Bouto, murmura Taureau.

— Massacrons-les ! avança le général. Nous avons l'avantage du nombre.

Le chef de clan observa les protecteurs du site.

— Nous battons en retraite, ordonna-t-il.

15

Narmer avait traversé deux bras d'eau en utilisant la formule de conjuration du crocodile, à l'efficacité parfaite. Portant le veau sur ses épaules et tirant doucement la vache à l'aide d'une corde, il s'était réjoui d'échapper aux mâchoires du grand poisson, réduit à l'inertie par les paroles magiques.

Tout en poursuivant son chemin vers l'ouest, il s'interrogeait. Qui avait conçu de telles formules, existait-il une science permettant de modifier le destin et de vaincre les forces de mort ?

Toujours animé d'une volonté de vengeance, Narmer découvrait un nouvel horizon et ressentait une soif intense d'apprendre ce qu'il ignorait. Combien de clans se partageaient ce grand pays, de quels pouvoirs disposaient-ils ?

Taureau ne l'effrayait pas. Soit il était innocent et n'aurait aucune raison de lui nuire, soit il était coupable et méritait un châtiment. Le jeune homme devait agir en conséquence.

Un simple paysan, capable de mettre en péril un chef de clan à la puissance inégalable ? Justement oui. Personne ne se méfierait d'un être faible et inoffensif. Et Narmer se sentait capable de terrasser l'assassin de son clan et de la petite voyante. La colère bouillant en son cœur lui donnerait le courage nécessaire pour châtier le criminel ; à lui de savoir jouer des circonstances.

Enfiévré, Narmer imaginait son triomphe : le dernier survivant d'un clan disparu abattre le terrifiant Taureau ! Alors, il serait en paix avec lui-même.

La vache refusa d'avancer.

— Que se passe-t-il, ma belle ? Pas de danger en vue ! Cette campagne n'est-elle pas un enchantement ? Regarde cette herbe… Un pur régal !

Les yeux marron exprimaient de la crainte, et le veau se réfugia entre les pattes de sa mère.

À son tour, le jeune homme perdit sa quiétude.

Du regard, il explora le paysage. D'abord, il ne vit rien d'alarmant. Puis une silhouette sortit d'un bosquet d'acacias, bientôt suivie de deux autres. Venant de la direction opposée, quatre hommes.

Tous se ressemblaient : hirsutes, sales et maigres. Ils tenaient des bâtons à l'extrémité taillée en pointe.

Lentement, ils se rapprochèrent.

Narmer aurait peut-être réussi à s'enfuir, mais il se refusa à commettre une lâcheté en abandonnant son veau et sa vache.

Les décharnés l'encerclèrent. Un balafré l'interpella.

— Tu es qui, toi ?

— Un bouvier.

— Ces bestiaux t'appartiennent ?

— Exact.

— Où vas-tu ?

— Au camp de Taureau.

Cette réponse troubla les affamés. Agresser un membre de ce clan-là leur attirerait des ennuis. Mais il possédait une vache et un veau, et la bande de gueux mourait de faim.

— Tu t'es perdu, mon gars, affirma le balafré. Ici, c'est notre territoire. Et on n'aime pas les voleurs.

— Je ne vous ai rien volé !

— Si, ces bestiaux.

— Ils m'appartiennent !

— T'as pas compris, mon gars. Tout ce qui se trouve ici est à nous.

Le cercle des affamés se resserra, et les bâtons se pointèrent vers Narmer. Il lui fallait en terrasser un, s'emparer de son arme et tenter de se défendre. Vu leur état, il avait une mince chance de s'en sortir. Leur nombre jouait en sa défaveur, et ces prédateurs devaient porter des coups vicieux.

— J'accepte de vous offrir du lait.

D'abord, l'étonnement ; ensuite, des éclats de rire.

— Tu te crois en position de force, mon gars ? Tu ne comprends vraiment rien ! Ce veau, on le tue et on le mange. La vache nous donnera tout le lait qu'on veut. Et toi, tu déguerpis.

L'unique formule que connaissait Narmer réduisait les crocodiles à l'immobilité, pas une meute de bandits.

— Je change d'avis, décida le balafré : tu restes. Sinon, tu nous dénonceras à ton clan.

— On va le manger aussi, préconisa un édenté au ventre vide. Il est jeune et vigoureux, ça fera de la bonne viande.

— Ne craignez-vous pas le châtiment des dieux ?

— Ils nous ont abandonnés, déclara le balafré. Et la chance nous offre trois belles proies.

Ils avancèrent d'un pas, certains avaient la bave aux lèvres. Terrorisé, le veau se cacha sous sa mère.

Narmer passa à l'attaque.

Au prix d'une écorchure, il arracha le bâton d'un maigrichon et, d'un coup de coude, lui fracassa le nez.

Surpris par cette réaction, les affamés eurent un instant d'hésitation. Narmer en profita pour perforer la poitrine d'un famélique et rompre le cercle.

Ce succès déclencha la fureur de la bande. Se regroupant tels des frelons, ils se ruèrent sur leur adversaire.

Brandissant son bâton en travers, Narmer soutint le choc. Il repoussa les deux premiers, mais une pointe aiguisée lui érafla le flanc. Refusant l'inéluctable, il fut animé d'une énergie qu'il ne soupçonnait pas lui-même.

Et la vache lui vint en aide.

De ses cornes, elle percuta l'édenté qui renversa un bossu. Bondissant à pieds joints, Narmer lui brisa la nuque.

— Décampez ! ordonna-t-il aux survivants.

Ils se regroupèrent autour du balafré.

— Les dieux le protègent, marmonna l'un d'eux.

— C'est un démon, ajouta son camarade. Partons !

— On a trop faim, trancha leur chef.

À l'idée de se remplir les tripes, la hargne les reprit. Leurs piques pointées, ils se préparèrent à l'assaut final.

Blessé, le souffle court, Narmer ne recula pas.

Le balafré poussa un cri déchirant, s'accroupit et prit entre ses mains son pied gauche que venait de piquer un énorme scorpion noir.

Aussitôt, son front se couvrit d'une sueur malsaine et son cœur battit la chamade. Effrayés, ses acolytes s'éloignèrent.

— Ne m'abandonnez pas ! Je… je…

Il étouffait.

Un nouveau hurlement. Deux autres scorpions s'étaient attaqués au plus gras des efflanqués. Terrorisés, les rescapés tentèrent de fuir.

— Arrêtez-vous, cloportes !

L'ordre émanait d'un homme jeune, de belle taille, admirablement proportionné. De sa personne se dégageait un magnétisme intense. Fasciné, le reste de la bande admira le séducteur aux cheveux très noirs, au visage parfait, aux muscles lisses et puissants. Son regard intense les tétanisait.

— Tu… tu nous veux quoi ?

— Je déteste les pouilleux.

Dans la main gauche, il tenait un poignard en silex.

Craintifs, les affamés commirent l'erreur de rester groupés. L'homme s'élança vers eux à la vitesse d'un vent violent et trancha les gorges d'un geste ample et précis.

Stupéfait, Narmer assista à l'exécution des derniers misérables.

Calmement, le tueur essuya son arme.

— Tu nous as sauvés, ma vache, mon veau et moi.

Le vainqueur eut un sourire charmeur.

— Ta naïveté m'amuse, mon ami.

— Pourquoi dis-tu ça ?

— Parce que je vais t'égorger, toi aussi.

16

Il était impossible d'échapper au regard du tueur si séduisant. Narmer garda son calme.

— Je suis un simple bouvier. Pourquoi me supprimer ?

— Par plaisir.

— Tu désires t'emparer de mes bêtes, n'est-ce pas ?

— Je ne suis pas un paysan. Quand tu seras mort, elles iront où bon leur semble.

— Laisse-moi partir et gagner un pâturage.

— Désolé, je dois effacer toute trace de mon passage. Les gens de ton espèce bavardent, et j'apprécie le silence des cadavres.

— À quel clan appartiens-tu ?

L'assassin au beau visage fut étonné.

— Tu es bien curieux, l'ami !

— Avant de disparaître, j'aimerais connaître le nom de mon bourreau.

— Je m'appelle Scorpion et je n'appartiens à aucun clan. Toi, tu n'es qu'une créature de Taureau et ton existence d'esclave ne mérite pas d'être poursuivie. Remercie-moi de l'interrompre.

— Ne crains-tu pas les représailles de Taureau ?

Scorpion sourit.

— Je ne crains personne.

Narmer ramassa un bâton.

— Alors, affronte-moi.

Le sourire s'accentua.

— Tu me plais, bouvier ! Au moins, tu ne périras pas comme un lâche.

Scorpion brandit son couteau, Narmer son bâton. À bonne distance l'un de l'autre, ils se défièrent.

Le second décrivit un large demi-cercle avec une extrême lenteur, sans provoquer de réaction du premier. La stratégie du paysan le distrayait ; à l'évidence, il essayait de retarder le moment fatal. Lorsqu'il détalerait, Scorpion lancerait son poignard qui se planterait dans le dos du peureux.

Mais Narmer continua à faire face.

— Félicitations, l'ami, tu ne manques pas de culot. Saurais-tu manier ce bâton ? Viens, attaque-moi !

Narmer ne répondit pas à la provocation et nota un premier signe d'irritation chez son adversaire. Scorpion n'aimait pas que l'on refusât de se plier à ses désirs.

Agacé, il se lança.

Malgré la vivacité de son geste, son poignard traversa le vide. Dépité, il virevolta à la recherche de son insaisissable proie.

Ce n'était pas encore la peur, mais une appréhension. Une esquive de cette qualité méritait le respect.

— Tu connais mon nom. Le tien ?

— Narmer, le protégé du poisson-chat.

— Habile et résistant… Tu m'intéresses. Si on luttait à mains nues ?

Scorpion lâcha son couteau, Narmer son bâton.

Et il osa défier le superbe lutteur, tellement sûr de lui. Scorpion perdit son sourire. Cette fois, il aurait vraiment à se battre.

L'empoignade fut brutale. Les deux hommes roulèrent à terre, tentant de s'étrangler. D'un coup de pied,

Scorpion se libéra. Meurtri, Narmer bondit et saisit son ennemi aux jambes. Scorpion se dégagea, et la lutte reprit, interminable.

Se rendant coup pour coup, les combattants oubliaient la douleur et refusaient de céder. Pantelants, ils cherchaient néanmoins à vaincre.

— Ça suffit, décida Scorpion. Tu m'as tenu tête, respectons-nous.

Posée, la voix enjôleuse faillit tromper Narmer. Il se souvint à temps de son arme fatale.

— Rappelle tes alliés ! Sinon, le duel continue.

Trois scorpions revinrent vers leur maître. Le noir, énorme, précédait deux bruns, longs d'une trentaine de centimètres. Aimant l'ombre, les fissures du sol et les mauvaises herbes, ils tuaient avec leur corne, un dard terminant une queue articulée. Silencieux, ils se déplaçaient rapidement et savaient escalader un mur. À la moindre menace, ils piquaient. Souffrant de troubles respiratoires et d'intenses douleurs, leurs victimes, épuisées, succombaient à une hémorragie interne.

— De merveilleux compagnons, déclara Scorpion, et d'une remarquable efficacité ! Grâce à eux, j'ai commencé à me venger de l'assassinat des miens.

Narmer fut intrigué.

— Quel est le coupable ?

— J'appartenais à une tribu errante, refusant d'obéir à Taureau et souhaitant préserver son indépendance. Nous capturions des serpents et des scorpions, et nous les vendions à la guérisseuse, Cigogne, qui se sert des venins pour préparer des remèdes. Taureau n'a pas supporté cette situation. Comme ma tribu persistait à refuser son autorité, il a envoyé ses tueurs. Je suis l'unique rescapé et j'ai décidé de le détruire.

— J'appartenais au clan Coquillage, révéla Narmer, une bande armée l'a anéanti. Moi aussi, je suis le seul rescapé.

Les regards des deux hommes se modifièrent. À l'hostilité succédèrent la surprise, une certaine admiration et un début de confiance.

— J'ai cru que tu étais un bouvier de Taureau, précisa Scorpion, et que tu te querellais avec tes camarades. Vous tailler en pièces me procurait un immense plaisir ; mon ennemi mortel serait-il également le tien ?

— Je le soupçonne d'avoir exterminé mon clan, en effet, mais je n'en ai pas la preuve.

— Comment comptes-tu l'obtenir ?

— En rencontrant Taureau. Face à face, il sera contraint de me dire la vérité.

Scorpion ne dissimula pas son étonnement.

— Tu continues à m'intriguer, Narmer ! Ce projet est une véritable folie.

— Traverser la vallée des Entraves n'en était-elle pas une ?

— Et… tu as réussi ?

— J'en suis sorti vivant ; depuis, elle a disparu. Un bouvier m'a hébergé et appris son métier. J'ai dû le quitter, car des soldats de Taureau voulaient engager tous les hommes jeunes. Mon intention consistait à gagner son camp et à m'y introduire.

— Qui t'a appris à te battre ?

— Personne ! Le clan Coquillage se contentait de pêcher et de sommeiller. Quand ma vie est menacée, je suis mon instinct.

Scorpion s'assit en tailleur.

— Si tu avais maîtrisé certaines techniques, tu m'aurais vaincu. Aimerais-tu les apprendre ?

— Je tâcherai d'être un bon élève.

— Tu n'es pas un homme ordinaire, Narmer, et je ne le suis pas non plus. Les dieux nous ont imposé de rudes épreuves et ont entrecroisé nos destins. Acceptes-tu de lier nos sangs ?

Scorpion s'entailla l'intérieur de l'avant-bras. Narmer tendit le sien et accepta la blessure rituelle.

Les deux amis soudèrent leurs plaies jusqu'à ce que le sang cessât de couler. Puis ils se donnèrent l'accolade.

— Entre nous, déclara Scorpion, c'est désormais à la vie à la mort.

— À la vie à la mort, répéta Narmer.

— Je n'ai jamais fait confiance à quiconque : tu seras l'exception. Deux êtres qui ne se trahissent pas sont plus forts qu'une armée entière ; et cette armée se dressera sur notre chemin.

— Combattrons-nous les soldats de Taureau à nous deux ?

— Chacun, nous avons remporté des victoires. Ce n'est qu'un début ! On nous oblige à croire que la situation est figée et que rien ne changera ; moi, je suis persuadé du contraire. Ensemble, nous le prouverons.

— Aurais-tu… un plan ?

— Frapper fort et vite, avancer pas à pas. Et je sais par où commencer.

— Pensais-tu réussir seul ?

— Réussir ou échouer, peu m'importait. Subir la tyrannie de Taureau, en revanche, m'était insupportable. À présent, tout a déjà changé : nous sommes deux.

Scorpion se releva.

— Avant d'attaquer, entraînement. Et avant l'entraînement, je boirais bien du lait.

L'heure de la traite étant venue, Narmer exerça ses talents.

Rassasiés, les deux hommes s'affrontèrent à nouveau, cette fois afin de perfectionner leurs techniques de combat.

17

Pesant près de deux cents kilos, le fier oryx trônait au sommet d'une haute dune écrasée de chaleur. Le mâle dominait le paysage désertique ; armé de cornes longues et pointues, il se montrait volontiers irascible. Le pelage orné de taches, brun et noir, le ventre blanc, la queue terminée par une touffe de poils noirâtres, il absorbait le moindre souffle d'air.

En raison de l'extrême chaleur, sa température montait de 35 à 45 degrés et le rythme de sa respiration s'accélérait. Le sang se refroidissait dans ses vastes fosses nasales, et l'artère carotide l'amenait au cerveau. Même en plein midi, il parvenait à supporter la canicule.

D'une précision exceptionnelle, sa vue lui permettait de discerner un adversaire à très longue distance. Vivant en troupe, il pouvait passer plusieurs semaines sans boire, et trouvait le liquide nécessaire en absorbant la rosée de l'aube ou en mangeant des concombres sauvages.

Seul Oryx, le chef incontesté, était autorisé à toucher le front du superbe animal. Doté de la plupart de ses qualités, il aimait dialoguer avec ce mâle violent et ne prendre ses décisions qu'à l'issue de leur entretien.

Ce matin-là, Oryx sentait une profonde fureur l'envahir. Voilà trop longtemps qu'on méprisait son clan dont le territoire ne cessait de se rétrécir. Conscients de la difficulté de se nourrir et de se déplacer, les oryx se regroupaient et la natalité diminuait. À intervalles rapprochés, des lionnes avaient dévoré des petits, et les excuses de Lion, condescendant et ironique, n'étaient qu'insultes d'un prédateur satisfait de sa cruauté.

Redoutant le déclin de son clan, Oryx avait essayé de susciter l'attention d'Éléphante. Attentive, l'imposante vieille dame demeurait hésitante. Certes, Lion transgressait parfois les règles, mais il n'entreprendrait pas une conquête de nouveaux territoires, craignant l'union sacrée de ses adversaires.

Crocodile, lui, n'avait peur ni de Lion ni d'Éléphante. Hélas, impossible d'obtenir un accord ! Hostile à toute négociation, le souverain des grands poissons aux dents meurtrières n'acceptait aucun allié. D'une indépendance farouche, il se contentait d'observer le pacte de paix en éliminant quiconque osait agresser ses sujets.

Oryx avait rêvé de régner sur le Sud. La noblesse de son clan, sa vigueur, son amour des grands espaces ne lui garantissaient-ils pas la suprématie ? Trop admiratif des siens, leur chef s'était montré naïf. Il avait négligé l'ambition de Lion, la ruse de Crocodile, la passivité d'Éléphante et la puissance de Taureau. Nul être vivant ne courait plus vite qu'un oryx, mais cette rapidité lui donnait une assurance excessive.

La réunion d'Abydos avait été un échec cuisant, chacun des clans feignant de se plier aux exigences de Chacal et de vouloir maintenir la paix. À l'évidence, Taureau s'était débarrassé du petit clan Coquillage, de manière à contrôler la totalité du Nord. Sa prochaine victime serait la fragile Cigogne. Ensuite, s'attaquerait-il au Sud ?

Oryx réunit ses principaux subordonnés. Les uns prônaient la prudence, les autres souhaitaient s'en prendre aux milices de Lion, prouver ainsi leur puissance et garantir la sécurité de leur territoire, voire l'augmenter. La discussion s'anima, on faillit en venir aux mains.

— Silence ! ordonna Oryx. Ces disputes sont stériles. En prenant le mauvais chemin, nous aggraverons notre déchéance. Étant donné la situation, je prône une action décisive.

Le projet du chef stupéfia les membres de son clan. Mais sa rage et sa force de conviction emportèrent leur adhésion.

*

Avec l'autorisation de Taureau, contraint de coopérer, Chacal et ses meilleurs limiers avaient longuement exploré l'ancien domaine du clan Coquillage et les alentours, à la recherche d'un indice permettant d'identifier le meurtrier.

En dépit de leur flair, ils n'avaient rien trouvé. La nature reprenait déjà ses droits, et nulle trace du village martyr ne subsistait. À l'étonnement de Chacal, les troupes de Taureau n'avaient pas occupé les lieux, comme si leur chef ne s'intéressait pas à cet endroit perdu au milieu des marais.

S'il était l'auteur du massacre, quel en était le véritable motif ? Aurait-il exercé une terrible vengeance à l'encontre d'un rival ? Non, Coquillage ne le menaçait pas. Replié sur son maigre bien, il ne songeait qu'à préserver ses modestes prérogatives.

Chacal et ses enquêteurs interrogèrent quantité de paysans, de chasseurs et de pêcheurs au service de Taureau pour savoir si leur maître poursuivait un malfaiteur coupable de lui avoir porté préjudice.

Échec total. Loin de critiquer l'autoritarisme de leur chef de clan, ses sujets s'en félicitaient. En revanche, on commençait à se plaindre de la brutalité du général Gros-Sourcils qui recrutait un maximum de jeunes.

Cette démarche inquiéta Chacal. Taureau renforçait-il ses troupes afin de garantir sa sécurité, ou envisageait-il une offensive ? La disparition de la vallée des Entraves, de sinistre mémoire, augmenta sa perplexité. Lever une malédiction n'était pas une mince affaire ! En réussissant, un magicien avait gravement insulté Taureau, et ce ne pouvait être Coquillage, disparu avant cet événement majeur. Le puissant personnage ne resterait pas inerte et châtierait le téméraire. S'il s'agissait d'un chef de clan du Sud, le conflit s'annonçait inévitable.

Préoccupés, Chacal et les siens regagnèrent Abydos.

*

Une dernière fois, Oryx consulta le mâle dominant, au coucher du soleil. En abaissant ses cornes, il lui donna son accord.

Son clan allait attaquer celui de Chacal et s'emparer d'Abydos.

Initiative impensable, à laquelle les principaux dignitaires, sortant de leur torpeur, s'étaient opposés. Semblant les écouter, leur chef les avait réunis dans un cirque rocheux. Laissant les lâches argumenter, il avait ordonné à ses meilleurs guerriers de les éventrer. Débarrassé de ces inutiles, nourri de la violence du désert, Oryx s'était élancé à la conquête d'Abydos.

Occuper un nouveau territoire ne lui suffisait pas. Il voulait surtout arracher à Chacal le secret de l'immortalité et obtenir ainsi la pérennité de son clan. Frappés de stupeur, les autres ne réagiraient pas. En montrant de quoi il était capable, Oryx les découragerait.

Se pensant intouchable, Chacal n'avait prévu qu'un dérisoire système de défense, à savoir quelques guetteurs dispersés et ensommeillés.

Vu la vitesse des oryx, ces médiocres n'auraient même pas le temps de réagir. La prise d'Abydos ne serait qu'un jeu d'enfant.

Le mâle dominant lança l'assaut, suivi d'un troupeau déchaîné et de fantassins persuadés que leur seule tâche consisterait à achever des blessés.

*

Chacal s'approchait d'Abydos lorsqu'il aperçut le nuage de sable. En l'absence de vent, la conclusion s'imposait : on attaquait son domaine.

Avant son départ, Chacal avait pris ses précautions. Conscient de l'échec de la réunion des clans et des velléités belliqueuses de certains, mieux valait mettre en place un dispositif de protection comportant des leurres et une véritable force d'intervention. Il avait hâte, néanmoins, de rejoindre les siens et de leur prêter main-forte.

*

Le grand mâle perfora de ses longues cornes le mannequin de roseaux et le chien de paille postés à la lisière du territoire sacré. Ses congénères renversèrent le reste des leurres, pendant qu'un chacal gardien donnait l'alerte aux véritables défenseurs d'Abydos.

Désorientés, les oryx cherchèrent leurs ennemis et se retrouvèrent encerclés par une meute de canidés, les babines retroussées et prêts à bondir. Quatre d'entre eux choisirent une proie et la mordirent aux pattes, un cinquième planta ses crocs dans le cou de l'antilope. Affolées, ses voisines se replièrent en désordre.

Le grand mâle parvint à embrocher un chacal, mais la nasse se referma autour de lui et il fut vite couvert de blessures. Aidé de ses fidèles, Oryx en personne le protégea et repoussa l'adversaire. Alors qu'il espérait l'appui de ses fantassins, il contempla leur déroute. Venant du nord, Chacal et les siens les prirent à revers et les dispersèrent.

— Il faut battre en retraite, conseilla l'un des proches d'Oryx. Le grand mâle est fichu, abandonnons-le.

Ensanglanté, l'animal haletait.

— Regroupons-nous, ordonna Oryx. Quand la nuit sera tombée, nous partirons tous ensemble.

— C'est de la folie ! Chacal nous tuera.

— Exécution !

Les yeux noirs du blessé exprimèrent une profonde gratitude. Il tenta de se relever et de prouver qu'il était encore apte à combattre.

*

Au prix de pertes sévères, Abydos était sauvé. Avec un courage admirable, les chacals avaient repoussé l'agresseur. Ne restait qu'un groupe compact, à la frange du désert. Bien qu'il parût facile à détruire, Chacal se méfia. Il n'était pas le seul à savoir tendre des pièges. Les oryx attendaient peut-être une charge des vainqueurs qui voudraient parachever leur triomphe et tomberaient dans un traquenard. Des renforts ne s'étaient-ils pas massés à l'abri des dunes, guettant les vantards ?

— Ramassons nos morts et enterrons-les, décida-t-il. La garde sera triplée la nuit durant. À l'aube, nous aviserons.

Le Premier des Occidentaux accomplit les rites en l'honneur de ses frères. Ils marcheraient désormais sur les beaux chemins de l'autre monde et garderaient la grande porte de pierre séparant le visible de l'invisible.

*

La tête droite, les cornes fières, le grand mâle endurait la souffrance sans gémir. Comme Oryx et ses compagnons d'infortune, il se préparait à l'assaut final de Chacal dont la meute ne ferait pas de prisonniers.

Au loin, la lumière des torches dansait dans la nuit sombre.

— Des cérémonies, suggéra un conseiller. Ne devrions-nous pas tenter de regagner notre territoire ?

— Je redoute une nouvelle ruse de Chacal, avança Oryx.

— Il communique avec les morts. Profitons de ce répit.

Cette fois, le chef du clan céda. Au matin, les blessés ne résisteraient pas longtemps ; à la faveur de l'obscurité, peut-être parviendraient-ils à s'échapper.

Le grand mâle se redressa et, déterminé, prit la tête des rescapés. Refusant de céder au découragement, il se promit de défendre son clan jusqu'à la dernière goutte de son sang.

*

Chacal observa le désert.

Pas un oryx à l'horizon. Le dernier groupe d'assaillants s'était enfui, emmenant ses blessés. Plusieurs canidés explorèrent les alentours, à présent paisibles.

— Tout est tranquille, annonça le chef des gardiens.

— À l'avenir, nous patrouillerons nuit et jour. En cas de danger, l'alerte sera rapidement donnée.

— N'avons-nous pas brisé les reins du clan Oryx ?

— Ils sont violents et courageux, cet échec ne les dissuadera pas ; avoir commis une telle folie présage des lendemains terrifiants. Seule Gazelle est capable d'éviter le pire.

18

Narmer et Scorpion progressaient lentement à travers une savane herbeuse où la vache et le veau trouvaient de quoi se nourrir. Pendant qu'ils broutaient, Scorpion posait des pièges et capturait des lièvres qu'il égorgeait avec son couteau en silex avant de les faire rôtir. Narmer, lui, savait allumer un feu, même dans les endroits humides.

— Comment as-tu obtenu cette arme ? demanda-t-il à Scorpion.

— Après avoir exterminé ma tribu, les soldats de Taureau ont passé la nuit à boire et à chanter. L'un d'eux a eu le tort de s'éloigner de son campement. Je l'ai étranglé et lui ai pris son couteau. Ce sac dont tu ne te sépares jamais… que contient-il de si précieux ?

La pleine lune argentait les herbes folles. Le fumet de la viande enchantait les narines des deux convives.

Narmer exhiba le coquillage sacré.

— Belle pièce, reconnut Scorpion. Sept branches… Une rareté.

— C'était le trésor de mon clan que seul le chef avait le droit de manier.

— Et maintenant, c'est toi qui le possèdes. Il te donne un pouvoir magique ! Voilà pourquoi tu as réussi à traverser la vallée des Entraves. Et ce ne sera pas ton dernier exploit…

Narmer sortit du sac l'étrange objet recueilli sur les lieux du massacre.

— As-tu déjà vu quelque chose de semblable ?

Scorpion tâta la relique.

— C'est superbe, mais je ne connais pas ce matériau.

— Et l'animal finement sculpté ?

— Inconnu. D'où provient ce trésor ?

— À mon sens, c'est la marque du destructeur de mon clan. Il a tué une fillette capable de déchiffrer les signes divins, et je me suis promis de la venger. Sans elle, je serais mort.

— Je t'approuve mille fois. Moi aussi, je me vengerai.

— Taureau possède-t-il de tels objets ?

Scorpion se montra dubitatif.

— Je l'ignore. Si c'est le cas, nous tiendrons notre ennemi commun.

Le râble de lièvre était un régal.

— Nous ne continuerons pas à vivre en pouilleux, décréta Scorpion. Un petit nombre de clans détient la totalité des richesses de ce pays, et ils se sont mis d'accord pour empêcher tout changement. Ça ne peut pas durer.

— Connaîtrais-tu les paroles de puissance qui permettraient à deux fous d'entreprendre une guerre perdue d'avance ?

— Si cette science-là existe, nous la maîtriserons. On nous a réduits en esclavage, Narmer, et nous sommes les premiers à nous révolter. Je refuse d'être soumis, mon frère, et je sais que tu partages mon idéal.

— Comment le réaliser ?

— M'accordes-tu ta confiance ?

— Nous avons mêlé notre sang.

— Alors, ne t'étonne de rien ! Nous allons briser notre carcan.

*

Scorpion se méfiait des fauves, des chiens errants et des serpents qui, la nuit, partaient en chasse. Affûté, son instinct l'avertissait du moindre danger. Et son bâton fourchu avait déjà immobilisé deux vipères avant qu'il ne parvînt à son but.

— C'est là, murmura-t-il.

Narmer fut intrigué. À la lisière du désert, des tumulus recouverts de pierres sèches.

— Un cimetière de village, expliqua Scorpion. Les chefs y sont enterrés avec leurs richesses.

— Tu… tu ne songes pas à t'en emparer ?

— Bien sûr que si.

— En violant une sépulture, tu provoqueras la colère des morts !

— Tant mieux ! Ces morts-là, je les hais et je leur crache au visage. Les villageois forment une milice au service de Taureau, et leur guide a massacré les miens. Ce cloporte se croyait à l'abri dans sa tombe, je vais lui prouver le contraire.

— Ne crains-tu pas…

— Cesse de craindre, Narmer ; ce village sera notre première conquête. Pour vaincre, il nous faut des guerriers, et nous les achèterons. Ta vache et ton veau ne suffiront pas ; ici, je trouverai le nécessaire. Aide-moi à ôter les pierres et à creuser. Si le spectre de cette pourriture se manifeste, je l'affronterai.

La détermination de Scorpion impressionna Narmer. Il participa au dégagement de la tombe, mais refusa de troubler la dernière demeure du défunt.

Scorpion, lui, n'hésita pas.

Il atteignit une petite porte qu'il fracassa à coups de pierre et pénétra à l'intérieur de la sépulture où gisait le cadavre du chef de village, enveloppé d'une natte et recroquevillé sur le côté gauche. Un bouquet de fleurs ornait sa poitrine.

À sa tête, plusieurs vases et des poteries décorées de motifs géométriques peints à l'encre rouge.

— Superbe ! Exactement ce que je cherchais.

Scorpion sortit les pièces du trésor une à une.

Avant de quitter la tombe, il gratifia le défunt d'un violent coup de pied.

— Continue à pourrir, charogne ! Maintenant, tu n'as même plus de quoi payer les gardiens des portes de l'autre monde.

*

Méfiant, Scorpion redoutait la présence de vigiles aux abords du village. Laissant Narmer en compagnie de la vache, du veau et de leur fortune, il partit en éclaireur. La journée était splendide, le vent délicieux.

Narmer terminait la traite quand Scorpion réapparut.

— Pas de guetteur. Ces culs-terreux se croient en sécurité, parce qu'ils appartiennent au clan de Taureau. Ce gros vantard est vraiment trop sûr de lui !

— Combien de guerriers ?

Scorpion fit la moue.

— Nombreux.

— Et si l'on contournait ce village ? suggéra Narmer.

— Pas question ! Ils ont tué les miens, je les tuerai. Et Taureau saura que ses protégés ne sont pas à l'abri d'un châtiment. À nous de recruter une troupe de gaillards valeureux.

L'entreprise paraissait insensée, Narmer l'approuva. N'étant pas des hommes ordinaires, les deux amis ne pouvaient se contenter de projets banals. Et toute conquête ne débutait-elle pas ainsi ?

Scorpion se figea.

— Vois-tu ce que je vois ?

Au cœur d'un champ d'épeautre, une femme coupait des tiges.

Une brune d'une vingtaine d'années, aux cheveux longs, fine et gracieuse. Ses seins nus étaient ronds et fermes, elle ne portait qu'un pagne minuscule ; lisse et juvénile, son visage attirait le regard.

— Nous recherchons des guerriers, rappela Narmer.

— Elle est jolie, très jolie… Pourquoi ne nous aiderait-elle pas ?

— Elle pourrait aussi alerter nos ennemis.

— Laisse-moi agir.

Scorpion se dirigea vers la ravissante. Il n'était qu'à une dizaine de pas lorsqu'elle tourna la tête et l'aperçut.

Souriant, il s'arrêta.

— Tu n'as rien à craindre ! Je suis un voyageur et j'ai perdu mon chemin. Acceptes-tu de me guider ?

Interloquée, elle contempla le jeune homme.

D'abord, elle eut envie de s'enfuir ; ensuite, elle fut conquise. Aucun garçon du village n'était aussi beau et séduisant.

— Mon ami et moi, on aimerait se reposer et se restaurer.

— Vous… vous êtes du clan Taureau ?

Scorpion prit un air contrit.

— Nous sommes des nomades sans attaches ; partout, on nous repousse. Grâce à notre vache, je t'offre du lait frais.

Touchée, elle sourit à son tour.

— Comment te nommes-tu ?

— Scorpion. Et toi ?

— Fleur. J'entretiens une petite cabane, à l'extrémité de ce champ, et j'y conserve des oignons et des concombres. Déjeunons ensemble.

— Entendu, Fleur. Mon ami Narmer sera ravi.

La jeune femme dévorait Scorpion des yeux. Tout en lui la charmait ; et le séducteur éprouvait le même désir.

19

Fleur but le lait frais sans quitter Scorpion du regard. Lui et Narmer apprécièrent les légumes et les galettes d'épeautre.

— Ce champ t'appartient ? demanda Scorpion.

— Oh non ! Il est la propriété de mon fiancé, un soldat de Taureau. Demain, il rejoindra son camp après la joute du canal.

— Tu l'aimes, ce fiancé ?

Fleur baissa la tête.

— Il m'a choisie.

— Et tu n'as pas osé le repousser !

— C'est un homme fort et brutal. On ne le contrarie pas.

Scorpion lui prit la main.

— Que désires-tu, jeune fille ?

Les yeux verts se mouillèrent de larmes.

— Ma vache a besoin de moi, estima Narmer qui sortit de la cabane de roseaux.

Fleur se jeta au cou de Scorpion.

— Je déteste mon futur mari, avoua-t-elle.

Il lui caressa les cheveux, puis ses mains descendirent vers ses seins. Elle poussa un gémissement et s'abandonna à ce merveilleux amant.

*

Fleur et Scorpion ne se rassasiaient pas l'un de l'autre. Oubliant le monde extérieur, ils exploraient les mille et un chemins du plaisir, comme si leur jouissance n'avait pas de limites. Au couchant, ils s'interrompirent enfin.

— Ne me quitte pas, implora-t-elle.

— Je n'en ai pas l'intention.

— Mon fiancé te tuera !

— Cette joute des bateliers… y participera-t-il ?

— Il la gagnera !

— Existe-t-il un enjeu ?

— Les champs d'épeautre du village. En cas de victoire, mon fiancé sera riche.

— Ai-je le droit de participer ?

— N'affronte pas ce monstre ! Il a terrassé tous ses adversaires, la plupart sont morts de leurs blessures.

— N'est-ce pas le seul moyen de t'en débarrasser ?

Les yeux de Fleur vacillèrent.

— Tu ferais ça… pour moi ?

— Tu m'as supplié de ne pas t'abandonner. Existe-t-il un autre moyen ?

Elle se lova contre son amant.

— Personne ne s'est jamais battu pour moi… Et toi, tu risquerais ta vie ?

— Je vaincrai et je t'emmènerai.

En proie à un rêve insensé, elle s'étendit sur le dos, allongea les bras et les jambes. Sa beauté fascina Scorpion ; elle méritait un beau combat.

*

Assis côte à côte, Narmer et Scorpion admirèrent le lever du soleil. Fleur dormait encore.

— Nous allons gagner du temps, annonça Scorpion. En participant à la joute des bateliers, je prouverai ma force aux villageois.

— Et si tu es vaincu ?

— Hors de question.

— Cette jeune fille ne t'aurait-elle pas envoûté ?

— J'apprécie les femmes, Narmer, mais elles ne me détourneront pas de mon but. As-tu été amoureux ?

— Dans mon clan, je n'avais pas l'âge de me marier. Peut-être les dieux me permettront-ils de rencontrer une femme que j'aimerai et qui m'aimera. Nous resterons ensemble à jamais.

— Ta patience ne risque-t-elle pas d'être déçue ?

— Je suis persuadé du contraire.

— N'es-tu pas trop exigeant ?

— C'est mon sentiment profond, et je n'en varierai pas.

— Puissent les dieux te donner satisfaction, mon ami ! Comment sauras-tu que tu as découvert la merveille espérée ?

— La réalité s'imposera.

— À mon avis, la tentation l'emportera ! Et je ne t'en blâmerai pas.

Épanouie, Fleur sortit de la cabane.

Scorpion courut l'embrasser.

*

Fleur marchait en tête, suivie de Narmer, de la vache, du veau et de Scorpion qui portait un panier contenant les précieuses poteries.

Des enfants entourèrent la jeune femme et l'accompagnèrent jusqu'à la demeure de l'ancien chef du village, restée inoccupée. En attendant son successeur, les anciens palabraient. Impossible de prendre une décision avant la fin de la joute des bateliers dont le vainqueur prétendrait forcément à la suprématie.

Sur le seuil, se dressa un fier gaillard, à la musculature impressionnante.

— Où as-tu passé la nuit ?

La question de son fiancé tétanisa Fleur.

— En ma compagnie, répondit Scorpion.

Choqué, le fiancé toisa le provocateur.

— Tu plaisantes, l'ami ! Cette gamine m'appartient.

— Fleur a décidé de vivre avec moi.

Trapu, les mollets épais, le fiancé avait un visage de brute. Face à la beauté du couple que formaient Fleur et Scorpion, il paraissait bestial.

— Tu n'es pas d'ici, l'étranger, et tu vas me rendre cette femme !

— N'est-ce pas au génie du Nil de trancher ? proposa Narmer. À lui de désigner le vainqueur de la joute et de satisfaire ses exigences.

Les anciens approuvèrent. Irrité, le fiancé fut contraint de se plier.

— Je mets Fleur en jeu, annonça Scorpion.

— Et moi mes champs d'épeautre ! Tu as tort de m'affronter, étranger. Non seulement tu perdras cette femelle, mais aussi ta vie.

Le fiancé jeta un regard haineux à la jolie brune.

— Tu paieras cher ton attitude ! Quand je t'aurai brisée, plus personne ne voudra de toi. Tu passeras le reste de ton existence à ramasser la paille et à crever de faim.

Furibond, il tourna les talons.

Un ancien s'approcha de Scorpion.

— As-tu déjà participé à ce genre de joute ?

— Ce sera une première.

— Malheureux garçon ! Tu ferais mieux de renoncer, ton adversaire est imbattable ! S'il ne te tue pas sur le coup, il t'infligera d'atroces blessures. Laisse-lui Fleur et déguerpis.

— Ce combat me plaît.

Ton manque d'expérience te condamne, jeune homme. Toi et ton compagnon, d'où venez-vous ?

— Nous sommes des bouviers à la recherche d'un pâturage, répondit Narmer.

— Vous pouvez rester à la lisière du village jusqu'à la joute, décida l'ancien. On vous donnera du pain et des légumes.

Fleur se blottit contre Scorpion.

— Toi, petite, tu es l'un des enjeux et tu résideras dans la maison du chef défunt auquel succédera certainement ton fiancé.

Le vieillard saisit la main de Fleur qui éclata en sanglots. Narmer empêcha Scorpion de réagir.

— Merci de votre hospitalité, dit-il. Quand aura lieu la joute ?

— À la nouvelle lune, en plein midi. Je le répète : déguerpissez. C'est votre unique chance de survivre.

Entraînée à l'intérieur de la maison en boue séchée, Fleur n'eut même pas la possibilité d'adresser un adieu à son amant.

— Éloignons-nous, préconisa Narmer et trouvons une cachette sûre.

— Ne devons-nous pas nous installer à la lisière du village ?

— Ces gens nous haïssent, ils tenteront de nous supprimer avant la joute.

— Aurais-tu décidé d'abandonner Fleur et de t'enfuir ?

— Non, de nous mettre à l'abri et de réapparaître au moment opportun.

20

Vu la faiblesse de son clan, Gazelle n'avait plus de campement fixe. Ses derniers fidèles, une petite troupe d'animaux en éveil perpétuel et quelques servantes à la dévotion de leur maîtresse, veillaient sur elle et satisfaisaient ses moindres besoins.

Le groupe se déplaçait à la frange des territoires des clans du Sud et de celui de Taureau, le maître du Nord.

Quand Chacal en personne se présenta à l'entrée du modeste enclos implanté par les gazelles, ce fut l'affolement. Ses paroles apaisèrent la gardienne, désarmée, et un semblant de calme se rétablit.

Gazelle vint au-devant de son hôte. Racée, souple, parée d'un collier de cornaline, elle exerçait un pouvoir de séduction auquel Chacal ne restait pas insensible.

— Te voici bien loin d'Abydos, s'étonna-t-elle. Je suis à la fois heureuse et inquiète de te revoir.

— Ton inquiétude est justifiée.

Gazelle invita le chef de clan à pénétrer dans sa hutte, décorée de nattes colorées et de petites poteries. L'endroit était luxueux et apaisant.

Une servante apporta du vin blanc et des dattes.

Gourmet, Chacal apprécia ces douceurs.

— J'ai reçu une mission de la part des chefs, rappela-t-il : identifier le destructeur du clan Coquillage. Et je suis incapable de la remplir ; malgré mes investigations sur le terrain, aucune preuve me permettant de désigner un coupable. Il a effacé toute trace de son passage.

— Autrement dit, tu n'accuses pas Taureau.

— Il n'a pas occupé le domaine du clan Coquillage, et la vallée des Entraves, l'un de ses dispositifs de sécurité, a disparu. À mon avis, quelqu'un tente de prouver que Taureau n'est pas tout-puissant et, en même temps, de provoquer la révolte des clans du Sud. Taureau croit à un complot organisé contre lui. Lion serait à la tête de ses futurs agresseurs et voudrait s'emparer du Nord.

— Ton intime conviction ?

— Je n'y crois pas. Le nouveau général de Taureau, en revanche, l'a convaincu de recruter un maximum de soldats. Une armée suffit-elle uniquement à se défendre ?

— Tu songes à l'envahissement du Sud.

— Il me paraît inévitable… Sauf si ton sens de la diplomatie dissuade Taureau de déclarer la guerre. Et ce ne sera pas ta seule tâche.

Gazelle frémit. Chacal ne parlait pas à la légère.

— Oryx et les siens ont essayé de s'emparer d'Abydos. Nous avons réussi à les repousser, mais ils reviendront ; désormais, la capitale de mon clan est exposée aux agressions.

Une larme coula sur la joue de Gazelle. Le monde pacifique qu'elle avait contribué à construire n'était-il pas en train de s'écrouler ?

— De nombreuses victimes ?

— Malheureusement oui, et des deux côtés ; toi seule pourras convaincre Oryx de ne pas poursuivre les hostilités. Je me suis contenté de renforcer la protection d'Abydos.

— En s'emparant de ta cité, Oryx voulait acquérir le secret de l'immortalité et garantir la pérennité de son clan.

— Je partage ton avis, Gazelle. Et je redoute que son exemple n'engendre des émules.

— Oryx est farouche et indépendant. Néanmoins, Lion sera peut-être tenté d'exploiter la situation. Seul Taureau me paraît capable de garantir la sécurité d'Abydos en promettant de combattre quiconque osera l'attaquer.

— Pourquoi prendrait-il ce risque ?

— Pour maintenir l'intégrité de son propre territoire.

— Et s'il a l'intention d'envahir le Sud ?

Le regard de la douce Gazelle s'assombrit.

— Tu poses la question essentielle. À moi d'obtenir la réponse et d'empêcher le pire.

*

Accompagnée d'une modeste et inoffensive escorte, Gazelle se présenta aux gardes-frontières de Taureau. Sa beauté les attendrit et, en fonction des accords en application, ils devaient manifester tous les égards à une cheffe de clan. Ils la conduisirent donc au camp retranché de leur maître, dont les officiers ne s'autorisèrent pas à fouiller l'élégante jeune femme. Chacun savait qu'elle ne portait jamais d'arme.

La garnison était en effervescence. Partout, les soldats manœuvraient, et leurs instructeurs ne les ménageaient pas.

Bras croisés, le général Gros-Sourcils accueillit Gazelle.

— Votre place n'est pas ici, assena-t-il.

— En tant que négociatrice officielle auprès de l'ensemble des clans, ma place est là où mon devoir m'appelle, rétorqua Gazelle sans hausser le ton. Veuille m'annoncer à Taureau.

Le regard noir, le général s'exécuta.

Gazelle détestait cette atmosphère militaire, prélude à de terribles conflits. Les humains s'entraînaient à déployer leur énergie destructrice, et les taureaux sauvages seraient une arme des plus efficaces.

La fragile diplomate n'avait aucune chance de les ramener à la raison.

Taureau apparut.

Sa taille, sa corpulence et sa puissance étaient impressionnantes.

— Chère Gazelle ! Aurais-tu besoin de mes services ?

— Un entretien s'impose.

— Comment te résister ?

Débonnaire, il lui prit la main.

— J'ai amélioré ma demeure, tu es la première à découvrir mes innovations.

Le général Gros-Sourcils emboîta le pas au couple.

— Reste à l'extérieur, ordonna Taureau, tu n'es pas chef de clan.

Colorées en rouge, en ocre et en blanc, les parois de la vaste cabane en roseaux éblouirent la visiteuse. Une vingtaine d'énormes poteries rythmaient l'espace intérieur, et des plateaux en terre cuite, chargés de nourritures, excitaient l'appétit. Des nattes épaisses couvraient le sol.

— Superbe, reconnut Gazelle.

— Bien vivre n'est-il pas le but de l'existence ?

— Tout ce qui repousse la mort me séduit.

Les narines de Taureau se contractèrent.

— Je n'apprécie pas les allusions ! Que veux-tu dire ?

— Bien vivre implique la paix, ne crois-tu pas ?

— Assieds-toi et buvons.

Gazelle ôta ses sandales, et ses délicats pieds nus, admirablement dessinés, foulèrent les nattes.

Le moindre de ses gestes était d'une telle distinction qu'elle subjuguait Taureau. Parfois, il rêvait qu'elle accepterait de devenir son épouse, mais ce mariage la contraindrait à perdre son statut de cheffe de clan.

Soumission si décevante que Taureau mépriserait une femme aussi médiocre.

En dépit de sa douceur apparente, Gazelle ne redoutait pas Taureau. Et ce dernier l'en estimait davantage.

Du bout des lèvres, elle goûta le vin blanc.

— Prépares-tu la guerre ?

Taureau faillit s'étrangler.

— Comment oses-tu…

— Me prendrais-tu pour une imbécile ? Ta démonstration de force est explicite.

— Je ne songe qu'à me défendre !

— Serais-tu menacé ?

— Lion a massacré le clan Coquillage, détruit la vallée des Entraves et veut m'abattre. En croyant à ma naïveté, il se trompe lourdement. Je le repousserai et je garderai mes terres !

— As-tu une seule preuve de sa culpabilité ?

Taureau émit un grognement.

— C'est l'évidence !

— S'en méfier est le premier pas vers la sagesse, et tu n'en manques pas. Comme moi, tu sais que rien ne doit troubler l'équilibre actuel. Sinon, la violence nous anéantira tous. Prépares-tu la guerre, Taureau ?

— Non, simple précaution. Elle découragera mes adversaires.

— Es-tu sincère ?

— Je le suis, Gazelle ; face à toi, impossible de mentir ! Tu n'as pas d'armée, ton clan est presque éteint et, pourtant, ton autorité est indiscutée. À toi seule, tu incarnes la paix, et je n'ai pas envie de la briser.

— Chacal renonce à poursuivre son enquête. Il n'a pas trouvé d'indices permettant de t'accuser de l'anéantissement du clan Coquillage.

— En quoi me gênait-il ? tonna Taureau. Mes adversaires ne se situent pas au Nord, mais au Sud. Et Lion…

— Oryx a tenté de s'emparer d'Abydos, révéla Gazelle. Le combat fut rude, Chacal est resté maître des lieux.

La stupéfaction de Taureau ne paraissait pas feinte.

— Pourquoi Oryx a-t-il commis cette folie ?

— Sans doute espérait-il arracher à Chacal les secrets de l'autre monde et offrir un avantage décisif à son clan. Aujourd'hui, il est décimé. Et Chacal redoute une nouvelle attaque, due au désespoir.

— Ce ne sont pas mes affaires.

— Justement si, objecta Gazelle. Tu dois proclamer que tu défendras Abydos en cas d'agression.

— Abydos est au Sud. Moi, je m'occupe du Nord !

— Réfléchis, Taureau. Si le clan de Chacal est anéanti, si Abydos tombe aux mains d'un prédateur, ce dernier n'en restera pas là. Il essaiera de fédérer les armées du Sud, avec un seul objectif : envahir le Nord. Et ce prédateur pourrait être Lion.

L'argument porta, le puissant guerrier parut contrarié.

— Quelle serait ta stratégie ? demanda-t-il.

— Me rendre chez Oryx et le persuader d'abandonner toute idée de conquête d'Abydos, puisque ton armée, déjà sur le pied de guerre, interviendrait immédiatement. Ce serait la fin du clan d'Oryx. Bien entendu, il me faut ta parole.

La voix mélodieuse de Gazelle était un enchantement, Taureau se laissait envoûter. Et le raisonnement de la diplomate le satisfaisait. Un simple engagement de sa part, pas d'action militaire immédiate et un prestige accru.

Au fond, il serait le principal bénéficiaire de cette démarche diplomatique.

— Tu as ma parole, déclara-t-il.

21

En utilisant son couteau de silex, Scorpion avait dégagé l'accès à un bosquet d'épineux, cachette idéale suffisamment éloignée du village. À la nuit tombée, il se rendit à l'endroit où il aurait dû se trouver en compagnie de Narmer, de la vache et du veau.

À plat ventre derrière un tamaris, il vit arriver quatre hommes que commandait le fiancé de Fleur.

Armés de bâtons, ils s'apprêtaient à massacrer les indésirables.

— Ce n'est pas ici, murmura l'un d'eux.

— Moi, je les ai vus s'arrêter là ! objecta son camarade.

— Inspectons les alentours, ordonna le fiancé. Et je vous le répète : on les tue et on fait disparaître les corps.

La petite troupe entama sa sinistre exploration.

En ayant assez entendu, Scorpion regagna son repaire.

*

— Tu avais raison, Narmer. Ces maudits villageois ne songent qu'à nous supprimer.

— Renonces-tu à la joute ?

— Si je n'interviens pas, Fleur est condamnée.

— Dès que tu te montreras, ils t'abattront.

Scorpion caressa les poteries arrachées à la tombe.

— Depuis mon enfance, on m'a promis l'échec de mes initiatives ; tu as raison, je n'ai aucune chance. Pourtant, je ne m'enfuirai pas.

— Je t'approuve.

Scorpion fut intrigué.

— Explique-toi.

— D'abord, nous avons mêlé nos sangs, et je ne t'abandonnerai pas, quelles que soient les circonstances ; ensuite, nous n'avons pas le choix. Fuir ne nous conduira nulle part. Affronter l'impossible ? En traversant la vallée des Entraves, j'en ai acquis le goût. Et te rencontrer l'a renforcé. Conquérir ce village est essentiel, et notre chemin passe par ta victoire lors de la joute des bateliers.

— Une joute à laquelle on m'empêchera de participer !

— C'est probable.

— Et tu veux quand même te lancer dans l'aventure ?

— Si nous ne sommes pas capables de vaincre à deux contre cent, à quoi bon survivre ?

*

La brume s'était dissipée tard. Au bord du canal, les jouteurs vérifiaient leurs canots en papyrus et les longues perches qui leur serviraient à s'affronter. La dizaine de concurrents n'avaient guère d'illusions ; le fiancé de Fleur serait vainqueur et deviendrait le nouveau maître du village. Aurait-il la bonté de ne pas trop défigurer les vaincus ?

Résignés, les vieux se préparaient à féliciter le héros. Recluse, Fleur ne cessait de sangloter. Elle devrait oublier ses réticences et participer à la fête.

Son fiancé se présenta le dernier. Il possédait le canot le plus robuste et s'amusa en découvrant ses jeunes adversaires.

— Allons, les enfants, pas d'inquiétude ! Je vous secouerai gentiment. En place !

Face à la brute, le premier candidat avait les jambes tremblantes.

Quand les deux embarcations, parties à la rencontre l'une de l'autre, furent sur le point de se croiser, les combattants brandirent leurs perches. Celle du fiancé percuta si violemment la poitrine de l'adolescent qu'il tomba à l'eau.

Ses camarades plongèrent pour le repêcher, gravement blessé.

— Suivant ! exigea le fiancé.

Le deuxième jouteur subit le même sort. Quant au troisième, il demeura debout, le bras en sang et l'épaule déboîtée.

Le reste des jeunes villageois renonça.

— Bande de trouillards ! Alors, plus personne n'ose m'affronter ?

— Si, moi.

La voix tranchante de Scorpion figea l'assemblée. Accompagné de Narmer, il venait d'apparaître au bord du plan d'eau.

— Arrêtez-les, marmonna un vieillard. Ces étrangers sont dangereux !

Les deux amis étaient prêts à vendre chèrement leur peau. La réaction qu'espérait Narmer se produisit.

— Laissez-moi ce type, ordonna le fiancé. Donnez-lui un canot et une perche.

La plupart des villageois en eurent l'eau à la bouche. Cette joute-là resterait mémorable, et le prestige de leur nouveau chef rejaillirait sur eux. Le fiancé embrocherait l'audacieux, le soulèverait dans les airs et lui infligerait une mort lente, très lente. Ensuite, on réglerait le sort de son complice.

Scorpion prit tout son temps. Il vérifia la stabilité de son canot, fit tournoyer sa perche et la brisa en deux.

— J'en veux une solide. Sinon, le combat sera truqué.

L'assistance ne protesta pas. Scorpion choisit son arme, légère et maniable.

— Tu n'es pas pressé de mourir, l'ami. Je te comprends ! Es-tu satisfait des conditions de la joute ?

— La journée est calme, le vent agréable et mon adversaire m'amuse.

Le fiancé se crispa.

— Moi… je t'amuse ?

— Terrasser des incapables et des lâches est à la portée de la première brute venue. Ton gros ventre et tes muscles mous t'empêchent d'esquiver suffisamment vite. À ta place, je renoncerais à ce combat.

Furieux, le fiancé serra les poings.

— Les porcs et les chiens dévoreront ton cadavre !

Indifférent, Scorpion monta sur son canot et soupesa une dernière fois sa perche. Excité, son adversaire se rendit à l'extrémité opposée du canal, sous les acclamations des villageois.

Se servant de leur arme comme d'une pagaie, les deux hommes s'élancèrent. Le fiancé prit un maximum de vitesse, Scorpion parut malhabile.

Et ce fut l'impact.

L'extrémité pointue de la perche du fiancé frôla la tempe de Scorpion qui n'avait même pas réussi à le menacer. Un éclat de rire général souligna cette dérobade, Narmer demeura impassible.

Le deuxième affrontement ne tarda pas. Cette fois, la perche du fiancé érafla l'épaule droite de Scorpion dont le sang jaillit. De nouveau, il avait été incapable de rétorquer, et l'hilarité de la foule redoubla. Elle n'avait jamais assisté à un combat aussi ridicule. Le prochain coup de son champion serait fatal.

Un peu essoufflé, il repartit à l'assaut.

Scorpion, lui, adopta une stratégie surprenante. Au lieu de choisir la ligne droite, il progressa en zigzag.

Désorienté, le fiancé tendit sa perche dans le vide. Celle de Scorpion le toucha au bas-ventre. Poussant un hurlement de douleur, le vaincu s'effondra. Au passage, avec l'autre extrémité de son arme, son adversaire lui fracassa la nuque. Le canot chavira, le mourant tomba à l'eau.

L'assistance était devenue muette.

Scorpion accosta et marcha vers les anciens.

— J'ai remporté cette joute et je réclame mon dû. La totalité des champs du village m'appartient et je prends Fleur pour femme.

Aucune protestation ne s'éleva, les villageois étaient hébétés.

— Ma victoire prouve ma valeur, ajouta-t-il. À cet instant, je deviens votre chef.

Un vieillard protesta.

— Un étranger ? Nous refusons !

Il apostropha l'assistance.

— Il est seul, tuons-le !

À l'hésitation succéda la haine. La vague submergerait l'imprudent.

Narmer brandit les vases provenant du tombeau.

— Voici la preuve que Scorpion est bien votre nouveau maître ! Le chef défunt lui a transmis son trésor.

La foule fut subjuguée, et tous s'agenouillèrent.

Scorpion fit un tour sur lui-même et contempla ses sujets. Puis il s'approcha du vieillard.

— Regrettes-tu tes propos ?

— Oui, oui, je les regrette !

— Pourquoi les avoir proférés ?

— Je… je craignais que…

— Ne crains plus rien.

D'une main, Scorpion étrangla le contestataire.

Et son regard dominateur éteignit toute velléité de révolte.

22

La gazelle éclaireuse s'immobilisa face à l'oryx gardien. La délicate femelle s'inclina devant le mâle méfiant qui l'observa longuement en tournant autour d'elle. Ne percevant pas de danger, il libéra le passage pour la cheffe de clan accompagnée de sa modeste cour.

Guidée par l'éclaireuse, Gazelle avait retrouvé la trace du clan Oryx, au fond d'un oued encadré de hautes collines écrasées de soleil. La piste était presque invisible et difficilement praticable. Des lionnes auraient pu se dissimuler, et il fallait rester sans cesse en alerte.

À la vue des oryx, Gazelle se sentit rassurée. Grâce à leurs cornes acérées, ils seraient capables de la défendre en cas d'agression. Et les guetteurs, postés au sommet des éminences, donneraient l'alerte.

En franchissant le seuil du territoire d'Oryx, la jeune femme ressentit la détresse des membres du clan. Les blessés sommeillaient à l'abri de rochers donnant de l'ombre, les valides gardaient la tête basse, et toute joie de vivre semblait avoir disparu.

Gazelle se prit à rêver de l'époque pas si lointaine où des milliers d'antilopes parcouraient le Nord et le Sud, avant de céder peu à peu leurs territoires à des clans conquérants. Afin de préserver les bonheurs simples de cet âge révolu, le clan Gazelle avait réussi à maintenir la paix en empêchant les va-t-en-guerre de massacrer leurs rivaux. Une trêve inespérée à laquelle la disparition du clan Coquillage et le raid d'Oryx contre Abydos avaient mis fin.

Pourtant, la diplomate continuerait à lutter, avec l'espoir de surmonter cette crise. Empêcher la situation de dégénérer et les opportunistes d'agir… Sa tâche s'annonçait difficile.

Oryx se tenait au sommet d'un monticule, goûtant le vent du désert. Portant des traces de blessures, il gardait sa fierté et semblait prêt à repartir au combat.

— C'était dangereux de venir ici, estima-t-il, rugueux.

— Qui oserait agresser la négociatrice nommée par les clans ?

— Qu'as-tu à proposer ?

— Attaquer Abydos était une faute grave.

— Personne ne me dicte ma conduite !

— Retire au moins des enseignements de ta défaite.

— Ce n'était qu'un premier affrontement, le clan de Chacal ne vaincra pas le mien.

— Chacal n'a pas l'intention de prendre sa revanche, révéla Gazelle. Il se contente de renforcer les défenses de son territoire.

— Je dois terminer ce que j'ai commencé. Sinon, je perdrai mon honneur et les autres chefs me traiteront de lâche.

— Plie-toi à la réalité, Oryx : tu ne t'empareras pas d'Abydos.

— Qui m'en empêchera ?… Toi ?

— Taureau a donné sa parole : il terrassera tout agresseur.

— Taureau ne s'occupe que du Nord !

— Je te le répète, il s'est engagé. Il n'y aura pas de représailles contre toi, et l'équilibre actuel sera maintenu.

Oryx ne prit pas cette décision à la légère. Il n'avait pas les troupes nécessaires pour affronter Taureau.

— Les clans sont-ils déjà avertis ?

— Pas encore, répondit Gazelle. Je vais les informer.

— Ainsi, je suis humilié.

— Tu es sauvé. Et je présenterai les faits de manière à ne pas t'accabler.

Oryx eut un regard moins dur.

— Pourquoi cette clémence ?

— Je veux préserver la paix. Ton raid a semé souffrance et désordre, une guerre entre clans serait un cataclysme et provoquerait leur perte.

Le fier Oryx trouva la jeune femme aussi courageuse que belle.

— Oublie tes intentions belliqueuses, recommanda-t-elle, et reconstitue tes forces. Le temps effacera ton erreur et ton prestige renaîtra. Le Sud a besoin du clan Oryx.

La fragile créature réussissait à redonner de l'espoir à l'irascible lutteur, presque attendri.

— N'aimes-tu pas les grands espaces et l'infini du désert ? questionna-t-elle. Toi seul sais apprécier la rudesse et les charmes de cette immensité en supportant un soleil implacable et en recueillant le moindre souffle d'air. Les courses folles des oryx sont l'expression de leur liberté. Et seule la paix la préservera.

*

Le général Gros-Sourcils était grognon, mais il continuait à entraîner les soldats du clan Taureau avec la même intensité. Lors des exercices, où personne ne se ménageait, plusieurs hommes avaient déjà succombé. Aux yeux du général, des incapables qui méritaient leur sort.

Taureau inspecta ses troupes et parut satisfait.

— Seigneur, déclara l'officier, votre armée sera invincible. Il me reste quelques mois de travail intensif, et nous pourrons partir en guerre avec la certitude de triompher.

— Oryx ne courra pas le risque d'attaquer une nouvelle fois Abydos. Il connaît la valeur de ma parole, et Gazelle saura le convaincre.

— Son clan ne tardera pas à s'éteindre.

Cette remarque irrita Taureau.

— Un clan est un clan, général, et tu lui dois le respect ! Grâce aux interventions judicieuses de Gazelle, nous sommes en paix. En dissuadant quiconque de la briser, mon armée est notre meilleure protection.

— Sauf votre respect, cette paix n'est-elle pas un mirage ? Oryx vient de la rompre !

— Oryx est un cabochard et il a commis une faute stupide, heureusement sans conséquences.

— Croyez-vous que Lion ne l'exploitera pas ?

La question ennuya Taureau.

— De quelle façon ?

— Oryx a perdu de nombreux guerriers, son clan est sorti très affaibli de la bataille d'Abydos. Belle aubaine pour Lion… Ne rêve-t-il pas de détruire un rival haï ?

— Lion déteste tous les chefs et rêve de pouvoir absolu ! Mais il n'est qu'un songe-creux et un froussard incapable d'entreprendre une action d'envergure.

*

Les espions de Crocodile franchissaient les frontières des autres clans et recueillaient un maximum d'informations. Utilisant les voies d'eau, ils savaient se dissimuler et patientaient des heures, voire des journées entières, avant de glaner un renseignement digne d'intérêt. Repérés, ils s'enfuyaient. En cas de nécessité, ils combattraient. Vaincus, ils nieraient avoir reçu un ordre de leur maître et prétendraient agir de leur propre initiative.

Quand ses meilleurs éléments se présentèrent au rapport, Crocodile était de méchante humeur. Il avait élu domicile dans un marais qu'ombrageaient de vieux saules et mastiquait de la viande séchée, entouré de ses courtisans. Son instinct lui disait que la situation évoluait vite, et pas forcément à son avantage.

Risque majeur : l'alliance de Lion et Taureau contre lui. De l'avis général, impossible. Mais Crocodile se méfiait des évidences. Et les clans le détestaient, à cause de son indépendance et de son refus de coopérer.

Le responsable des services d'espionnage prit la parole.

— Voici les faits nouveaux attestés par les divers rapports. Taureau recrute, augmente ses troupes et les entraîne de manière intensive.

— Mauvais, marmonna Crocodile, très mauvais.

— Oryx a tenté de s'emparer d'Abydos.

L'œil du chef de clan se rétrécit. Ne subsista qu'une mince fente.

— Oryx… Ce fou a-t-il réussi ?

— Chacal l'a repoussé. Au prix de lourdes pertes, il est resté maître de son territoire. Oryx et les siens ont regagné leur domaine.

— Ces deux clans vont s'entre-déchirer !

— Non, car l'action diplomatique de Gazelle a été couronnée de succès. Taureau garantit la sécurité d'Abydos, Oryx accepte de ne plus lancer de raid. La paix est sauvegardée.

— La milice d'Oryx a-t-elle été décimée ?

— Il a perdu quantité de guerriers, notamment le meilleur d'entre eux, un grand mâle qui n'a pas survécu à ses blessures. Il faudra beaucoup de temps à ce clan pour reconstituer ses forces.

— Gazelle se rend auprès des autres chefs, je suppose ?

— Hier, elle s'entretenait avec Éléphante.

— La diplomatie, la paix… Niaiseries ! Le temps des bavardages et des illusions s'achève. Taureau, lui, l'a compris. Et moi aussi.

23

Fleur caressa lentement le corps musclé de Scorpion avant de l'embrasser avec fougue. Le jeune homme reprit l'initiative, s'étendit sur elle et chercha à susciter toutes les formes du désir. Répondant à ses appels, elle se déchaîna et se montra aussi passionnée que son amant. Leur union fut un mélange de combat et de tendresse, l'ardeur de Scorpion finissant par l'emporter. Heureuse d'être vaincue, Fleur s'abandonna.

— Tu m'as sauvé la vie, rappela-t-elle, et je te serai toujours fidèle. Sans toi, cette brute m'aurait détruite. Et maintenant, te voilà chef de mon village !

— Les lâches qui l'habitent seront à tes pieds. Ne crois pas un mot de leurs flatteries.

— Devrai-je me montrer… cruelle ?

— Excellente idée. Cette bande d'idiots mérite une bonne leçon et je t'imagine brillante.

Ravie, elle se releva ; esquissant des pas de danse, elle capta l'attention de son amant. Lorsqu'il tenta de la capturer, elle s'esquiva.

— J'ai faim… pas toi ?

Scorpion céda.

À chacun de ses repas, désormais, figurait un légume découvert au village : le concombre. Mélangée à du lait, sa pulpe broyée avait une saveur exquise et formait un remède contre les inflammations oculaires. Favorisant le travail des reins, le concombre cuit écartait les fièvres.

En tant que chef, Scorpion avait droit quotidiennement à de la viande, soit de la volaille, soit du porc. Et Narmer améliorait les techniques de pêche, permettant aux villageois de savourer de nombreux poissons.

L'existence s'écoulait doucement, on satisfaisait les moindres exigences du nouveau maître des lieux et de son ami.

Rassasié, Scorpion sortit de sa demeure et contempla son domaine. Comment n'aurait-il pas ravi un nomade, trop heureux de trouver un havre de paix dont il était devenu le seigneur ?

Il traversa le hameau, espérant trouver Narmer près de l'aire où l'on entassait les céréales. De fait, son frère vérifiait la qualité de la dernière récolte en compagnie d'un vieux paysan qui lui transmettait son savoir.

Le dernier survivant du clan Coquillage découvrait la richesse des cultures, la beauté des blés, de l'épeautre et de l'orge. Il avait appris à pilonner des grains, à les écraser à la meule, puis à préparer du pain.

Le dos voûté, le paysan alla se reposer ; Narmer offrit une galette à Scorpion.

— Croquante à souhait, reconnut-il.

— Ma première production de boulanger.

— Serait-ce ta nouvelle ambition ?

— Taureau n'est pas qu'un chef de guerre, estima Narmer. D'après les anciens, il a développé la culture des céréales sur une grande partie de son territoire et fait une invention remarquable : le moule à pain. Verser la pâte dans un moule chaud et le retirer du feu au bon moment exigent du doigté, mais le résultat en vaut la peine. Les villages du clan Taureau sont équipés de fours, et ses sujets mangent à leur faim. Succès notable, ne trouves-tu pas ?

— Oublies-tu qu'il est notre ennemi et que nous voulons l'abattre ?

— Ce n'est pas une raison pour négliger ses réussites et omettre d'en tirer des enseignements. Taureau a su construire son pouvoir, et découvrir ses secrets me paraît indispensable.

Scorpion hocha la tête.

— Et tu comptes réussir ici, au cœur de cette bourgade ?

— Nous avons de la chance : juste avant la joute, le général de Taureau a recruté plusieurs jeunes gens, mais il reviendra sans doute. Toi, le chef du village, devras lui rendre des comptes et céder le dixième de la récolte.

— Une paisible existence de petit tyran campagnard… Nous voilà loin du rêve initial !

— Je n'ai renoncé à rien, précisa Narmer, et les dieux ne nous ont pas amenés ici par hasard. Hélas, nous n'avons pris le pouvoir qu'en apparence.

— Pourquoi ce pessimisme ? s'étonna Scorpion.

— Parce qu'on nous cache quelque chose… ou quelqu'un.

Dans les franges du delta, territoire du clan Coquillage, Narmer avait pris l'habitude de pressentir le danger. Les marais regorgeaient de créatures redoutables, et la moindre faute d'attention pouvait être fatale.

Il se jeta sur Scorpion et le renversa.

Au même instant, une flèche frôla la tête du nouveau maître du village. En rampant, les deux hommes se mirent à l'abri du four à pain. Redoutant un second tir, ils y demeurèrent un long moment.

Du sang coulait de la joue droite de Scorpion.

— Rien de grave, estima-t-il, tous les sens aux aguets. Les événements te donnent raison, mon frère.

Tu viens de me sauver la vie, et je ne laisserai pas cette agression impunie.

Narmer lança des cailloux du côté de l'aire.

Aucune réaction.

— Partons dans deux directions opposées, préconisa-t-il, et rejoignons-nous à bonne distance.

Nul incident pendant la manœuvre.

— Le tueur s'est enfui, conclut Scorpion, mais il ne m'échappera pas.

Narmer ramassa la flèche, les deux amis l'examinèrent.

— Une arme exceptionnelle, jugea le rescapé, admiratif. Je n'en ai jamais vu de semblable : longue, légère, et cette pointe en silex, taillée à la perfection ! Grâce à toi, je l'ai échappé belle. Le tireur doit être déçu… Un homme de Taureau ?

— Il ne connaît pas notre existence, et je vois mal un soldat agir seul. Un chasseur, en revanche…

L'hypothèse séduisit Scorpion.

— Nous allons vite découvrir la vérité.

D'un pas rapide, il regagna sa demeure de chef et réveilla Fleur, effarouchée.

— Tu… tu saignes !

— Une mauvaise rencontre, avec ceci.

Il exhiba la flèche.

— Qu'est-ce que c'est ?

Scorpion sourit.

— Ne commets pas l'erreur de me mentir, mon tendre amour.

— Je t'assure, je…

Il la gifla et la plaqua au sol.

— On a essayé de me tuer, petite, et je déteste ça ! À mes yeux, les complices de l'agresseur sont également coupables. Je suis persuadé que tu connais l'homme qui a tiré cette flèche.

— Tu… tu me fais mal !

— Parle, ou bien tu vas vraiment souffrir.

Les yeux mi-clos, Fleur cessa de se débattre.

— Un seul homme possède de telles flèches… le chasseur !

— Habite-t-il au village ?

— Non, aux alentours. Il nous vend parfois du gibier, mais on ne l'a pas revu depuis longtemps. Beaucoup croyaient qu'il était mort.

— Quelqu'un connaît-il l'emplacement de son repaire ?

— Les vieux te l'indiqueront.

Scorpion relâcha sa pression, Fleur sanglota.

— Tu es un monstre !

— Probable.

— Un monstre, répéta-t-elle en l'enlaçant. Tu n'as pas le droit de me traiter ainsi.

— Quand mon existence est menacée, j'ai tous les droits.

Les caresses de la jeune femme ne tardèrent pas à éveiller le désir de Scorpion.

— Ce chasseur… tu le châtieras ?

— Il aura une sale mort.

— Tu es un horrible sauvage, sans cœur ni pitié, mais j'aime ta puissance !

Au comble de l'excitation, Fleur l'attira en elle. Ce fut à son tour de déployer une violence inattendue que Scorpion apprécia.

— Montre-toi toujours le plus fort, exigea-t-elle.

24

À demi rassurée, Gazelle ne se faisait guère d'illusions. Si Oryx acceptait de ne pas poursuivre les hostilités, c'était à cause de la faiblesse de son clan, et non de son envie de paix. Sévèrement touchée lors de l'attaque d'Abydos, sa troupe retrouverait-elle sa vigueur d'hier ? Ses meilleurs guerriers étaient morts ou gravement blessés, et leur chef en personne semblait affaibli. Aussi Gazelle avait-elle un peu de temps pour renforcer la trêve ; et cette consolidation passait par l'appui manifeste d'Éléphante dont l'autorité et la sagesse impressionneraient Lion, Taureau et même Crocodile.

Le clan d'Éléphante s'était établi à l'extrême sud du pays, près de la première cataracte. Gazelle avait donc un long et périlleux voyage à effectuer. La rapidité de ses sujets, un atout majeur, leur permettrait-elle de traverser sans encombre les territoires que contrôlait Lion ?

Certes, Gazelle était la diplomate officielle de l'ensemble des clans, et seul Crocodile ne reconnaissait pas sa mission de manière explicite. L'attitude de Lion, cependant, semblait parfois ambiguë, et la jeune cheffe restait méfiante.

Son éclaireuse flaira le danger.

Les cornes dressées, la tête droite, nerveuse, elle s'immobilisa en vue d'un massif de hautes herbes. Le vent les agitait, portant l'odeur caractéristique de deux lionnes, tapies et à l'affût. Deux redoutables chasseresses, s'aidant l'une l'autre à capturer leur proie.

Gazelle aurait pu tenter de les prendre de vitesse, mais craignait que la plus âgée de ses servantes ne parvînt pas à échapper aux prédatrices. Sans armes, ses compagnes seraient incapables de la défendre.

Héritière d'une longue lignée qui avait régné jadis sur ces contrées, Gazelle se présenta à la tête de son clan. Son regard perça l'épaisseur de la végétation et enveloppa les fauves d'un halo vert et apaisant.

— Sortez au grand jour, exigea-t-elle d'une voix tranquille. Vous ne me tuerez pas, je vous laisserai libres.

Les fauves feulèrent, et l'ensemble des gazelles reculèrent, redoutant une attaque. Leur cheffe avança.

Les deux lionnes apparurent, menaçantes.

Alors, Gazelle chanta. Une mélopée apaisante, aux sons magiques. La première lionne bâilla, s'accroupit aux pieds de la jeune femme et lui lécha les jambes. D'abord réticente, la seconde l'imita.

— Amène-moi auprès de ton maître, lui ordonna-t-elle. Et toi, demanda-t-elle à l'autre lionne, veille sur mon clan.

Le fauve bâilla de nouveau, jeta un œil à ses protégées et monta la garde.

*

Gazelle était elle-même surprise de l'efficacité de son incantation. Voilà si longtemps qu'elle n'avait pas utilisé ce très vieux chant, destiné à charmer les prédateurs ! Intact, il avait jailli de sa mémoire et sauvé les siens d'un massacre.

En suivant la lionne, Gazelle constata l'étendue du territoire de Lion. Peu à peu, il avait repoussé les sujets d'Éléphante et d'Oryx afin d'élargir son domaine, parcouru de ses hardes de carnassiers. Et ses soldats, armés de poignards en forme de crocs et de griffes, dépeçaient les contestataires.

Lion avait établi sa cour à la lisière du désert, près d'un oued que remplissaient les pluies. La vaste cabane de ce seigneur redouté et incontesté trônait au milieu d'un espace dégagé, à l'ombre d'un grand tamaris. Une garde rapprochée, formée de lionnes et de guerriers expérimentés, assurait la protection de leur maître.

Choyé, Lion chassait rarement, pour le seul plaisir de traquer et de tuer. Ses serviteurs lui apportaient nourritures et boissons, attentifs au moindre désir de leur souverain. Se méfiant des ambitieux et d'éventuels concurrents, Lion dirigeait tout et surveillait tout. Dès qu'un imprudent commençait, consciemment ou non, à grignoter son pouvoir, il le supprimait. Qui discutait ses ordres signait son arrêt de mort.

Quand le guide approcha de la résidence, les veilleurs rugirent. Un gradé vint à la rencontre de la visiteuse inattendue.

Sa beauté et sa fragilité le désarmèrent.

— Je souhaite voir Lion. Annonce-lui l'ambassadrice Gazelle.

Plusieurs fauves l'entourèrent. La présence d'une des meilleures chasseresses, à côté de cette proie tentante, les déconcerta. Surmontant sa peur, Gazelle resta d'une parfaite dignité.

Enfin, elle fut autorisée à se présenter devant Lion.

Chaleureux, il se leva.

— Quelle bonne surprise ! C'est un honneur de recevoir, dans mon modeste domaine, la cheffe d'un clan illustre.

La crinière flamboyante, l'allure conquérante, Lion invita Gazelle à s'asseoir sur une natte confortable.

— En parvenant jusqu'ici, reprit-il, tu prouves l'efficacité de ton pouvoir magique. Avoir séduit mes lionnes est un exploit ! Tu ne cesses de me surprendre, chère et douce amie.

Des servantes apportèrent du vin, des viandes en sauce et des dattes.

— Tu dois avoir faim, voilà de quoi te restaurer.

Gazelle se contenta d'eau fraîche et de poireaux bouillis découpés en fines lamelles, pendant que son hôte dégustait d'un bel appétit.

— Les chefs de clan détestent se rencontrer, rappela-t-il, et toi seule réussis à maintenir des relations plus ou moins cordiales entre nous.

— Crocodile excepté, malheureusement. Je ne désespère pas de l'amener à de meilleurs sentiments.

— Malgré ton talent et ta persévérance, je crains que tu n'aies aucune chance. Crocodile est veule et tordu, incapable de dialoguer. Ses créatures ne respectent personne, franchissent les frontières des autres clans et se montrent d'une cruauté abominable. Par bonheur, il ne cherche qu'à terrifier et non à conquérir.

Les yeux bleus de Lion scintillèrent.

— Chacal a-t-il identifié l'assassin qui a détruit le clan Coquillage ?

— Ses investigations ont échoué.

— Étrange… Le coupable me paraissait pourtant tout désigné !

— Chacal n'a pas recueilli d'indice accusant Taureau.

— Son flair serait-il défaillant ? Moi, je ne me laisse pas abuser ! Si Taureau ose s'attaquer au Sud, ton génie de diplomate ne m'empêchera pas de réagir.

— Taureau a pris un engagement : assurer la protection d'Abydos dont Oryx a tenté de s'emparer.

La stupéfaction de Lion n'était pas feinte.

— Serait-ce une sinistre plaisanterie ?

— Étant donné la décision de Taureau, Oryx m'a promis de ne plus commettre ce genre de folie.

— Il faut prendre des sanctions !

— Son échec l'a profondément marqué, et l'essentiel est d'avoir préservé la paix. À mon avis, l'humiliation subie par Oryx lui servira de leçon.

Lion parut dubitatif.

— Oryx est violent et entêté. Dès qu'il aura reconstitué ses forces, il foncera !

— Chacal consolide les défenses d'Abydos, Taureau se porte garant de sa sécurité. Et toi aussi, j'espère. Vu le poids de ta parole et de ton armée, nous éviterons de nouveaux drames et la paix sera affermie.

Pleines de considération, les paroles de Gazelle plurent au chef de clan.

— Ta proposition me convient : je m'engage à préserver Abydos et l'intégrité de Chacal. N'est-il pas détenteur des secrets de l'autre monde ? Lui porter atteinte est une stupidité que seul Oryx a pu commettre !

Le sourire de Gazelle fut attendrissant.

— Ta générosité comblera tous les clans, déclara-t-elle, et même Crocodile comprendra que l'entente si difficilement acquise ne sera pas rompue. Au fond, l'erreur d'Oryx a une conséquence heureuse : resserrer nos liens.

— Tu remplis ta mission à merveille et tu te montres digne de tes ancêtres, jugea Lion. Désires-tu séjourner quelque temps sur mes terres ?

— Je dois informer Éléphante et je ne doute pas qu'elle se joindra à nous.

— Je partage cette certitude ! Mes lionnes t'escorteront et t'éviteront tout désagrément.

Gazelle s'inclina, et cette marque de respect enchanta son hôte.

En reprenant la route, la jeune femme s'interrogea. Lion était-il sincère, ou tentait-il de l'abuser ? La prise de position de Taureau était un élément déterminant dont Lion tiendrait forcément compte ; et l'appui d'Éléphante le contraindrait à oublier un dangereux projet de conquête.

25

Le menton rentré et le front bas, Chasseur regagna sa tanière. Il n'avait tué que deux lièvres et raté une antilope, sauvée par son agilité. Une erreur impardonnable qu'il remâchait depuis des heures, lui qui était capable, grâce à la puissance de ses flèches, d'abattre un lion.

Naguère, il chassait davantage et vendait du gibier au village. Mais là-bas, l'atmosphère avait changé. Après la mort du chef, vénal et corrompu, les anciens n'avaient pas été capables de repousser les ambitions d'une brute, habituée à remporter les joutes navales. Chasseur et lui se détestaient, et le premier préférait éviter un affrontement avec le second, assez haineux pour faire appel aux soldats de Taureau. À la suite de la disparition de la brute, une opportunité s'était présentée. Occasion manquée.

Retourné à la solitude et à une existence sauvage, Chasseur songeait à s'éloigner de sa région natale et à découvrir de nouveaux espaces, peuplés de bêtes difficiles à traquer. Il donnerait alors sa pleine mesure.

Chasseur avait aménagé un souterrain au sein d'un massif de papyrus. Lorsqu'il le quittait, il le recouvrait de branchages solidement liés qu'il soulevait à l'aide d'une corde. Le plus sûr des repaires.

Chasseur écarta deux hautes tiges afin de pénétrer dans son domaine et resta bouche bée.

Assis sur le toit de branchages, un homme jeune, au visage grave.

— Je m'appelle Narmer ; toi, tu es Chasseur. À ta place, je garderais mon calme.

— Comment es-tu arrivé ici ?

— Un vieux du village a parlé.

Chasseur sortit une flèche de son carquois.

— Tu vas mourir, Narmer.

— Je t'ai rapporté une autre flèche que tu as égarée.

Chasseur se crispa.

— Tu n'étais pas ma cible !

— Je sais, mais tu as commis une faute impardonnable en tentant d'assassiner le nouveau chef du village. Qui t'en a donné l'ordre ?

La question amusa l'archer.

— Tu réfléchis, toi ! En quoi ça te regarde ?

— Nous avons partagé nos sangs. Avant de disparaître, j'aimerais connaître le nom du commanditaire.

— Les vieux n'ont pas apprécié la prise de pouvoir de ton ami. Ils ont fait mine de se soumettre et m'ont prié de le supprimer.

— Ils t'ont bien rétribué, j'espère ?

— Si j'avais réussi, j'aurais obtenu une belle récompense : l'une des filles du village.

— Fleur ?

— Tu la connais ?

— Elle vit avec le nouveau chef.

Chasseur tendit la corde de son arc.

— À cause de toi, je l'ai raté ! Ma flèche transpercera ta gorge de part en part ; ensuite, je m'occuperai de ma véritable cible.

Un bras puissant enserra le cou de Chasseur, contraint de lâcher son arme.

— Tu t'es attaqué à un trop gros gibier, déclara Scorpion. Ou tu m'obéis, ou je te brise le cou.

Chasseur tenta de se libérer, mais la prise était ferme et précise. Déjà, il manquait d'air.

— Je… je t'obéis.

Narmer planta la pointe en silex de la flèche dans le nombril de Chasseur. Un peu de sang coula.

— Jure sur ton arc que tu seras fidèle à Scorpion. En cas de trahison, il se retournera contre toi et cette pointe te percera le ventre.

L'intensité du regard était celle d'un magicien, et Chasseur ne douta pas de sa parole.

— Je le jure !

Scorpion desserra l'étreinte, Narmer ôta la flèche.

Ignorant la peur, capable d'affronter les situations dangereuses, Chasseur éprouvait néanmoins une sorte de crainte respectueuse. Ces deux-là n'étaient pas des hommes ordinaires.

— Vous… vous allez me tuer ?

— C'était la première possibilité, précisa Scorpion. En me jurant fidélité, tu as choisi la seconde. Tu consacreras le reste de ta vie à me servir et à exécuter mes ordres. À la première incartade, la malédiction prononcée te détruira.

— J'ai toujours vécu en solitaire et je…

— Il ne fallait pas me rater. À présent, tu appartiens à mon armée.

— Tu commandes… une armée ?

— Elle se compose de trois guerriers : moi, Narmer et toi. J'ai échappé aux hardes de Taureau, Narmer a traversé la vallée des Entraves, et toi, tu es le meilleur chasseur.

— C'est vrai, le meilleur !

— Nous sommes prêts à livrer notre première bataille, et tu me prouveras tes talents.

*

Le conseil des vieux du village battait son plein, et la discussion était animée. Un grincheux reprochait à ses pairs d'avoir indiqué à Scorpion l'emplacement du repaire de Chasseur ; ils rétorquaient qu'ils avaient tendu ainsi un piège fatal. Habitué à débusquer le gibier, Chasseur ne laisserait aucune chance à l'imprudent.

— Et si c'est Scorpion qui piège Chasseur ?

Des rires fusèrent.

— Ton Scorpion n'est qu'un opportuniste dont nous serons vite débarrassés, objecta un boiteux.

— Chasseur l'a raté ! Les dieux protègent le nouveau maître du village.

— Tu radotes, imbécile ! Moi, je sais ce que je dis et…

Les visages se figèrent.

À quelques pas du sycomore sous lequel se tenait le conseil, Scorpion.

Scorpion, indemne et les bras croisés.

— J'ai tout entendu.

— Il faut nous comprendre, gémit le boiteux. Ta victoire surprenante, lors de la joute, ta prise de pouvoir… Nous ne sommes pas habitués à de tels bouleversements.

— En revanche, vous êtes habitués à comploter et à nuire pour conserver vos privilèges.

— Pardonne-nous, Scorpion, implora le grincheux. Les dieux te protègent, j'en étais certain ! Désormais, nous serons tes sujets.

— Comment as-tu supprimé Chasseur ? s'inquiéta le boiteux.

— Supprimé n'est pas le mot exact.

— Est-il ton prisonnier ?

— Disons plutôt… mon bras armé.

Les vieillards se regardèrent, incrédules.

La première flèche se ficha dans le cœur du boiteux, la deuxième transperça la gorge du grincheux. Méticuleux et précis, Chasseur abattit une à une ces crapules qui moururent en glapissant. L'une d'elles tenta de s'enfuir d'un pas lourd, et la dernière flèche s'enfonça au milieu de son dos.

Suivi de l'ensemble des villageois, Narmer leur fit contempler les cadavres.

— Voici le sort réservé aux traîtres, proclama Scorpion. Si quelqu'un refuse mon autorité, qu'il m'affronte en combat singulier.

Personne ne se manifesta.

— Je suis votre chef, et vous m'obéirez, ainsi qu'à Narmer, mon frère par le sang auquel je confie la gestion des terres et des bêtes. Avec l'aide de Chasseur, je formerai une milice. Nous apprendrons à nos recrues l'art du combat, et le village saura se défendre.

Une vieille osa intervenir.

— Ce village et ces terres n'appartiennent-ils pas à Taureau ? C'est lui qui recrute nos jeunes !

— Jusqu'à présent, en effet, il en était ainsi. Mais vous avez un nouveau chef, et seules mes décisions seront appliquées. Ne comprends-tu pas que Taureau vous pille ? Il vole le fruit de votre travail et vous réduit à la misère. En acceptant son joug, vous finirez par mourir de faim !

De nombreux villageois approuvèrent.

— Comment notre petite communauté tiendra-t-elle tête aux soldats de Taureau ? demanda un éleveur de porcs. Quand ils nous envahissent, nous n'avons aucun moyen de résister ! Si on leur tient tête, ils nous massacreront.

— Tu ignores la vérité : Taureau a décidé de raser ce village. Je suis son unique possibilité de survie.

La révélation de Scorpion frappa les esprits. Face à cette angoissante réalité, il apparaissait comme le seul rempart.

Narmer, lui, appréciait l'imagination de son frère. En inventant cette fable, Scorpion devenait un sauveur. Et nul ne contesterait son autorité.

26

Installé à proximité de la première cataracte du Nil, le clan d'Éléphante fêtait un heureux événement : la naissance d'un éléphanteau après deux années de gestation. Un événement de plus en plus rare, car les vastes territoires du clan ne cessaient de se réduire. Consommant une énorme quantité de végétaux dont ils rejetaient 150 kilos quotidiennement, mangeant les écorces des arbres, les éléphants buvaient chaque jour 200 litres d'eau. Éléphante ayant le pouvoir de faire tomber la pluie et de découvrir les sources, ses sujets lui vouaient obéissance et vénération ; mais ses soldats, presque tous âgés, ne constituaient plus qu'une force dérisoire. Néanmoins, ils étaient résolus à seconder les pachydermes en repoussant les attaques incessantes des lionnes, cause de nombreuses pertes. Tueuses sournoises, elles s'en prenaient aux jeunes et aux malades. Aux protestations d'Éléphante, Lion répondait par un simulacre d'indignation et promettait d'éviter un nouveau drame, tout en ordonnant à ses guerrières de poursuivre leur tâche destructrice.

Sa mère et ses tantes s'occupaient avec tendresse de l'éléphanteau, déjà curieux de découvrir le monde. Il lui faudrait au moins deux ans pour apprendre à se servir de sa trompe, apparemment si encombrante, appelée à devenir une véritable main, d'une surprenante souplesse. Le clan avait un sens aigu de la famille, une force qui était également une faiblesse puisque nul étranger ne pouvait s'y intégrer. La perte d'un de ses membres apparaissait comme une tragédie, et l'on célébrait de longs rites de deuil révélés à Abydos, lorsque le site s'appelait « la Montagne de l'Éléphant ».

La vieille cheffe songeait aux randonnées heureuses de son peuple à travers le pays. Elle marchait en tête, les petits se tenaient au centre du groupe, protégés des prédateurs. Époque joyeuse où, en raison de ses effectifs, le clan dominait la savane.

Un barrissement brisa sa méditation.

Un signal d'alerte.

Éléphante gagna un promontoire offrant un large panorama. Depuis quelques années, sa troupe évitait les plaines herbeuses, infestées de lionnes, et cheminait sur les crêtes des collines.

Lion prendrait-il le risque de lancer une offensive ? Le clan d'Éléphante avait encore les moyens de se défendre, et l'issue d'un tel affrontement lui serait peut-être favorable.

Le guetteur paraissait rassuré.

— Gazelle vient à notre rencontre, annonça-t-il.

*

Entre les deux cheffes, le contraste était saisissant.

Gazelle, jeune, élancée, ravissante, fragile. Éléphante, âgée, lourde, ridée, inébranlable.

— Tu ne m'apportes que de fausses bonnes nouvelles, dit Éléphante de sa voix grave et posée.

Gazelle connaissait le don de divination de son interlocutrice. Même éloignés, les membres de son clan parvenaient à communiquer en se transmettant leurs pensées. Inutile de tenter d'abuser la vieille matriarche.

— En dépit des apparences, je ne suis guère optimiste, avoua la diplomate.

— On a attaqué Abydos, n'est-ce pas ?

— L'assaut d'Oryx a échoué.

Éléphante soupira.

— Il ne parvient pas à juguler son agressivité, et ce manque de maîtrise causera sa perte. Chacal a pris les dispositions nécessaires, je suppose ?

— Les défenses d'Abydos sont renforcées, et j'ai obtenu une promesse de Taureau et de Lion : ils s'engagent à défendre la cité en cas de nouvelle agression.

Éléphante eut une moue dubitative.

— Taureau ne cesse d'augmenter ses troupes pour décourager un éventuel adversaire, Lion ment afin de te séduire.

— Je redoutais ce jugement, reconnut Gazelle. J'aurais tellement voulu croire à leur sincérité !

L'intelligence d'Éléphante fascinait ses pairs. Quand elle émettait un avis, il tenait compte des réalités cachées, et l'on pouvait s'y fier sans restriction.

— Néanmoins, reprit la vieille dame, tu as accompli un excellent travail. Les clans t'écoutent, puisque tu ne recherches ni conquête ni avantage personnel. Grâce à toi, la paix a été préservée.

— J'ai informé Lion de notre rencontre, de manière à brider ses ambitions. Si toi aussi tu promets de protéger Abydos, l'avenir s'éclaircira.

— Je n'apprécie pas ce jeu de fausses alliances qui affaiblit notre pacte, mais il n'existe pas d'autre solution. Ne relâche pas tes efforts, Gazelle, et dialogue avec l'ensemble des clans. Tant que les discussions se poursuivront, personne n'osera prendre une nouvelle initiative meurtrière.

— Si elle se produisait, engageras-tu les tiens contre le fauteur de troubles ?

— Bien entendu.

Gazelle fut soulagée. La détermination d'Éléphante atténuerait l'animosité de Lion et de Taureau.

— Chacal a-t-il identifié l'auteur de la destruction du clan Coquillage ? interrogea la vieille dame.

— Son enquête n'a pas abouti.

— Échec très inquiétant ! L'absence de vérité est une maladie grave risquant de nous détruire ; et je n'oublie pas un événement essentiel, la disparition de la vallée des Entraves. J'ai ressenti un grand trouble, sans pouvoir en identifier l'auteur. Certainement pas Taureau, qui se voit privé d'une protection non négligeable ; et Lion ne s'est jamais aventuré dans les marais du Nord. Là aussi, la vérité nous échappe ; le brouillard s'étend, Gazelle, et je ne suis pas certaine que nous réussirons à le dissiper. Une force inconnue est née, et nous n'en saisissons pas la nature.

— De quel clan serait-elle issue ?

Éléphante ferma les yeux, cherchant la réponse au tréfonds d'elle-même.

— Elle provient d'ailleurs.

Gazelle fut désorientée.

— Ailleurs… Je ne comprends pas.

— Tu en as pleine conscience, notre monde est menacé. Le danger émane de l'intérieur, à savoir les dissensions entre clans. Mais je redoute un nouveau péril face auquel nous serons impuissants.

Gazelle tressaillit.

— N'as-tu pas la capacité de le préciser ?

— Mes perceptions se heurtent à une montagne infranchissable. Ne tiens pas compte de mon pessimisme, et annonce ma volonté de préserver l'équilibre actuel ; si nécessaire, j'interviendrai.

Ces paroles réconfortèrent Gazelle. Avec l'appui inconditionnel d'Éléphante, ses démarches diplomatiques auraient davantage d'efficacité.

Mais la vieille dame ne lui avait pas confié qu'elle était gravement malade, sans espoir de guérison.

*

Chacal aurait dû se réjouir. Gazelle venait de lui apprendre qu'Abydos était placé sous la triple protection d'Éléphante, de Lion et de Taureau. La folle attaque d'Oryx avait l'heureuse conséquence d'obliger les clans majeurs à se neutraliser afin de maintenir le statu quo. Leurs rêves d'expansion étaient anéantis et Crocodile, que ses innombrables espions ne manqueraient pas d'informer, éviterait de guerroyer contre ses rivaux. Quant à Oryx, à supposer qu'il parvînt à reconstituer une armée digne de ce nom, il serait contraint d'assouvir sa fougue en parcourant les vastes espaces désertiques.

Oui, Chacal aurait dû se réjouir du magnifique labeur accompli par Gazelle. Pourtant, en célébrant la mémoire des membres de son clan tombés lors de l'attaque d'Abydos, il fut la proie d'une profonde inquiétude.

La cause n'était pas la fragilité de la paix. Elle avait toujours été menacée, mais les efforts de ses partisans parvenaient à la maintenir. Cette fois encore, en dépit d'événements aussi graves que la disparition du clan Coquillage et l'agression d'Oryx, elle semblait préservée.

Chacal percevait la montée d'un nouveau péril, impossible à définir, comme si une force étrangère aux clans, inconscients de sa présence, commençait à croître. Qui pourrait vaincre un ennemi inconnu ?

L'échec de son enquête le troublait. Ce mystérieux adversaire n'était-il pas l'auteur du massacre du clan

Coquillage et n'avait-il pas l'intention de s'en prendre aux autres chefs du Nord et du Sud ? L'hypothèse semblait invraisemblable, étant donné la puissance de Taureau et de Lion.

Soucieux, le Premier des Occidentaux récita les formules magiques destinées à apaiser les morts et à maintenir les chemins ouverts entre la terre des vivants et l'au-delà.

27

Assis au milieu d'un champ d'épeautre, sous une pluie battante, Narmer prenait enfin le temps de faire le point. Depuis l'extermination du clan Coquillage, il avait été emporté par un tourbillon jusqu'à ce village où tant de découvertes l'éblouissaient.

Les vaches, leur lait, les porcs, la viande grillée, le vin, les céréales, le pain… Comment imaginer de telles merveilles ? Les paysans se plaignaient de leurs rudes conditions d'existence, mais qu'auraient-ils dit s'ils avaient connu celles des habitants des marais ? Les vieux déploraient le changement du climat. De moins en moins de pluie, l'assèchement des terres, l'appauvrissement de la savane. Il fallait travailler davantage pour préserver les cultures et assurer la subsistance de tous.

Aux yeux de Narmer, le territoire de Taureau jouissait néanmoins d'une prospérité remarquable. Aussi ne cessait-il d'interroger les paysans afin d'apprendre leurs techniques. Honorés de l'attention que leur accordait le bras droit de Scorpion, nouveau chef incontesté du village, ils n'hésitaient pas à lui transmettre leur savoir. Attentif, Narmer envisageait déjà des améliorations. En se combattant à cause de querelles familiales, les travailleurs agricoles perdaient beaucoup d'énergie et manquaient d'organisation.

Entre le pouce et l'index, le jeune homme caressa un épi d'épeautre, céréale robuste résistant aux maladies et à l'humidité. Elle fournissait la base d'un pain savoureux, à la mie compacte. Plus longues que celles du blé, ses tiges avaient tendance à s'incliner.

Contempler ce miracle, source de richesse, éloignait le spectre de la guerre et de la violence. Narmer rêvait d'une société paisible, respectueuse de l'harmonie des saisons. Cependant, il n'oubliait pas sa promesse : retrouver l'assassin de la petite voyante et le châtier. Et puis ce village ne lui appartenait pas. Tôt ou tard, des soldats de Taureau viendraient réclamer leur dû, et le conflit serait inévitable. Scorpion avait raison de préparer sa milice à l'affrontement.

Scorpion… son frère, clairvoyant, charmeur, impitoyable. Vaincre Taureau paraissait impossible, mais Narmer accordait sa confiance à ce guerrier-né, capable de toutes les audaces. Taureau s'était imposé, pourquoi Scorpion ne réussirait-il pas ? Certes, le rapport de force disproportionné n'incitait pas à l'optimisme ; en revanche, la volonté ne traçait-elle pas un chemin là où il n'existait pas ?

Négocier paraissait impossible. D'après les paysans, Taureau était un seigneur exigeant, attaché à la moindre parcelle de ses terres. S'attaquer à son domaine provoquerait une réaction violente.

Scorpion et Narmer mesureraient alors leurs véritables capacités.

Courant à perdre haleine, une gamine rejoignit le jeune homme.

— Viens vite, le boucher veut tuer ton veau !

*

Entravée, la vache émettait des meuglements de désespoir. Au moment où le couteau du boucher se posait sur le cou de son veau, le poing droit de Narmer percuta la tempe de l'artisan. Étourdi, il lâcha son outil et recula en titubant.

— Qu'est-ce qui te prend ?

— Ces animaux sont mes compagnons et me portent chance. Personne n'y touchera.

L'œil mauvais, les assistants du boucher encerclèrent Narmer. Cette fois, l'étranger dépassait les bornes en piétinant leurs prérogatives. À eux de choisir les bêtes à consommer. Seul contre dix, Narmer paraissait condamné.

— Imaginez-vous la colère de Scorpion ?

— On parlera d'un accident, avança le boucher, narquois. Et tu ne nous causeras plus d'ennuis.

Le cercle se resserra.

Narmer tâcherait d'assommer au moins deux adversaires et d'ouvrir une brèche.

En un instant, les nuages se dissipèrent, et des étoiles filantes traversèrent le ciel. Elles formèrent une couronne qui orna les cornes de la vache. Ses entraves se délièrent d'elles-mêmes, et la mère vint lécher son veau dont la tête rayonna comme un soleil.

Frappés de stupeur, le boucher et ses assistants s'agenouillèrent.

— Les dieux, clama-t-il, les dieux les protègent !

*

Ivre de vin et d'amour, Scorpion goûtait une sieste ensoleillée, aux côtés d'un Narmer pensif.

— Cet endroit ne me déplaît pas, confessa-t-il.

— Je te rappelle qu'il est la propriété de Taureau.

— Je ne l'oublie pas, Narmer ! Si nous devons mourir sous les coups de ses soldats, savourons ces moments de plaisir ! Il paraît que les dieux t'ont sauvé des couteaux des bouchers.

— Moi, ma vache et son veau. La déesse des étoiles s'est incarnée en elle, et le jeune soleil en lui.

— Fabuleux ! Tu es un homme extraordinaire, mon frère ! Ensemble, nous modifierons le destin de ce pays.

— Ta milice te satisfait-elle ?

— Les jeunes ne manquent pas d'ardeur, et Chasseur est un bon instructeur.

— Ne serait-il pas temps d'aborder le problème de fond ?

Scorpion sourit.

— J'allais te le proposer.

*

Chasseur vivait un rêve éveillé. Des femmes, du vin, de la viande rôtie, des galettes de pain croustillantes, des légumes, une cahute confortable, la sécurité, des gamins lui obéissant au doigt et à l'œil… Il en oubliait presque Taureau et ses hordes de tueurs. Le moment du combat arriverait bien assez tôt ! Pour l'heure, il besognait une brunette peu farouche, ravie de prendre du plaisir avec ce mâle infatigable.

Un milicien osa les interrompre.

— Le chef souhaite te voir.

— Urgent ?

— Très urgent.

Chasseur craignait Scorpion, et tout autant Narmer. Ces deux-là possédaient d'étranges pouvoirs, et mieux valait ne pas les défier.

— Désolé, dit-il à sa belle.

Se vêtant d'un pagne court en roseaux, il se hâta de rejoindre la demeure de son maître. Scorpion dégustait des dattes en compagnie de Narmer. Séparément, ils étaient redoutables ; réunis, ils glaçaient le sang.

— Un ennui ?

— Assieds-toi, recommanda Scorpion. On ne t'a pas dérangé, j'espère ?

— Certes pas ! Je changeais la corde de mon arc.

— Nous voulions précisément te parler de tes armes, et surtout de tes flèches.

— Des objets exceptionnels, estima Narmer. Leur pointe de silex est d'une efficacité incroyable.

Chasseur parut gêné.

— Elles perforent le cuir le plus épais, c'est vrai.

— Les as-tu fabriquées toi-même ?

Les regards conjoints des deux frères auraient terrassé n'importe quel guerrier. Chasseur ne se sentait pas de taille à les dominer.

— La partie en bois de saule et l'empennage, c'est moi. J'ai obtenu le maximum de légèreté et de vitesse, sans nuire à la précision du tir.

— Et la pointe ? insista Narmer.

— Vous souhaitez vraiment savoir ?

— Vraiment, assura Scorpion.

Chasseur avala sa salive. Étant donné la perspicacité de ces deux-là, il attendait cette question. Leur mentir lui serait fatal.

— Au cours d'une de mes chasses, je me suis heurté à un barbu, une sorte de colosse qui maniait une fronde. D'un seul jet de pierre, il m'a désarmé, et j'ai cru qu'il allait m'achever. En soupesant mon arc et mes flèches, il a éclaté de rire ! « Équipement dérisoire, jugea-t-il. Hors de la connaissance du silex, tu n'es rien. » Perdu pour perdu, j'ai tenu tête. « Eh bien, enseigne-la-moi ! » Il a hésité : soit me tuer, soit accéder à ma requête. Pourquoi a-t-il choisi la seconde solution ? Peut-être en raison de mes qualités de traqueur. Quand il m'a conduit jusqu'à son domaine, je n'en menais pas large. Nous avons marché des heures avant d'atteindre des collines pierreuses où se trouvait une grotte profonde dont il avait masqué l'entrée. « N'essaie pas d'y revenir seul, m'a-t-il prévenu ; mon génie gardien te broierait. » À notre passage, les murs bougeaient, et j'entendais des gémissements, comme si l'on martyrisait la roche. Et puis j'ai découvert son atelier. Il disposait d'une grande quantité d'outils que je n'avais jamais vus. J'ai cru qu'il me réduirait en esclavage et que je ne sortirais plus de son antre. À ma vive stupéfaction, il m'a offert des pointes de flèches en silex, admirablement taillées. « J'apprécie les hommes libres, a-t-il affirmé. Avec cette arme-là, tu vaincras tes adversaires. Maintenant, disparais ! » Je me suis empressé d'obéir et j'ai vérifié l'efficacité de son cadeau. Vous avez constaté à quelle profondeur mes flèches s'enfoncent dans les chairs !

— Malheureusement, constata Scorpion, tu n'en possèdes qu'un petit nombre, et seul le Maître du silex sait fabriquer ces pointes-là. Or, j'ai besoin d'équiper une milice.

Chasseur espérait mal comprendre.

— Tu ne comptes pas t'attaquer à lui ?

— Te souviens-tu du chemin menant à son domaine ?

L'interpellé hésita.

— Ne mens pas, recommanda Scorpion.

— Je m'en souviens, mais ce serait une folie de…

— Nous partons immédiatement.

— Des génies le protègent, je te l'ai dit et…

— Narmer a traversé la vallée des Entraves, et les dieux nous sont favorables. Je convaincrai le Maître du silex de rallier notre cause.

Ayant prêté serment d'allégeance, Chasseur était contraint de se plier aux exigences de son chef.

— Une folie, murmura-t-il.

28

— Si tu pars, je meurs ! gémit Fleur en se blottissant contre son amant.

— Mon absence sera de courte durée, et je reviendrai plus fort, beaucoup plus fort.

— Dès que tu auras tourné les talons, ces imbéciles de villageois me découperont en morceaux et avertiront Taureau !

Scorpion entendit l'avertissement.

— La peur est parfois bonne conseillère, reconnut-il. Je vais résoudre ce problème.

— Fais-moi encore l'amour, implora-t-elle.

Il ne résista pas à ses mains, douces, précises et insistantes. Cette femme-enfant possédait un sens inné du plaisir. Et son instinct méritait attention.

*

Tous les habitants du village étaient réunis autour de l'aire de dépiquage des céréales. Scorpion brandit une flèche. À sa droite, Narmer ; à sa gauche, Chasseur.

— Pour repousser les soldats de Taureau, il nous faut des armes exceptionnelles. Nous allons les chercher et nous équiperons notre milice qui, grâce à elles et à la discipline, remportera une victoire éclatante. Certains espèrent reprendre le pouvoir en profitant de mon absence. Ils se trompent lourdement.

Scorpion planta la flèche dans le sol.

— Narmer, prononce la formule de conjuration.

N'en connaissant qu'une seule, destinée à tétaniser les crocodiles, Narmer émit les paroles de puissance. À quoi serviraient-elles ?

Scorpion désigna un rondouillard aux doigts de pied potelés et au visage de truqueur.

— Toi, empoigne la flèche.

— Moi… mais je…

— Dépêche-toi.

À pas comptés, le rondouillard s'approcha.

— Je suis ton parfait serviteur, seigneur !

— Empoigne la flèche !

Tremblante, la main se tendit et les doigts se refermèrent.

Un hurlement ébranla l'assistance.

Une odeur de chair grillée agressa les narines et, incrédule, le rondouillard contempla sa main fumante avant de s'évanouir.

— La magie de Narmer a transformé cette flèche en source de feu, affirma Scorpion. Quiconque s'attaquerait à moi serait calciné.

Les villageois s'agenouillèrent.

*

Chasseur servait de guide, Scorpion et Narmer le suivaient, prêts à se défendre. Les dangers étaient multiples : une patrouille de Taureau, des fauves, des serpents… Seule une attention de tous les instants permettait d'éviter un incident fatal. Et l'expérience de Chasseur rassurait les deux frères.

— Tu m'as épaté, reconnut Scorpion. Cette flèche, c'était de l'esbroufe ! Et ta formule magique l'a rendue terrifiante.

— C'est stupéfiant, avoua Narmer. Je ne connais pas d'autres paroles de puissance, et je croyais que celles-là ne s'appliquaient qu'aux crocodiles.

— Surtout, ne les oublie pas !

Scorpion eut un regard étrange.

— Et si tu possédais le pouvoir d'adapter la formule en fonction des circonstances ? Tu es un magicien, Narmer, et tu utilises des forces sans en avoir conscience. Quand tu les maîtriseras, personne ne pourra te vaincre.

— La chance nous a servis.

— La chance... non, l'efficacité des mots prononcés ! Cette science-là, nous devons l'acquérir. Ne serait-ce pas celle des chefs de clan ?

Narmer partagea la vision de Scorpion ; les armes étaient nécessaires mais insuffisantes. Au cœur de la parole se cachait une énergie fabuleuse.

Lors de leur première halte, les trois hommes allumèrent un feu. Ils mangèrent du poisson séché, des concombres, du pain et des figues.

— En marchant bien, estima Chasseur, nous atteindrons notre but demain, lorsque le soleil trônera au sommet du ciel. Narmer... puis-je te poser une question indiscrète ?

— Pourquoi pas ?

— Que contient ce petit sac qui semble te tenir à cœur ?

Narmer en sortit le coquillage à sept branches.

— Voici mon talisman, le vestige du clan Coquillage anéanti par un assassin que je me suis promis d'identifier.

Chasseur tressaillit. Le rayonnement de la relique était d'une intensité rare.

Narmer exhiba le peigne recueilli sur les lieux du crime.

— Regarde cet objet de près, Chasseur.

L'archer le tâta longuement.

— Une petite merveille !

— Quel est ce matériau ?

— De l'ivoire.

— D'où provient-il ?

— Des défenses de l'éléphant.

— L'éléphant, s'étonna Scorpion, qu'est-ce que c'est ?

— Mon père, défunt, en a vu : une bête gigantesque pourvue d'une longue trompe, très souple, qui lui sert de main. Ce monstre est équipé de deux longues dents, capables de transpercer un lion, et même un taureau ! Les solitaires sont dangereux et agressifs. Les femelles vivent en groupe, avec leurs petits, qu'elles élèvent de manière rigoureuse.

— Existe-t-il un clan des éléphants ? demanda Narmer.

— Il fut autrefois puissant et dominateur, indiqua Chasseur, et possédait la cité sacrée d'Abydos, où règne aujourd'hui Chacal. Selon des nomades, Éléphante dirige un peuple considérablement réduit, contraint de se réfugier au Sud. Néanmoins, les autres chefs respectent sa sagesse et redoutent sa force. Seuls les membres du clan de Lion osent s'attaquer aux éléphanteaux imprudents. Agissant en groupe, les lionnes les encerclent et les tuent.

Narmer et Scorpion découvraient un monde complexe. Ainsi, Lion, Éléphant et Chacal commandaient de redoutables tribus !

— Existe-t-il d'autres clans ? interrogea Narmer.

— Ceux d'Oryx et de Gazelle. D'ailleurs, l'animal représenté sur ton peigne en ivoire est précisément une gazelle. Naguère, ce clan-là comptait des milliers de sujets et gouvernait pacifiquement le Nord et le Sud. Des êtres doux, naïfs et sans armes. Taureau s'est emparé du Nord, et son alliée, l'inoffensive Cigogne, ne survit qu'en se pliant à ses exigences. Quant au clan Coquillage, j'ignorais son existence ! Les autres chefs se partagent le Sud, Gazelle tente de maintenir une paix fragile. Et n'oublions pas le plus dangereux : Crocodile. Ses émissaires se répandent partout, et il se montre d'une indépendance farouche. Sa cruauté n'a pas de limites et mieux vaut éviter ses troupes !

— Narmer connaît la formule capable de les immobiliser, précisa Scorpion.

— Un magicien… Ça ne m'étonne pas !

Narmer demeurait pensif. Un peigne en ivoire, au sommet sculpté en forme de gazelle stylisée…

— Les membres du clan d'Éléphante auraient-ils pu s'aventurer jusqu'aux marais du Nord ?

— Certainement pas ! affirma Chasseur. Crois-moi, l'événement ne serait pas passé inaperçu.

— Et ceux du clan de Gazelle ?

— Impossible d'exclure la randonnée d'une éclaireuse discrète.

« Une éclaireuse qui aurait perdu cet objet précieux à l'effigie de son peuple », pensa Narmer. Mais il n'utilisait pas d'armes et refusait la violence ! Cependant, c'était la première piste sérieuse. L'éclaireuse avait probablement agi pour le compte de Taureau en lui indiquant l'emplacement du clan Coquillage et le nombre de ses membres.

Une complicité… Voilà l'explication ! Narmer châtierait les coupables. Tous les coupables.

29

Des corneilles s'envolèrent en coassant, un chat sauvage grimpa au sommet d'un arbre sec. L'herbe s'était raréfiée, le sol caillouteux écorchait les pieds.

— On approche, constata Chasseur, et les mauvais présages se multiplient. L'avertissement du Maître du silex était clair : surtout, ne pas violer son domaine ! Sinon, ses génies protecteurs broieront les imprudents.

— Les dieux et la magie de Narmer les empêcheront d'agir, promit Scorpion. Et puis les services de ce technicien hors pair nous sont indispensables.

Chasseur cessa de protester. Il ne convaincrait pas ses compagnons de renoncer à leur projet insensé.

La végétation avait disparu, le vent tourbillonnait.

Barrant l'horizon, de hautes collines noir et vert sombre avaient un aspect sinistre et dissuadaient un intrus d'avancer.

— On continue, décida Scorpion.

Des nuages obscurcirent le soleil.

— Attention ! prévint Narmer en apercevant une faille qui s'ouvrait sous leurs pieds, menaçant de les engloutir. D'un bond, ils évitèrent le gouffre.

Au fond, brûlait un feu ardent, d'un rouge intense.

— On l'a échappé belle, soupira Chasseur. Vous voyez de quoi ce bonhomme est capable !

— Il m'intéresse de plus en plus, déclara Scorpion. Il nous faut des alliés de cette trempe-là.

« Rien ne le décourage, pensa Chasseur ; au contraire, la difficulté l'excite. »

Le trio longea la base des collines jusqu'à l'entrée d'une grotte.

— C'est là.

Une lueur émanait de l'intérieur.

Scorpion prit la tête, Narmer le suivit, Chasseur ferma la marche et se retourna à plusieurs reprises, redoutant d'être attrapé par-derrière.

Le début de l'exploration ressembla à une simple promenade au sein d'un monde inconnu. Dotée de multiples couleurs, la roche brillait.

Soudain, un craquement sinistre.

— Les parois se mettent à bouger ! s'exclama Chasseur. Les génies vont nous broyer !

Cette fois, la formule magique destinée à immobiliser les crocodiles n'eut aucun effet. Déployant leurs forces, les trois hommes tentèrent de contenir la poussée, lente et inexorable.

— Je vous avais prévenus, rappela Chasseur. On est fichus !

— Courons, droit devant nous ! ordonna Scorpion.

En file indienne, le trio prit un maximum de vitesse.

À l'extrémité de l'interminable tunnel, une porte de pierre en train de se refermer. Scorpion parvint à se glisser dans la fente et à retenir un instant les deux battants pour permettre à ses compagnons de passer, d'extrême justesse.

Un bruit sourd, une porte close, des murailles lisses. Ils étaient enfermés au cœur de la montagne.

Et toujours cette lueur, montant des profondeurs.

En sueur, Chasseur s'accroupit.

— Nous sommes pris au piège, déplora-t-il.

— Trouvons notre hôte, et la négociation pourra débuter, estima Narmer.

« Lui non plus, pensa Chasseur, rien ne le fait renoncer. En quel matériau ont-ils été façonnés, ces deux-là ? »

La qualité de la roche avait changé. Des pans entiers étaient taillés de main d'homme, et des blocs jonchaient le sol. Narmer repéra l'entrée d'une galerie et s'y engouffra.

Elle aboutissait à une vaste salle voûtée. Au centre, sur des tables de pierre, quantité d'outils et de pointes de flèches.

— Félicitations, dit un barbu à l'imposante carrure. Échapper à mes traquenards est un bel exploit. Tiens, Chasseur ! Tu n'as pas tenu compte de mes avertissements et tu m'amènes deux compères.

— Scorpion est le nouveau chef du village, rectifia l'interpellé, et Narmer, un magicien, son bras droit.

— Un guerrier et un sorcier… Impressionnant ! Et toi, tu leur prêtes main-forte ?

— J'ai l'intention d'équiper une milice, révéla Scorpion, et de combattre les soldats de Taureau.

— Ça ne me concerne pas.

— Tu es bien le Maître du silex ?

— Regarde autour de toi : ici se trouvent des pierres magnifiques, du noir profond au vert lumineux. J'ai appris à les connaître et à les tailler. Mes pointes de flèches perforent les matériaux les plus durs et infligent des blessures mortelles aux humains, cette race maudite qui mérite de disparaître.

— Joins-toi à nous. Ton savoir sera une arme décisive.

— Je te le confirme : ta guerre ne me concerne pas. J'ai fourni quelques pointes de flèches à Chasseur, parce que j'apprécie les solitaires. Ma coopération s'arrêtera là.

— N'as-tu pas envie de briser la suprématie de Taureau ? demanda Narmer.

— Que les clans s'entre-déchirent, peu m'importe !

— Nous n'appartenons à aucun clan et nous voulons modifier le destin.

— Moi, je me contente de vivre dans le ventre de la montagne et je me moque de vos projets. Tailler le silex me suffit.

Du pied, le barbu appuya sur une sorte de soufflet, qui fit jaillir de la forge une flamme de la hauteur d'un adulte.

Ni Scorpion ni Narmer n'avaient reculé.

— Vous ne craignez pas le feu… C'est une qualité rare !

— Tu fabriqueras nos armes, décréta Scorpion, et nous débarrasserons ce pays de l'oppression des clans.

— Seules les pierres m'intéressent, inutile d'insister.

— Je n'ai pas l'habitude d'échouer, précisa Scorpion.

— N'existe-t-il pas un commencement à tout ? Estime-toi heureux d'être encore en vie. Je vais ouvrir une porte de pierre et vous quitterez à jamais mon domaine.

Le Maître du silex s'empara d'une fronde, et la tension monta.

— Je décide, précisa Scorpion. Toi, tu obéis.

— Si tu refuses de partir, tu crèveras ici, privé d'eau et de nourriture. Alors, décampe !

Scorpion dénoua lentement le lacet fermant un petit sac de lin accroché à sa ceinture. En sortit un énorme scorpion noir.

— Une femelle au venin mortel, mais très affectueuse.

Quatre petits grimpèrent sur son dos, et la mère se dirigea vers le Maître du silex, pétrifié.

— Tu vois, observa Scorpion, elle se préoccupe de leur santé et leur donne à manger afin qu'ils grandissent vite. Et je crois qu'elle a trouvé une bonne proie.

Habitué à vivre en ermite, le Maître du silex avait une peur panique des serpents, des scorpions et des insectes agressifs.

Les yeux fixes, incapable de s'enfuir, il regardait le monstre s'approcher.

— Retiens-le, implora-t-il.

— À une condition : tu te mets à mon service et tu exécutes mes ordres.

Le technicien se refusait encore à céder.

La tueuse noire s'immobilisa tout près de son pied gauche, et le dard se leva.

— Tant pis, regretta Scorpion, nous nous débrouillerons sans toi.

Narmer tourna le dos au condamné, Scorpion lui emboîta le pas.

— Restez, hurla le Maître du silex, et sauvez-moi !

— Tu connais mes conditions.

— Je les accepte !

Scorpion ouvrit son petit sac.

— Venez, mes enfants.

La mère et ses petits regagnèrent leur repaire provisoire.

Soulagé, le Maître du silex s'assit et, d'un revers de main, s'épongea le front.

— Ne trahis pas ta parole, menaça Scorpion. Sinon, mes exécuteurs te puniront.

Brisé, le rescapé opina du chef.

— On emporte le matériel, annonça Narmer. Et nous installerons un atelier au village pour produire un maximum d'armes.

30

De ses doigts courts et puissants, Vorace étrangla un petit ibis. Guettant une proie depuis des heures, il se contenta de ce maigre butin. Des dizaines d'oiseaux quittèrent le fourré de papyrus, et le tueur dut se plaquer au sol pour éviter l'attaque de la mère poussant des cris de deuil.

En rampant, il se hâta de quitter ce milieu hostile et emprunta un sentier longeant les bords du Nil, territoire de la tribu des Vanneaux à laquelle il appartenait. Une tribu réduite en esclavage par les clans qui ne manquaient pas une occasion de la persécuter. Contraints et forcés, les Vanneaux leur fournissaient du poisson et des papyrus. En échange, ils ne recevaient que la protection des chefs, mais pas la moindre nourriture.

Habitant de misérables villages, en proie aux attaques de mille et un prédateurs, quantité de Vanneaux crevaient de faim, et l'espérance de vie des nourrissons était des plus limitées. Pourtant, ce peuple au dos courbé ne se révoltait pas. Incapable de désigner un dirigeant, il était victime de querelles internes, chaque faction multipliant les coups bas afin de saper la maigre autorité de ses rivales. On se mentait, on se trahissait, on cherchait à préserver son territoire et à plaire aux soldats de Lion, d'Oryx, de Crocodile ou d'Éléphante. Sauver sa peau était l'objectif prioritaire, et le sort du voisin importait peu.

Vorace atteignit son campement où une vieille préparait de la soupe aux herbes.

— C'est tout ce que tu rapportes ? constata-t-elle.

— Rajoute-le à ton brouet, ça donnera du goût.

— Demain, tâche au moins de pêcher !

— Et toi, de te taire ! Sinon…

Face au poing levé, la vieille se tassa. Nombre de femmes avaient déjà souffert de la brutalité de Vorace, un gaillard lourd et trapu, au visage lunaire. Et ses victimes, exécutées à coups de pied, n'avaient trouvé aucun défenseur.

Assis au bord d'une mare, les deux amis de la brute, Mollasson et Gueulard. Grand, le dos voûté, le nez lui mangeant la figure, les paupières lourdes, les chevilles enflées, Mollasson élaborait des stratégies pour acquérir des richesses et profiter de sa fortune sans produire d'efforts. Jusqu'à présent, malgré l'adhésion de Vorace et son dynamisme inépuisable, pas l'ombre d'une concrétisation. Cependant, le caractère tordu de Mollasson et sa capacité de nuisance restaient prometteurs. Obstiné, il croyait à son succès.

Gueulard, lui, ne s'ennuyait pas à réfléchir. Empâté, les lèvres épaisses, le front bas, il ne songeait qu'à engrosser les femelles et à se soûler d'un infect alcool de dattes et de blé. Toujours prêt à en découdre, il passait son temps à protester contre sa condition et approuvait les grands projets de Mollasson et de Vorace. Robuste, vindicatif, il n'hésitait pas à piétiner les plus faibles.

— Bonne chasse ? demanda-t-il à Vorace.

— Un oisillon.

— Mauvais repas en perspective, déplora Gueulard. Le campement d'à côté a peut-être eu davantage de chance… Si on le pillait ?

— Attendons la nuit, préconisa Vorace. On éliminera le gardien et on s'emparera de leurs provisions.

— Je ferai accuser une famille qui nous déteste, promit Mollasson. En se vengeant, les victimes nous en débarrasseront.

Le trio pratiquait avec succès ce genre de manœuvre, mais regrettait l'étroitesse de son champ d'action.

— Combien de temps allons-nous croupir ici ? s'insurgea Gueulard. Vous avez vu les soldats des clans ? Ils sont bien nourris, eux !

— Jamais un chef n'engagera un Vanneau. À ses yeux, nous sommes des créatures inférieures, incapables de combattre.

— La réalité le prouve, constata Mollasson. Impossible de réunir un groupe de guerriers et d'éliminer nos tortionnaires. Mais l'horizon pourrait se dégager…

— Qu'as-tu appris ? interrogea Vorace, excité.

— Je propage tellement de rumeurs que je me méfie de celles qui me parviennent. En les recoupant, je suis parvenu à une certitude : l'équilibre actuel est sérieusement menacé et la paix conclue entre les clans risque d'être rompue.

Vorace et Gueulard n'en crurent pas leurs oreilles.

— Tu… tu ne plaisantes pas ?

— Vous connaissez ma patience et ma prudence. Avant de vous en parler, je souhaitais être assuré de la véracité des faits.

— Et… tu l'es ?

— Les témoignages concordent. De graves événements se sont produits dans le Nord, dont Taureau a pris le contrôle, après avoir exterminé ses opposants. Il rassemblerait une énorme armée.

— Il prépare l'invasion du Sud ! s'exclama Gueulard.

— Tactique défensive destinée à décourager un éventuel adversaire, prétendent ses officiers. Qui les croirait ? Lion, puissant seigneur de guerre, se prépare à l'affrontement.

— S'il obtient l'appui de Crocodile et d'Oryx, il repoussera l'assaut de Taureau, estima Vorace.

— Oryx, révéla Mollasson, a commis une faute grave en attaquant la ville d'Abydos, siège de Chacal. Échec retentissant et lourdes pertes.

— Et les clans s'entre-déchirent ! se réjouit Gueulard.

— Malheureusement non. Au prix d'une intense activité, Gazelle est parvenue à éviter un conflit général.

— Maudite femelle ! Les chefs se seraient entre-tués, et nous aurions ramassé leurs dépouilles.

— Ce beau rêve deviendra peut-être réalité, annonça Mollasson, au sourire inquiétant. À mon avis, plus personne ne croit à la paix. Les chefs de clan font semblant de camper sur leurs positions afin de mieux préparer la guerre. En secret, on négocie des alliances. Et le conflit sera dévastateur.

— Quel sera le vainqueur ? demanda Vorace.

— Trop tôt pour le dire. À nous de prendre le contrôle d'un maximum de Vanneaux et de former une vaste tribu qui pèsera lourd. Promettons-leur richesse et prospérité, montrons-nous convaincants, et ce ramassis d'imbéciles nous suivra.

Cette stratégie-là plaisait à Gueulard et à Vorace. Enfin, ils avaient l'espoir de quitter les bords marécageux du fleuve, de sortir des fourrés de papyrus de la vallée du Nil et de jouir d'une existence agréable !

Décomposé, un gamin courut vers eux.

— Aidez-moi, je vous en supplie !

En larmes, il s'agenouilla.

— Qu'est-ce qui t'arrive, petit ? questionna Mollasson.

— Avec mes camarades, on essayait d'attraper des poissons… Et on a écrasé des œufs de crocodile ! Tous les bébés sont morts.

— La mère… la mère vous a-t-elle vus ? s'inquiéta Mollasson.

— Nous avons couru si vite que nous lui avons échappé ! Si elle avertit Crocodile, il sera furieux. Il faut vite prévenir les campements voisins.

— Tais-toi, idiot ! rugit Gueulard en étranglant l'adolescent.

Le corps tressauta, la bouche s'entrouvrit, une langue violacée apparut. Gueulard jeta au loin le cadavre pantelant.

— Ne perdons pas un instant, recommanda Mollasson, et cachons-nous ! La répression sera terrible.

Ne songeant pas à sauver leurs semblables, les trois compères s'enfuirent à toutes jambes.

*

Sous la direction du général de Crocodile, un mâle monstrueux, ses troupes attaquèrent à la fois par le fleuve et la terre. Silencieux et méthodiques, ils ravagèrent une dizaine de hameaux avec une absolue férocité, n'épargnant ni les enfants ni les vieillards, et laissant derrière eux d'innombrables lambeaux de corps martyrisés. Pas une supplique ne trouva grâce à leurs yeux, même celle d'une femme enceinte sur le point d'accoucher.

Les Vanneaux avaient commis un crime terrible, et ils devaient être châtiés à la hauteur de leur forfait : tels étaient les ordres de Crocodile, exécutés à la lettre et sans état d'âme, comme d'habitude. Seule la terreur permettait au chef de clan d'imposer sa loi à ce peuple de pouilleux, incapable de s'organiser et méritant son sort d'esclave.

Quand Mollasson, Vorace et Gueulard sortirent de leur cachette et découvrirent le massacre, leurs velléités de révolte s'éteignirent. Mollasson songeait même à s'enfuir, mais la hargne de Vorace le retint. Le trio se devait, au moins, d'étendre son influence, en espérant que les événements lui seraient favorables.

31

À l'approche du village, Scorpion devint méfiant. Certes, les précautions magiques avaient été prises, mais ses ennemis ne s'acharneraient-ils pas à le détruire ?

— La flèche a peut-être perdu son efficacité, avança-t-il. En ce cas, le rondouillard à la main brûlée nous aura préparé un accueil dévastateur.

— Tu ne contrôles pas les lieux ? s'étonna le Maître du silex.

— Ne t'inquiète pas.

— Nous ne sommes que quatre ! Si les villageois se sont révoltés contre toi, mieux vaut battre en retraite.

— Je ne recule jamais, affirma Scorpion. Et Narmer pas davantage.

Le flottement fut de courte durée, et le technicien comprit qu'il ne fallait pas contrarier Scorpion. Ou il triompherait avec lui, ou le dard lui infligerait une piqûre mortelle.

— Je ressens un trouble, déclara Narmer. Des forces hostiles nous guettent.

— Rien d'étonnant, mon frère. Ces misérables n'ont pas perçu l'ampleur de notre projet et souhaitent revenir à leur condition de larves. Sont-ils nombreux ?

Face au soleil, Narmer ferma les yeux.

— Non, un petit groupe.

— Ce n'est donc pas une escouade de Taureau. Inutile d'employer les grands moyens.

Chasseur redoutait ses deux patrons, le guerrier et le magicien, tant leurs pouvoirs le terrifiaient. Et le Maître du silex partageait son appréhension.

— Reposons-nous, décida Scorpion. Mes fidèles créatures résoudront ce problème dérisoire.

*

Convaincant, le rondouillard à la main brûlée avait persuadé son cousin de s'emparer de la flèche plantée par Scorpion, en échange du veau et de la vache de Narmer. Et Fleur lui serait aussi attribuée… De telles récompenses tournèrent la tête de l'audacieux. Le bras entier enveloppé d'un chiffon, il tenta d'arracher l'objet maléfique.

Et il réussit.

Brandissant la flèche, il poussa un cri de triomphe qui se transforma vite en hurlements de douleur. Ses doigts grillèrent, puis son poignet, son bras, son épaule et son visage. Le corps en feu, il s'effondra.

Le rondouillard tira profit de ce sacrifice. Le village n'était-il pas délivré du sortilège de Scorpion et de Narmer ? Il fit enfermer Fleur, sous la garde de vieilles acariâtres, et rameuta de rares courageux, décidés à supprimer les tyrans.

Sur le chemin de retour des oppresseurs, un bosquet de tamaris. Quand ils le longeraient, Scorpion et ses amis apercevraient la flèche plantée dans le sol, en réalité un substitut. Rassurés, ils ne s'attendraient pas à une attaque par-derrière. Nombre, violence et rapidité seraient les clés du succès.

Armée de pierres et de gourdins, la faction était impatiente de porter des coups fatals. Des guetteurs se relevaient à intervalles réguliers.

Soudain, l'un d'eux se releva et tituba.

L'œil hagard, la bave aux lèvres, il marmonna des mots incompréhensibles et s'effondra. Quelques instants plus tard, son acolyte fut victime de symptômes identiques. Et un dormeur s'éveilla en sursaut.

— J'ai été piqué ! Là, des scorpions !

L'énorme tueuse noire apprenait l'art du combat à sa progéniture. Malgré leur taille encore modeste, ses petits disposaient déjà d'une belle quantité de venin.

La panique s'empara des conspirateurs qui sortirent de leur abri. Posté à bonne distance, Chasseur tira des flèches meurtrières.

Partant à l'opposé, le rondouillard crut s'échapper.

Le tranchant d'une main lui brisa l'épaule, et Scorpion le souleva par les cheveux.

— Tu aurais dû te soumettre, minable ! Des complices, au village ?

— Non, non… Pardon, je…

De son poing fermé, Scorpion fracassa le crâne du rondouillard.

Les petits scorpions remontèrent sur le dos de leur mère. Rassurée, elle regagna le sac.

Les jambes du Maître du silex flageolaient.

— Ces deux-là possèdent des pouvoirs surnaturels, lui rappela Chasseur. Ils commandent, on exécute, et tout ira bien. Les comploteurs, ils les décèlent. Alors, ne commets pas d'imprudence.

— Je n'en ai vraiment pas l'intention, bredouilla le technicien.

*

Fleur sauta dans les bras de Scorpion. Il lui arracha son pagne de roseaux et la pénétra avec tant de passion, qu'elle gémit de plaisir.

— Ne t'absente plus aussi longtemps ! C'était insupportable.

— Les mégères t'ont battue ?

— Elles m'ont insultée et craché dessus, en me promettant les pires supplices.

— Tu mérites un cadeau : fais-en ce qu'il te plaît.

Fleur prit un air gourmand. Elle savourerait sa vengeance à petit feu et chacun saurait, désormais, que nul ne pouvait toucher à la femme du chef, sous peine d'un terrible châtiment.

Insatiable, elle ranima le désir de son amant.

*

Le Maître du silex ne se plaignait pas de son sort. On lui avait installé un vaste atelier, il dirigeait une équipe d'artisans auxquels il enseignait son savoir. Correctement nourri, il commençait à produire une jolie quantité d'armes : pointes de flèches et de javelots, couteaux, pierres de tailles et de dimensions diverses destinées aux frondes.

L'équipe de Chasseur fabriquait arcs et flèches. Et plusieurs heures par jour, Scorpion en personne entraînait les membres de sa future milice. On ne simulait pas les combats, et les incapables succombaient. Ne restaient que les meilleurs.

Narmer, lui, s'occupait des cultures et de l'approvisionnement du village. Il avait aussi organisé un système de guet, de manière à être vite prévenu de l'arrivée des soldats de Taureau. Tôt ou tard, ils procéderaient à une tournée d'inspection. Chaque jour qui passait permettait au village de renforcer ses défenses et d'aguerrir sa milice. Le rêve insensé de Scorpion et de Narmer prenait forme. Loin d'avoir la puissance d'un clan, ils n'étaient plus seuls et désarmés.

Alors qu'il polissait une pointe de flèche, le Maître du silex se sentit observé. Il se retourna et découvrit Scorpion, les bras croisés.

— Tu… tu es là depuis quand ?

— Le temps nécessaire pour me rendre compte que tu travailles avec ardeur. Tu ne regrettes pas d'avoir quitté ta caverne, j'espère ?

— Pas un instant ! Je n'imaginais pas pouvoir déployer mes talents à si grande échelle. Équiper une milice… un vrai bonheur ! Je n'aurai qu'une obsession : perfectionner notre armement.

— Maintenant, ami, dis-moi la vérité.

L'artisan contint sa peur ; ses doigts serrèrent le polissoir.

— À quel sujet ?

— À ton sujet.

— Tu sais tout !

— De ton passé, je ne sais rien, et je suis persuadé qu'il est passionnant. Combien de bandits as-tu servis avant de devenir ermite ?

Scorpion envoûtait et menaçait. L'artisan n'était pas de taille à lui mentir.

— Je suis né au sud du pays, chez les Vanneaux, un peuple incapable de former un clan. Il réside au bord du fleuve, et fournit aux chefs du poisson et des papyrus. Ne supportant plus la misère, je me suis enfui et j'ai été capturé par le clan d'Éléphante. J'y ai appris à travailler l'ivoire et les pierres dures. À la suite d'une escarmouche avec des soldats de Lion, je me suis à nouveau enfui et j'ai trouvé refuge au cœur d'une montagne dont je suis rarement sorti. J'ai eu la chance de rencontrer

Chasseur qui m'a procuré de la nourriture en échange des pointes de flèches.

— Quel chef domine le Sud ? interrogea Scorpion, captivé.

— Lion commande une armée redoutable, mais il n'osera jamais défier ouvertement Éléphante. Et les troupes de Crocodile se moquent des frontières. En dépit du faible nombre de ses guerriers, Oryx demeure dangereux. Chacal se cantonne à Abydos, et la fragile Gazelle ne cesse d'arpenter le pays afin de convaincre les clans de maintenir la paix. Et tous redoutent Taureau, l'unique maître du Nord, qui ne manque pas d'utiliser les dons de voyance de sa vassale, Cigogne. Les clans du Sud préservent un sanctuaire, Nékhen ; et Taureau assure la pérennité de son équivalent du Nord, Bouto. Tant qu'ils demeureront intacts, la situation restera figée.

— Crois-tu que Taureau prépare l'invasion du Sud ?

— Ça m'étonnerait. En lançant une offensive, il provoquerait l'alliance de ses ennemis et se retrouverait en position d'infériorité.

Scorpion tapa sur l'épaule du Maître du silex.

— La franchise est parfois une arme. Continue à travailler d'arrache-pied.

Scorpion se hâta de transmettre à Narmer ces précieuses informations. Elles leur offraient une vision assez précise de la situation du pays qu'ils voulaient conquérir.

32

Le clan d'Oryx pansait ses plaies. Après l'attaque manquée contre Abydos et la mort des meilleurs combattants, nombre de guerriers éprouvaient un profond ressentiment à l'égard de leur chef. Il s'était lancé de façon imprudente dans une aventure insensée, mésestimant les pouvoirs de Chacal.

Et la rumeur ne cessait d'enfler : Chacal avait maudit le clan d'Oryx, désormais soumis aux puissances dangereuses du désert qui l'empêcheraient de retrouver un territoire verdoyant où la nourriture abondait.

Dédaignant cette fable, le chef bouillait d'impatience et secouait les timorés. De son point de vue, blessés et malades en prenaient à leur aise, alors qu'il fallait préparer les futurs affrontements.

Irrité, il réunit son conseil.

— La période de repos est terminée, annonça-t-il. Nous allons quitter ce misérable repaire et prouver notre vaillance.

— Cela me paraît prématuré, objecta un officier. Il y a encore beaucoup de convalescents, et nos troupes ne sont pas remises de leur lourde défaite.

— Je m'en moque ! Nous abandonnerons les lâches et les faibles, et ne partirons qu'avec de vrais guerriers.

— Quelle sera notre destination ?

Oryx dressa fièrement la tête.

— Abydos.

Effarés, les conseillers crurent avoir mal entendu.

— Aurais-tu perdu l'esprit ? s'insurgea l'officier.

D'un coup de tête, le chef lui défonça la poitrine, puis piétina le mourant.

— C'est moi qui commande et prends les décisions ! Tous les membres de mon clan doivent m'obéir aveuglément.

— La malédiction de Chacal ne nous empêchera-t-elle pas de conquérir Abydos ? questionna timidement un vieux soldat.

— Je me moque de ses menaces ! La magie de notre clan est plus efficace que la sienne, et je n'ai pas l'habitude de rester sur un échec. Bientôt, les pouvoirs de Chacal seront nôtres, et les autres chefs s'inclineront devant moi.

— Serons-nous assez nombreux pour l'emporter ?

— Un changement de stratégie nous donnera l'avantage. Cette fois, pas d'attaque frontale mais un encerclement, à l'aube. Nous éliminerons les sentinelles et envahirons le domaine de Chacal à plusieurs endroits, semant ainsi la panique parmi les défenseurs. Lorsque la jonction entre nos différents groupes d'assaut sera établie, la victoire sera acquise. Dès demain, préparation intensive de nos troupes. Et départ à la nouvelle lune.

Les conseillers demeurèrent muets.

*

La lune était sur le point de disparaître. La nuit prochaine, elle renaîtrait comme le clan d'Oryx, satisfait de l'engagement de ses soldats. Il avait éliminé les tièdes ; les malades, confiés aux femelles, croupissaient au bord d'un oued à sec. Le manque de nourriture les condamnait.

En se débarrassant des inutiles, Oryx renforçait son clan. La prise d'Abydos ne serait pas une partie de plaisir, les chacals se défendraient jusqu'au bout. À lui d'éliminer rapidement leur chef, de manière à les démoraliser.

Quel plaisir incomparable de contempler la débandade de l'adversaire ! Oryx ne ferait pas de prisonniers et dévasterait le sanctuaire, imprégné de la sorcellerie de Chacal. À la place de cette bâtisse fermée et obscure, il installerait de vastes enclos. Ses sujets connaîtraient l'opulence et ne s'inquiéteraient plus de leur survie.

Pressé de prendre la tête de son armée, Oryx tenta de s'assoupir. Un peu de repos était nécessaire, car les prochaines heures exigeraient une débauche d'énergie.

*

Au petit matin, la température baissait. Engourdi, le guetteur commençait à se réchauffer aux rayons du soleil levant quand son odorat fut alerté. Dans ce coin perdu et hostile, la nuit avait été calme ; depuis l'établissement provisoire des oryx, pas le moindre incident. Qui aurait osé importuner ces farouches combattants ?

Les narines du guetteur se dilatèrent, son poil se hérissa… Cette odeur, celle de Lion !

Quatre lionnes se jetèrent ensemble sur lui. Silencieuses, elles s'étaient approchées de leur proie en rampant. L'oryx eut à peine le temps d'esquisser un bond. Les crocs percèrent sa gorge, les griffes labourèrent ses reins. Et son cri d'alarme fut étouffé.

Les autres sentinelles avaient été éliminées de la même façon, et l'accès au campement des oryx, encore endormis, était libre.

Les hordes de Lion se ruèrent à l'assaut, les lionnes en tête, suivies de soldats rugissant et maniant leurs armes redoutables, des poignards en forme de crocs et de griffes. Malgré leur courage, les membres du clan Oryx ne furent pas capables d'entraver cette déferlante. Leur première ligne de défense enfoncée, ils refusèrent pourtant de céder et, sous l'impulsion de leur chef, déchaîné, réussirent à tenir leurs ultimes positions.

Conscient de l'importance de ses pertes, Oryx n'avait plus d'espoir. Les guerriers de Lion allaient massacrer les siens.

Quittant le champ de bataille, il se rendit auprès des femelles, terrorisées, entourant leurs petits.

— Tentez de fuir, ordonna-t-il, courez vers le désert. Ceux et celles qui réussiront à sortir de cet enfer seront les seuls survivants de notre clan.

— Viens avec nous ! supplia une jeune mère.

— Hors de question. Lion veut m'abattre, il me poursuivrait ; sans moi, vous avez une chance de lui échapper. Hâtez-vous, nous ne tiendrons pas longtemps.

Oryx retourna au combat et tenta de ranimer les énergies. Un à un, ses guerriers tombaient, tout en infligeant de sévères blessures à l'adversaire. Se montrant d'une férocité implacable, les lionnes s'acharnaient sur les vaincus et les déchiquetaient.

Adossé à la falaise en compagnie d'un dernier carré, Oryx aperçut Lion. Majestueux, la crinière au vent, il venait assister à la curée.

Oryx tenta une contre-attaque insensée, se persuadant qu'il parviendrait à atteindre ce fauve cruel et à le transpercer.

Alors qu'il effectuait une percée, des griffes se plantèrent dans son cou et le plaquèrent au sol. Un ultime effort lui permit de se relever, mais des crocs broyèrent ses jambes, et il s'effondra.

— Laissez-le, intervint Lion, magnanime.

Les derniers résistants du clan Oryx agonisaient, et les vainqueurs songeaient déjà à un plantureux festin. Les carcasses seraient abandonnées aux charognards.

— Tu n'as pas manqué de panache, remarqua Lion. Pour un agressif de ton espèce, ce n'est pas une si mauvaise fin.

— J'aurais préféré t'affronter face à face !

Le souffle manquait à Oryx, mais il avait encore la force de fixer le vainqueur.

— Tu ne le méritais pas, rétorqua Lion, condescendant. Trop impulsif, manque de sens stratégique… Tu aurais dû te soumettre, non m'affronter. Aujourd'hui, le poids de tes erreurs t'écrase, et j'anéantis ton clan, devenu inutile.

— Au moins, je meurs libre !

— Piètre consolation. Moi, je suis bien vivant, et mon prestige continuera de s'accroître.

— Tu te trompes, Lion… Les clans s'uniront pour te châtier.

— Erreur, Oryx ; au contraire, ils me remercieront de t'avoir éliminé. Tu n'étais qu'un fauteur de troubles, jouant ton propre jeu.

Un flot de sang jaillit de la bouche du mourant.

— Le moment est venu de mettre un terme à tes souffrances. Au titre de chef de clan, je te rends cet hommage.

D'un coup de griffe, Lion trancha la gorge d'Oryx qui émit un dernier râle.

Le triomphateur parcourut le campement dévasté. Toute résistance avait cessé.

— Achevez les blessés, ordonna-t-il, et emportez les meilleures bêtes. Mes guerriers mangeront de l'excellente viande.

— Quelques oryx ont fui en direction du désert, annonça un officier. Faut-il les poursuivre ?

— Inutile, ils ne formeront qu'une harde loin de la vallée, condamnée à errer dans les sables brûlants. Les oryx ne me gêneront plus, leur clan est définitivement éteint.

33

Chaque nuit, l'âme de Cigogne survolait le Nord et le Sud. Si elle repérait une situation inquiétante, elle envoyait ses émissaires pendant la journée afin de vérifier ses craintes. À maintes reprises, elles avaient observé les agressions des tueurs de Crocodile ; ils venaient de dévaster plusieurs campements de Vanneaux, peuplade cantonnée au bord du Nil et soumise aux caprices des clans.

Mais aucun mouvement de troupe. Grâce aux efforts ininterrompus de Gazelle, la paix était préservée.

Cigogne se réveilla en sursaut.

Agitée, son âme avait brutalement réintégré son corps, et une atroce vision l'empêchait presque de respirer.

Lion achevait Oryx, agonisant. Partout, du sang et des cadavres. La chevelure ensoleillée, Lion, triomphant, haranguait ses troupes. Des hardes de lionnes dévoraient des dépouilles d'oryx.

*

— Cigogne désire voir Taureau de toute urgence, dit le planton.

— Motif ? demanda le général Gros-Sourcils.

— Elle ne parlera qu'à lui seul.

Cette vieille folle énervait le haut gradé. Il méprisait les femelles, et celle-là en particulier. Si elle n'avait pas été cheffe de clan, il lui aurait infligé une humiliation définitive. En raison de son rang, ses homologues devaient lui témoigner respect et attention ; et le bras droit de Taureau n'avait pas le pouvoir de briser la coutume.

— Qu'elle vienne.

Le dos voûté, Cigogne salua le général d'un signe de la tête et franchit le seuil de la hutte de Taureau, occupé à goûter des rognons.

— As-tu faim ? Ce plat est une merveille.

— J'ai eu une vision.

— Je croyais que tu perdais tes pouvoirs.

— Depuis quelques jours, ils reviennent.

— Tant mieux, tu pourras continuer à soigner mes soldats ! Débarrasse-moi d'un méchant tour de reins.

— Une vision… effrayante !

— Commence par me guérir.

Avant d'écouter d'éventuelles élucubrations, Taureau tenait à vérifier les capacités de sa vieille vassale.

Cigogne utilisa un onguent aux propriétés anti-inflammatoires qui calmait la douleur et dispensait un bien-être durable. Vu la musculature et la masse impressionnante de Taureau, une grande quantité fut nécessaire.

— Quelle douce chaleur ! Je me sens de nouveau en pleine forme. Alors, cette vision ?

— Lion a détruit le clan d'Oryx.

— Ce n'était qu'un cauchemar !

— Non, mon âme a survolé cette tragédie, et j'en ai vu distinctement le terme. Lion a lui-même tué Oryx dont les guerriers ont été abattus. Deux de mes cigognes sont parties vérifier les faits et seront bientôt de retour.

*

À la nuit tombante, les deux émissaires arrivèrent au camp retranché de Taureau. Il les reçut en compagnie de Cigogne et du général Gros-Sourcils. À leur attitude affligée, le trio comprit que les nouvelles étaient mauvaises.

— Qu'avez-vous vu ? demanda Taureau.

— Des dépouilles d'oryx abandonnées, et le cadavre de leur chef sur un rocher. Dans la savane, les membres du clan de Lion festoyaient. Celui d'Oryx a été anéanti.

— Puisque le doute est levé, s'exclama le général Gros-Sourcils, ne perdons pas un instant et attaquons Lion ! Sinon, il lancera l'offensive. À l'évidence, il veut s'emparer du Nord !

— Cette évidence-là me paraît discutable, intervint Cigogne d'une voix posée. Oryx et Lion se détestaient. Peut-être ne s'agit-il que d'une querelle personnelle qui s'est malheureusement résolue de façon sanglante. Au lieu de réagir de manière disproportionnée, il convient d'entendre les explications de Lion.

Gros-Sourcils eut envie d'étrangler cette bavarde. Taureau semblait dubitatif.

— Gazelle remplira cette mission diplomatique, poursuivit Cigogne.

— Si Lion est sur le point de nous envahir, avança le général, il n'hésitera pas à supprimer notre ambassadrice !

— Je ne nie pas le risque. À Gazelle de décider.

— Cigogne a raison, trancha Taureau. Avant de déclencher un conflit, je dois m'assurer des intentions de Lion ; néanmoins il faut prendre des précautions.

Général, rassemble un corps expéditionnaire et vérifie qu'aucun de mes villages n'a été attaqué. Toi, Cigogne, convoque immédiatement Gazelle.

*

Gazelle constata que le camp retranché de Taureau était encore plus sévèrement gardé qu'à l'ordinaire. Il y régnait une certaine agitation, et les soldats affichaient une mine à la fois inquiète et hostile. Dans leurs enclos, les monstrueux taureaux de combat étaient nerveux.

Voilà longtemps que Cigogne ne lui avait pas envoyé un émissaire afin de lui signaler une situation d'urgence. Gazelle avait aussitôt quitté son campement en compagnie de ses sujets, déçus de briser si vite une trop brève période de repos. L'émissaire n'ayant pas donné d'explication, les rumeurs allaient bon train, et l'on imaginait le pire. La paix venait-elle de voler en éclats ?

En constatant l'absence du général Gros-Sourcils, Gazelle ne fut pas rassurée. Ce personnage grossier et brutal n'avait-il pas reçu l'ordre de combattre un ennemi déclaré ?

Taureau était renfrogné, Cigogne angoissée.

— Gazelle, enfin ! s'exclama-t-il.

— Je me suis hâtée autant que possible.

La beauté de la jeune femme émut le puissant chef de clan. Sa grâce et sa fragilité l'avaient toujours séduit, mais l'heure n'était pas aux sentiments.

— Lion a détruit le clan d'Oryx.

La révélation laissa Gazelle abasourdie. Après la disparition inexpliquée du clan Coquillage, cette nouvelle tragédie risquait d'entraîner le pays vers le néant.

— Est-ce… une certitude ?

— Mes envoyées ont constaté le désastre, précisa Cigogne. Elles ont vu le cadavre d'Oryx et le triomphe de Lion.

— Comme je le pressentais, renchérit Taureau, Lion a l'intention de conquérir le Nord ! Sa soif de conquêtes n'a pas de limites. Oryx était son principal adversaire ; maintenant, il a le champ libre.

— Tu oublies Éléphante et Crocodile ; jamais ils ne concluront d'alliance avec Lion. Et Chacal ne lui prêtera pas assistance.

— Lion s'en moque ! Il se croit assez fort pour vaincre n'importe qui.

— Aurais-tu envoyé ton général le combattre ?

— Simple vérification : si Lion a osé empiéter sur mon territoire, je l'attaquerai. Sinon, je donnerai une ultime chance à la paix en exigeant ses explications.

— Je crois à une querelle de personnes, précisa Cigogne ; Lion et Oryx se haïssaient. Oryx éliminé, Lion ne se calmera-t-il pas ?

— À moi de m'en assurer, conclut Gazelle.

— Démarche à très hauts risques, estima Taureau. Au cas où Lion aurait entamé une guerre, il ne t'épargnera pas ; et personne ne peut te contraindre à te sacrifier. Ici, et ici seulement, tu es en sécurité.

Taureau ne se trompait pas, Gazelle prit conscience du péril. Elle et sa tribu désarmée seraient effectivement des proies tentantes et faciles, à supposer que Lion eût décidé de détruire les autres clans et de s'emparer de la totalité du pays.

— La mission de mon clan consiste à préserver la paix, rappela la jeune femme ; refuser de la remplir en pleine crise serait une lâcheté.

— Et si tu ne reviens pas ? s'inquiéta Cigogne.

— Alors, vous connaîtrez les véritables intentions de Lion.

34

La milice de Scorpion serait bientôt opérationnelle. D'une exigence permanente, il s'infligeait les mêmes efforts qu'à ses hommes et leur apprenait à franchir leurs limites. Chasseur avait formé une vingtaine d'excellents archers qui, sans atteindre son niveau, se montraient d'une belle précision.

Fleur passait la journée à regarder les multiples exercices et admirait l'incroyable endurance de son amant. Après des heures de débauche physique, il lui faisait l'amour avec fougue et inventait de nouveaux plaisirs. À présent, les mégères du village étaient contraintes de manifester une certaine déférence à son égard, et Fleur ne manquait pas de les terrasser d'un regard dédaigneux.

Les villageois craignaient Scorpion, ils avaient confiance en Narmer. À l'écoute des paysans, il leur proposait des améliorations et savait organiser le travail. Seuls les tire-au-flanc le prenaient en grippe, car il détectait paresse et fausses excuses. Ne considérant personne de haut, Narmer savait trouver les mots justes, et son autorité naturelle n'était jamais blessante. À son contact, chacun se découvrait des qualités inattendues, et la petite communauté savourait son autonomie et sa prospérité.

Mais les soldats de Taureau reviendraient et, la nuit tombée, les discussions s'animaient. Les uns prônaient la révolte et le refus de céder aux exigences du tyran ; les autres, redoutant d'être écrasés, refusaient la stratégie de Scorpion et recommandaient de courber l'échine. Tenter de résister à Taureau n'était-il pas une folie ? Violent, obstiné, et très attaché à ses possessions, le chef de clan ne supporterait pas qu'un seul de ses villages lui échappât.

La majorité, cependant, refusait de s'attaquer à Scorpion et à Narmer. Un guerrier impitoyable et un magicien… Venus de nulle part, n'alignaient-ils pas une impressionnante série de succès ? Sous leur impulsion, le village se transformait en petite principauté, dotée d'une réelle capacité de défense. « Indépendance illusoire », rétorquaient les pessimistes, redoutant la colère de Taureau.

Interminables, les débats n'aboutissaient pas à une conclusion formelle. Unique certitude : les soldats de Taureau inspecteraient les lieux et engageraient de force de nouvelles recrues. Faudrait-il appuyer la milice de Scorpion ou la frapper dans le dos en implorant la clémence du vainqueur ?

Tout en défendant Scorpion et Narmer, un petit moustachu à la voix mielleuse se résolut à les trahir. Inconsciente du danger qui la guettait, l'escouade de Taureau ne s'attendrait pas à la résistance d'une milice bien entraînée, possédant des armes redoutables. C'était à lui de prévenir le chef de clan et de s'attirer ses faveurs.

*

Le Maître du silex vivait un rêve éveillé. Un atelier magnifique, des assistants rudes à la tâche, une production d'armes en constante augmentation, des repas copieux et une coquine aux charmes généreux… Non, il ne regrettait pas son austère existence d'ermite !

— Tu t'améliores de jour en jour, constata Narmer.

— Heureux de te l'entendre dire ! Mon équipe ne ménage pas sa peine.

— Tes compétences m'éblouissent… et m'intriguent.

L'artisan écrasa du pied un soufflet pour augmenter l'intensité du feu.

— Grâce à ton sens de l'observation, n'as-tu pas percé mes secrets ?

— Toi, issu du peuple des Vanneaux et instruit par le clan d'Éléphante… Des révélations crédibles. Néanmoins, il manque un épisode essentiel de ton histoire.

— J'ai dit la vérité !

— Certes, mais pas *toute* la vérité.

Le Maître du silex se concentra sur son travail.

— J'ai beaucoup à faire, Narmer.

— Et tu as beaucoup à m'apprendre. Qui t'a enseigné ton métier ?

— Éléphante.

— Le travail de l'ivoire, entendu. Et celui du silex ?

Le technicien accusa le coup et se retourna, incapable de supporter le regard de Narmer.

— Éléphante, le hasard, les circonstances…

— Tu mens très mal. La vérité serait-elle si dérangeante ?

— Seul le résultat compte, ne penses-tu pas ? Je fournis des armes excellentes, je m'évertue à les améliorer, je…

— Qui fut ton maître ?

— Je préfère l'oublier.

— Moi, je souhaite le connaître.

— Crois-moi, Narmer, une telle révélation ne t'apporterait rien. Certaines vérités méritent d'être enterrées.

— Au clan Coquillage, on répétait sans cesse cette phrase, et il a été anéanti. Je ne redoute aucune vérité, puisque c'est la seule manière de progresser.

— Tu ne me lâcheras pas…

— Sois-en assuré.

Abattu, le Maître du silex s'assit en tailleur.

— Au moins, me promets-tu d'oublier ce que je vais te dire ?

— Au contraire. C'est probablement de la plus haute importance.

L'artisan s'empara d'un morceau de silex et, rageur, le jeta au loin.

— As-tu tellement envie de mourir ?

— La mort t'aurait-elle enseigné ton art ?

— Elle est moins terrifiante que la créature de l'au-delà qui m'a recueilli !

Narmer laissa à son interlocuteur le temps de rassembler ses souvenirs.

— Afin d'échapper aux multiples prédateurs, je me suis enfui vers le Nord, avec un mince espoir de survie. J'ai mangé des baies et des racines, je dormais à peine, et je courais, je courais… jusqu'à la découverte d'un site étrange. Une masse de pierres énormes, entremêlées, d'où émergeait un pilier géant, semblant atteindre le ciel ! J'aurais dû poursuivre mon chemin, mais je suis resté là, fasciné. Au couchant, est apparu un être effrayant, immense, portant un masque en forme de triangle percé de deux trous pour les yeux et une longue robe blanche. « Je suis l'Ancêtre, a-t-il déclaré d'une voix si grave qu'elle m'a fait trembler, et tu troubles mon repos. Que désires-tu ? » J'aurais souhaité disparaître sous terre ! Balbutiant, j'ai réussi à émettre de vagues excuses. Le sol est devenu brûlant et je fus contraint d'avancer, en suivant un chemin de pierrailles menant à une grotte. À l'intérieur, un feu ardent, des monceaux de silex, des polissoirs. Et l'Ancêtre m'a tout appris. Des ordres brefs, précis, une surveillance permanente. Quand il a été satisfait de mon travail, il a disparu et j'ai détalé, surpris d'être encore vivant !

— Retrouverais-tu l'endroit ?

Le Maître du silex hésita à répondre.

— Comment l'oublier ? Surtout, ne songe pas à l'explorer !

— L'Ancêtre ne t'a pas agressé. Pourquoi le redoutes-tu ?

— Il m'a demandé si je désirais connaître les formules de puissance, et j'ai refusé. Savoir tailler le silex me suffit amplement !

— As-tu la certitude qu'il les possédait ?

— Si tu l'avais vu, tu n'en douterais pas.

Narmer masqua son émotion. Ce que venait de lui apprendre le Maître du silex répondait à ses désirs les plus profonds.

*

Le boulanger était en colère.

— Je n'ai pas dix bras ! Le moustachu a disparu, et me voici seul.

— Ne serait-il pas souffrant ? questionna Narmer.

— J'ai dit : disparu. Il a quitté le village.

— Pour quelle raison, à ton avis ?

Le boulanger parut gêné.

— Il n'aimait ni Scorpion ni sa milice… Et il ne t'appréciait pas davantage. De son point de vue, vous nous conduisez au désastre. Nous demeurons les sujets de Taureau, et il n'acceptera pas votre prise de pouvoir.

Narmer courut prévenir Scorpion. Il interrompit une épreuve d'endurance dominée par son frère, au souffle inépuisable.

— Nous sommes en grand danger, Scorpion ; un villageois est parti prévenir Taureau. L'effet de surprise, sur lequel nous comptions tant, est aboli. Taureau aura connaissance de nos effectifs, et il enverra un nombre de guerriers suffisant pour nous écraser, malgré la supériorité de notre armement.

Scorpion ne prit pas ces informations à la légère. De fait, sa stratégie se trouvait remise en question.

— Que suggères-tu ?

— Un affrontement serait suicidaire. Partons d'ici avec nos fidèles et continuons à nous renforcer.

— Existe-t-il un abri sûr ?

— Je le crois.

35

— Méfiez-vous, dit le moustachu à la voix mielleuse au général Gros-Sourcils. Les insurgés possèdent des frondes et des arcs. Ils tirent des flèches à longue distance et font preuve d'une redoutable précision.

— Combien sont-ils ?

— Une cinquantaine.

Les deux cents soldats du corps expéditionnaire n'auraient guère de peine à écraser ces malfaiteurs qui osaient contester l'autorité de Taureau.

— Leurs meneurs sont particulièrement dangereux, précisa le moustachu. Le nouveau chef du village, Scorpion, est un tyran sanguinaire ; son bras droit, Narmer, un magicien capable de jeter des sorts.

— Ni l'un ni l'autre ne m'effraient, déclara le général, pressé d'en découdre.

Il envoya en éclaireur un taureau sauvage. Irrité, les naseaux fumants, le monstre laboura le chemin et prit de la vitesse. En traversant le village, il provoqua la panique chez les habitants, encorna un vieillard trop lent pour s'enfuir et défonça une hutte où s'était réfugiée une famille.

Le général fut surpris : pas une flèche n'avait été tirée.

— Une ruse, affirma le moustachu. Ils se cachent dans le bosquet de tamaris !

Un deuxième taureau fut chargé d'attaquer l'obstacle qu'il ravagea en quelques instants, sans provoquer la moindre réaction.

— Terrain dégagé, constata le général. On progresse.

— Soyez prudents, recommanda le moustachu, ils vous guettent !

— Marche en tête, l'ami.

— Je ne suis pas soldat, je…

— Exécution.

Tremblant, le délateur fut contraint d'obéir. À chaque pas, il redouta l'impact mortel d'une flèche.

Mais le corps expéditionnaire s'offrit une promenade de santé et ne fut l'objet d'aucune attaque.

Grattant le sol, les deux taureaux encadraient les villageois, rassemblés sur l'aire de dépiquage des céréales.

— Votre chef, exigea Gros-Sourcils.

Un maigrichon sortit de la masse.

— Après la mort de mon cousin, on m'a désigné.

— Tu t'appelles Scorpion ?

— Non, mon général.

— Où se cache Scorpion ?

— Personne de ce nom-là au village.

— Et Narmer ?

— Inconnu ici.

Le moustachu intervint.

— Il ment ! Les deux meneurs sont forcément dissimulés quelque part.

— Fouillez partout, ordonna Gros-Sourcils à ses hommes.

Les investigations se révélèrent vaines, et les soldats ne repérèrent rien d'anormal.

— Pas beaucoup de jeunes, observa le général.

— Sur la recommandation du moustachu, indiqua le maigrichon, la plupart se sont enfuis, de peur d'être enrôlés de force.

Gros-Sourcils se tourna vers son indicateur.

— Je commence à comprendre... Tu m'as raconté des bobards afin d'occulter ton véritable rôle !

— Vous vous trompez, général, je vous ai dit la vérité !

— Déguerpis !

— Il faut me croire !

— Disparais !

Incapable de convaincre la brute et heureux de s'en tirer à si bon compte, le moustachu détala.

Le général adressa un signe aux deux taureaux. Aussitôt, ils s'élancèrent et ne tardèrent pas à rattraper le délateur qu'ils transpercèrent de leurs longues cornes pointues avant de le piétiner.

*

En pénétrant à la cour de Lion, Gazelle tenta de paraître sereine, en dépit de l'angoisse qui la rongeait. Averti du danger, l'ensemble de sa tribu avait néanmoins tenu à l'accompagner.

Comme si elles attendaient cette visite, plusieurs lionnes au regard ambigu avaient escorté la fragile cheffe de clan jusqu'au domaine de leur maître. La savane semblait paisible, Gazelle ne discerna pas de mouvements de troupes.

Entouré de plusieurs fauves, à l'ombre d'un sycomore, Lion se désaltérait.

— Approche, chère Gazelle, j'avais prévu cette nécessaire entrevue. As-tu consulté Taureau ?

— Son armée est sur le pied de guerre.

— Ce vieil ami est toujours aussi colérique ! As-tu réussi à le calmer ?

— Cigogne est persuadée que tu as détruit le clan d'Oryx en raison d'un conflit personnel et sans avoir le désir de déclencher une guerre totale. Je suis venue recueillir tes explications.

— Cette douce Cigogne ! Elle n'est pas loin de la vérité, et je la remercierai d'avoir apaisé Taureau. Bois, je t'en prie.

Évitant la bière forte qu'appréciait Lion, Gazelle se contenta d'un peu d'eau fraîche.

L'attitude détendue et chaleureuse du chef à la grande crinière la surprenait.

— As-tu effectivement tué Oryx et anéanti les siens ?

— Je le reconnais, et je me vante de cet exploit ! En agissant ainsi, j'ai rendu service aux autres clans et consolidé la paix.

— Position difficile à admettre !

— Certes pas, ma chère, quand tu connaîtras les faits. Chacun le sait : Oryx me détestait, et sa haine me contrariait. Cependant, vu l'affaiblissement de sa milice, je n'avais rien à craindre de lui, et je consentais à le laisser exprimer sa hargne. L'attaque d'Abydos m'a surpris, je l'avoue, et j'ai regretté de l'avoir mésestimé. Un tel coup de folie prouvait sa détermination à reconquérir sa puissance perdue. À l'évidence, il n'en resterait pas là. C'est pourquoi j'ai décidé de l'espionner et d'acheter l'un de ses proches afin de récolter des informations sûres quant aux projets d'Oryx. L'entreprise ne fut pas facile, mais j'ai obtenu satisfaction. Et les intentions de cet insensé m'ont épouvanté.

Gazelle fut intriguée. Lion était-il sincère ?

— Après les lourdes pertes subies lors de l'assaut manqué d'Abydos, reprit Lion, Oryx avait besoin de temps pour soigner les blessés et reprendre son souffle. Nous supposions tous que cet échec lui aurait servi de leçon et qu'il respecterait notre pacte. Nous nous trompions.

— Qu'as-tu appris ?

— Qu'il n'avait pas renoncé à conquérir Abydos.

Gazelle ne cacha pas sa stupéfaction.

— Impossible ! Oryx n'aurait pas commis une telle folie.

— Malheureusement si. Lorsque j'ai appris l'imminence de son départ, à la nouvelle lune, j'ai jugé bon d'intervenir. Le temps de te prévenir et de négocier, le mal aurait été fait. Comme tu le constates, l'élimination de ce foudre de guerre était devenue nécessaire, et je ne doute pas que les clans, s'ils avaient connu les funestes projets d'Oryx, m'auraient confié cette mission de maintien de l'ordre. Aujourd'hui, nous sommes réellement en paix.

— Tu ne souhaites donc pas conquérir le Sud et envahir le Nord ?

Armé d'un large sourire, Lion leva les bras au ciel.

— Regarde mon territoire, Gazelle ! Il est immense, et je m'en contente. Tout ce dont j'ai besoin est à ma portée. M'imagines-tu affronter les mastodontes d'Éléphante ou les impitoyables guerriers de Crocodile ? Et l'armée de Taureau est supérieure à la mienne ! Oryx était un fou furieux, ce n'est pas mon cas. Je l'affirme, j'ai rendu un immense service à l'ensemble des clans et j'ai affermi notre pacte.

Le délicat visage de l'ambassadrice se détendit.

— En conséquence, tes homologues devraient t'accorder l'impunité.

— Le recours à la violence n'est pas un amusement. Les circonstances ne m'ont pas laissé le choix, et je ne regrette pas d'avoir empêché une catastrophe. Te connaissant, je sais que la réalité sera fidèlement transmise. Ainsi éviterons-nous un conflit qui n'a aucune raison d'être.

Troublée, Gazelle reprit le chemin du Nord. En priorité, elle rapporterait à Taureau les explications de Lion, puis informerait les autres chefs.

La paix confortée, au prix de la disparition de deux clans, ceux de Coquillage et d'Oryx ? La jeune femme aurait aimé y croire, à condition qu'une force de destruction inconnue n'eût point entamé son œuvre de mort.

36

À plat ventre au milieu des herbes folles, Scorpion, Narmer, Chasseur, le Maître du silex et la cinquantaine de jeunes hommes composant la milice virent s'éloigner la patrouille de Taureau. Étant donné la qualité de leur armement, ils auraient pu l'anéantir en quelques instants, mais Narmer tenait à passer inaperçu. Ce coup d'éclat aurait provoqué la fureur de Taureau qui se serait lancé à la recherche des coupables. Or, il fallait arriver indemne à la cité du pilier[1] en suivant les indications du Maître du silex, lequel regrettait la tranquillité et le confort du village.

Scorpion s'était rangé aux arguments de Narmer. Affronter le général Gros-Sourcils, à la tête d'une troupe nombreuse, aurait été une erreur fatale. Malgré son désir de montrer sa force, Scorpion devait avoir la patience de recruter de nouveaux guerriers, de les former et de disposer d'une véritable armée. De plus, il ne s'agissait pas d'une fuite, mais d'un déplacement stratégique en vue de conquérir des formules de puissance dont Narmer jugeait la connaissance indispensable.

1. Iounou, que les Grecs appelleront Héliopolis, « la ville du soleil ».

En traversant un bras d'eau où se tenait tapi un crocodile, la milice avait constaté l'efficacité de la formule destinée à immobiliser le monstre. La gueule ouverte, toutes dents dehors, il avait été incapable de les agresser.

— C'est encore loin ? demanda Fleur, fatiguée par cette longue marche.

— La lueur, là-bas… Nous approchons, répondit le Maître du silex.

Seule femme admise dans le groupe, Fleur avait refusé de rester au village et de quitter Scorpion. Abandonnée, elle aurait été la proie des mégères.

Au sortir de la plaine herbeuse, une vaste étendue pierreuse traversée d'un canal. Adossées à une colline, un nombre incalculable de grosses pierres d'où émergeait un immense pilier, source d'une lumière rouge.

— Je m'arrête ici, décida le Maître du silex, et vous feriez bien de m'imiter. Au-delà de cette limite débute le domaine des esprits. Moi qui ai contemplé leur seigneur, je vous déconseille de l'importuner.

— On bivouaque et on mange, préconisa Chasseur. Ça nous permettra de réfléchir.

— Je me charge d'une première exploration, avança Narmer.

Scorpion le retint.

— Je t'accompagne.

— Dispose des sentinelles et surveille notre milice. La peur pourrait les disperser, ta présence est indispensable.

— Sois prudent, Narmer.

— Nous avons besoin des formules de puissance. Si j'échoue, tire profit de mon expérience et réussis.

Les deux frères se donnèrent l'accolade.

*

Narmer traversa le canal à la nage, puis emprunta un chemin caillouteux et sinueux. Une dizaine d'ibis à tête noire le survolèrent, et il entendit des cris rauques provenant de la colline. Des guetteurs l'avaient repéré.

La lueur devenait aveuglante, l'explorateur fut obligé de baisser les yeux et de progresser pas à pas.

Enfin, il atteignit les premiers blocs et commença à escalader. En se retournant, il s'aperçut qu'il était prisonnier d'un halo et ne distinguait plus le monde extérieur. Sans doute Scorpion ne voyait-il pas son ascension et n'apprendrait-il rien de sa tentative.

Revenir en arrière ? Là était le danger ! Le maître des lieux saurait que le visiteur était un lâche, le halo se transformerait en brouillard étouffant.

Narmer continua à grimper. Quel géant avait entassé ces énormes blocs et créé un tel chaos ? Certaines faces étaient glissantes, une arête blessa le jeune homme au mollet. Éviter la chute exigeait une attention permanente. Et ce champ de pierres était bien plus vaste qu'il n'y paraissait !

Narmer aperçut le gigantesque pilier dont le sommet semblait toucher le ciel. Qui avait dressé ce monolithe ? Ce n'était pas l'œuvre d'un humain ! Ici, les dieux régnaient. Se sentant à la fois étranger et fasciné, le jeune homme eut envie de franchir la frontière séparant le visible de l'invisible. Connaître le secret de la vie n'était-il pas la seule raison d'exister ?

Sortant de la base du pilier, apparut une créature de grande taille, vêtue d'une longue robe blanche. Sa tête était recouverte d'un capuchon triangulaire, pointe en bas, percé de deux trous pour les yeux.

Minuscule, les bras ballants, Narmer était tétanisé.

— Je suis l'Ancêtre, révéla une voix grave aux résonances infinies. Pourquoi troubles-tu mon repos ?

— Détenez-vous les formules de connaissance ?

— La cité du pilier les contient toutes. Elles font naître le soleil chaque matin et répandent la lumière, source de vie.

— Je souhaite les acquérir !

— Sais-tu, petit homme, que tu n'es qu'un élément de la création ? Tu n'es supérieur ni au minéral ni au végétal, ni à l'animal, et ta prétention est une offense aux dieux.

— J'ai traversé la vallée des Entraves, un bouvier m'a enseigné la formule de conjuration du crocodile. Puisqu'il existe d'autres paroles de puissance, je désire les découvrir !

Conscient de la supériorité de l'Ancêtre, capable de le détruire d'un regard, Narmer jouait son va-tout.

— As-tu l'intention de servir l'Esprit et non de te favoriser toi-même ?

— Je découvrirai l'assassin de la petite voyante qui m'a permis d'échapper à la mort et le destructeur de mon clan. Et je lutterai contre l'injustice afin de faire triompher la rectitude. Seul son respect procure le bonheur.

— T'opposeras-tu aux clans ?

— Ne songent-ils pas qu'à s'entre-déchirer ? Leurs divisions et leurs ambitions provoquent malheur et misère. Un nouveau chemin doit être tracé.

— Et tu t'en crois digne ?

— Je l'ignore, mais Scorpion et moi lutterons jusqu'au bout.

— De terrifiants conflits auront lieu, prédit l'Ancêtre, et nombre d'existences seront sacrifiées. L'avenir est peut-être condamné.

— Pourquoi un pays harmonieux ne jaillirait-il pas de ce chaos de blocs ?

— Naguère, les dieux régnèrent sur le monde. Quand les humains apparurent, ils trahirent la lumière d'où ils étaient issus et donnèrent naissance au mal. Leur révolte fut brisée, mais leur race perdura. Par bonheur, les animaux, éternellement fidèles aux dieux, réussirent à maintenir le lien entre le ciel et la terre. Aujourd'hui, les clans risquent de perdre leur âme et de laisser le champ libre aux hommes. Alors, je disparaîtrai, et l'eau primordiale recouvrira le Nord et le Sud.

— Les formules de puissance ne serviront-elles pas à empêcher le désastre ?

— Même en les connaissant, il te faudrait un courage surhumain !

— Initiez-moi et j'agirai.

— Contemple ces blocs, Narmer. Que vois-tu ?

Le jeune homme laissa son regard errer et la réponse monter de son cœur.

— Je vois... une construction impossible ! Un bâtiment gigantesque, avec de hauts murs et une large porte surmontée d'un soleil.

Les yeux de l'Ancêtre flamboyèrent.

— Voici l'enjeu de ta quête, Narmer : construire. Et le chemin sera long, très long, voire sans issue. Persistes-tu ?

— Jamais je ne renoncerai.

L'Ancêtre leva légèrement la tête, comme s'il discernait une réalité lointaine.

— Maîtriser les paroles magiques exige de franchir sept étapes, révéla-t-il. La première est l'art de survivre dans les ténèbres. Tu dois apprendre à voir pendant la nuit et à utiliser le silence en suivant l'exemple de la chouette. Cet animal est un signe sacré servant à écrire les termes « ce qui est à l'intérieur ».

— Écrire... Acceptez-vous de me montrer ?

— De ton index, dessine une chouette, de face, sur la pierre.

À sa grande surprise, le doigt de Narmer perça le granit et grava la figure de l'oiseau.

En lui, surgit une énergie insoupçonnée, lui offrant l'espoir de vaincre l'adversité.

La naissance du premier hiéroglyphe ravit l'Ancêtre. Ne croyant plus à un tel miracle, il considéra le jeune aventurier d'un autre œil. Il était le premier à réussir cette épreuve.

37

— On jurerait qu'il est vivant, s'étonna le Maître du silex en voyant Narmer revenir vers le bivouac.

Scorpion l'accueillit.

— Ton visage a changé ! Que s'est-il passé ?

— L'Ancêtre m'a prédit les pires malheurs. Notre pays va connaître la violence et la détresse, mais nous pourrons y mettre fin grâce aux paroles de puissance. Il me faudra surmonter sept épreuves, à commencer par celle de la chouette. Alors, j'obtiendrai la première parole.

— À ta place, estima le Maître du silex, je renoncerais. Les épreuves de l'Ancêtre sont réservées aux dieux !

— C'est notre unique chemin.

— Aucun humain ne l'a jamais emprunté. Nous devrions plutôt chercher un territoire accueillant.

— Ici, et nulle part ailleurs, s'accomplira notre destin. Et la justice sera établie.

L'autorité naturelle de Narmer avait pris une nouvelle dimension, et la prestance de cet homme jeune, brusquement mûri, subjuguait ses compagnons, Scorpion compris. Le contact avec l'Ancêtre l'avait transformé, conférant à sa volonté un caractère inflexible.

À la nuit tombée, Narmer s'éloigna du groupe et partit à la recherche du rapace dont l'enseignement lui permettrait de franchir la première étape de son initiation aux mystères.

*

Dotée d'une vue et d'une ouïe exceptionnelles, la chouette guettait sa proie. Occupant la moitié de sa tête, ses yeux perçaient les ténèbres. Possédant le double des vertèbres d'animaux comparables, elle pouvait tourner son cou à 270 degrés et disposait ainsi d'un vaste champ d'observation. Chaque plume de ses ailes larges et arrondies amortissait le bruit de son vol : aussi se déplaçait-elle silencieusement afin de surprendre les petits rongeurs qu'elle tuait de son bec acéré.

Dissimulé sous des branchages, Narmer assista à la chasse victorieuse du rapace nocturne, se demandant comment acquérir de telles qualités.

Et il commit l'erreur de remuer.

Aussitôt, le regard de la chouette se posa sur l'intrus.

Se dégageant de son abri, il se redressa. Vu sa taille, l'oiseau ne l'attaquerait pas.

Narmer se trompait.

La chouette se mit à grandir et à s'élargir, jusqu'à devenir gigantesque. Ses yeux rouges fixèrent le petit homme qu'elle enveloppa de ses ailes et son bec se planta dans son crâne, lui infligeant une douloureuse blessure.

— Fais silence, ordonna-t-elle.

N'ayant aucun moyen de se dégager, le prisonnier se garda d'émettre le moindre son.

— Fais vraiment silence ! Que rien ne trouble ton cœur !

Jugulant la souffrance et la peur, Narmer cessa de respirer. Il abolit ses émotions et ses pensées, laissant circuler l'énergie née face à l'Ancêtre.

Alors, son regard s'éveilla, et la nuit apparut comme le jour. Ténèbres et distances ne formaient plus d'obstacles ; il distinguait chaque arbuste, chaque herbe folle, chaque serpent en maraude.

Les ailes immenses s'écartèrent, sans un bruit.

Et Narmer aperçut la chouette, de taille normale, perchée au sommet d'un perséa et dégustant le rongeur qu'elle avait capturé. Message clair : à lui de trouver sa proie.

Un vent froid se leva, soulevant des nuages de sable et de poussière. Ils ne gênèrent pas le disciple de la chouette à la vue perçante. Et cette nouvelle faculté lui permit d'apercevoir un animal errant et isolé, au milieu de cette tourmente.

Un jeune âne sauvage, à l'impressionnante musculature.

Long d'au moins deux mètres, haut d'un mètre cinquante au garrot, pesant près de trois cents kilos, il avait de grands yeux en amande, une robe gris clair, le museau et le ventre blancs, les naseaux larges et la queue peu touffue.

L'âne semblait perdu.

En réalité, il tentait d'échapper à un groupe de prédateurs qui l'encerclaient. Des soldats de Taureau, munis de cordes. Le fugitif profitait de l'obscurité et des bourrasques pour se cacher, mais un chasseur l'avait repéré.

Le nœud coulant du lasso enserra son cou et l'âne se débattit en vain.

Narmer se précipita et, d'un coup de poing, assomma le piégeur tout en saisissant la corde de la main gauche. Il la raccourcit et s'approcha de la bête.

— Suis-moi, en silence ; sinon, nous sommes perdus.

Les regards de l'homme et de l'animal se croisèrent. En un instant, ils comprirent que leurs destins devenaient indissociables.

L'âne se calma, Narmer défit le nœud coulant et le débarrassa de ce carcan. Exprimant une reconnaissance infinie, les grands yeux marron brillaient de courage et d'intelligence.

Le jeune homme hésitait sur la direction à suivre, son compagnon trancha. Dos au vent, il adopta une allure décidée, permettant à Narmer de le suivre. Son choix s'avéra judicieux, car ils brisèrent le cercle des chasseurs.

L'aube se levait, la tempête s'apaisait.

Du museau, l'âne toucha le front de son sauveur qui le caressa longuement.

— Nous allons au campement, annonça-t-il, et tu auras de quoi manger.

Aussitôt, le quadrupède prit le bon chemin, et Narmer sentit qu'il avait traversé l'épreuve de la nuit et recueilli l'enseignement de la chouette pour découvrir un être d'exception.

Leur arrivée ne passa pas inaperçue.

— Capturer un âne sauvage est un véritable exploit, estima Chasseur. Méfions-nous, ce genre de bagarreur est d'un caractère vindicatif !

— Rassure-toi, dit Narmer, son amitié m'est acquise.

— En ce cas, donne-lui un nom.

La réflexion fut de courte durée.

— Vu les circonstances de notre rencontre, tu t'appelleras Vent du Nord.

En signe d'approbation, l'âne leva l'oreille droite.

— Nous sera-t-il utile ? s'inquiéta le Maître du silex.

— Vent du Nord nous réserve quantité de surprises, promit Narmer qui l'emmena auprès de sa vache et de son veau dont il avait refusé de se séparer.

Bénéficiant quotidiennement de lait frais, les membres de la milice ne regrettaient pas cette décision. Entre les trois animaux, l'entente fut immédiate, et l'âne se régala de trèfle sous le regard étonné de Scorpion, impatient d'entendre le récit de son frère, lequel ne lui épargna aucun détail.

— Les chasseurs de Taureau lui adresseront un rapport et se plaindront d'avoir été attaqués, estima Scorpion.

— Leur pitoyable échec ne les incitera-t-il pas à se taire ?

— Possible, mais mieux vaut quitter cet endroit.

— Je dois retourner voir l'Ancêtre et recueillir son enseignement. La chouette n'était qu'une première étape.

— N'oublie pas notre priorité : nous débarrasser de Taureau. Grâce à tes nouvelles capacités, nous pourrions marcher la nuit, atteindre son camp et l'attaquer par surprise.

— Il faut d'abord en connaître l'emplacement exact, son système de défense et… s'assurer de la culpabilité de Taureau.

— En douterais-tu ?

— Le seul indice dont je dispose ne l'accuse pas.

— Renoncerais-tu à te battre, Narmer ?

— Au contraire, je ne songe qu'à accroître nos forces pour mettre fin à la tyrannie des clans. Celui de Taureau n'est peut-être pas le premier à terrasser.

De l'index, Scorpion se gratta le menton.

— Intéressant… Quelle stratégie préconises-tu ?

— Je soupçonne le clan d'Éléphante, et surtout celui de Gazelle, de figer la situation actuelle et d'empêcher toute évolution en flattant les armées les plus puissantes. Mais je ne te proposerai pas d'initiative avant d'avoir interrogé l'Ancêtre.

— Ne cherche-t-il pas à t'abuser ?

— S'il est l'héritier des dieux, écoutons sa voix. S'il ment, ta lucidité dissipera mes illusions.

— Moi, rappela Scorpion, j'ai une certitude : Taureau a donné l'ordre d'abattre mes camarades. Et je lui ferai payer ce crime.

38

En tête, et d'un pas décidé, Vent du Nord marcha en direction de la cité du pilier. Lisant dans la pensée de Narmer, il faisait preuve d'un esprit d'initiative et d'une détermination qui impressionnaient son compagnon. Et seul ce dernier avait le droit de le caresser. Au campement de Scorpion, Fleur, trop familière, avait échappé de peu à une ruade.

Narmer revit le chaos de blocs avec la même émotion. Et si, un jour, des sages acquéraient la science nécessaire pour les déplacer et bâtir un gigantesque édifice à la gloire des dieux ?

À l'approche de l'âne et de l'homme, une lumière intense jaillit du pilier, sans leur brûler les yeux. Ensemble, ils escaladèrent la montagne de pierres et atteignirent le bas de la colonne reliant la terre au ciel.

Émergeant d'un halo rouge, l'Ancêtre apparut.

Vent du Nord inclina la tête, Narmer s'agenouilla. L'un et l'autre ressentaient la présence du sacré, exprimé de manière implacable par ce géant enveloppé de mystère.

— Tu as reçu l'enseignement de la chouette, déclara l'Ancêtre de sa voix de l'au-delà. À présent, tu vois la nuit comme le jour, et tu sais observer le vrai silence, celui de l'intérieur de l'être où s'expriment les paroles du cœur. Puisqu'il en est ainsi, je peux te révéler les formules de puissance qui composent la langue des dieux.

Narmer frémit.

Ce moment capital, il en avait rêvé. Sur le point de le vivre, il ressentait une crainte déchirante. Lui, l'humble rescapé d'un clan disparu, serait-il digne d'une telle offrande ?

— Ton nom est un enseignement de l'invisible, indiqua l'Ancêtre, et il oriente ton destin. Il est formé de deux signes. Le premier est le poisson-chat, *nâr*, aux qualités étonnantes dont tu dois devenir l'incarnation humaine. Il t'a déjà sauvé et interviendra encore. Capable de jaillir hors du milieu aquatique et de respirer, en cheminant, l'air des terriens, il te montre la voie de l'initiation aux mystères. En franchissant la première épreuve, tu as changé de monde, et il te reste six étapes à parcourir, de plus en plus ardues. Le second signe est un ciseau de menuisier, *mer*, que tu apprendras à manier. Si ton esprit est juste et ta main sûre, Narmer, tu découvriras ses autres significations.

Le jeune homme eut l'impression de naître. Prendre conscience de son nom revenait à déchiffrer son existence, à en devenir responsable.

— Contemple le pilier, ordonna l'Ancêtre.

Un rayon de soleil grava des signes dans le granit : un vautour percnoptère, un roseau, un poussin de caille, un bras humain tendu, une chouette…

— Ces lettres de feu sont les mères de la création, au nombre de vingt-quatre [1], qu'utilisent les dieux à chaque instant pour façonner l'univers. Leur assemblage est la science suprême. Il te faudra de longues années avant de le maîtriser et de comprendre comment il produit

1. On peut les découvrir dans mon album, *Le Mystère des hiéroglyphes, la clé de l'Égypte ancienne*, Favre, 2010.

des dizaines d'autres signes. Mais je vais t'apprendre à manier l'écriture des dieux, seule capable de faire régner la rectitude et l'harmonie, en dépit de la bassesse des humains et de leur propension à commettre le mal.

Les lettres-mères emplirent le cœur de Narmer, à jamais inscrites en lui grâce au silence creusant les profondeurs de son être.

— Tout se lit et se déchiffre, continua l'Ancêtre, tout est signe sacré. Quand l'œil créateur du faucon et l'oreille parfaite de la vache remplacent les organes défaillants d'un humain, il lui est possible de voir et d'entendre. Sauras-tu accomplir cette métamorphose et trouver le chemin menant au livre céleste qui t'offrira cette vision et cette ouïe ?

— J'en ai le désir !

— Ne gaspille pas les moments d'action, écoute la voix de ton cœur et ressens la présence du divin en toutes circonstances. Si tu recherches ton intérêt personnel et l'accroissement de ton pouvoir individuel, tu te perdras.

Le rayon de soleil s'effaça, les lettres-mères disparurent.

— Le temps de leur révélation n'est pas venu, précisa l'Ancêtre. En dispersant la puissance, les clans condamnent le pays à la ruine. Pourtant, chaque chef possède une qualité surnaturelle. Leur faute fut de s'éparpiller au lieu de se réunir. Et tant que cette union ne sera pas célébrée, les formules de lumière ne seront pas utilisables.

— Le clan Coquillage détenait-il l'une de ces qualités ?

— La puissance de l'eau céleste, le milieu créateur d'où naissent les multiples formes de vie et vers où elles retourneront. Le clan Coquillage fut le premier à disparaître, mais son génie a survécu en animant l'unique survivant : toi, Narmer. Et ce mouvement est désormais inéluctable : à la mort d'un chef de clan, tu recueilleras sa force secrète. C'est pourquoi tu détiens la vaillance d'Oryx, sa faculté de résister à la froidure et à la canicule, et sa capacité de traverser le désert.

Abasourdi, Narmer se releva.

Lui, le misérable petit pêcheur, dépositaire de l'esprit des clans ! La tête lui tournait.

— Ce don ne te procure aucun avantage et ne fait qu'accroître ta charge. Aux yeux des chefs, tu représenteras un danger majeur. Les rallieras-tu à ta cause de la paix ou les combattras-tu, au péril de ta vie ? Cette destinée-là, la tienne, est à construire.

— La première étape franchie, quelle sera la deuxième ?

— Tu commences à la vivre : celle du scarabée, maître des mutations incessantes. Elle sera longue et redoutable, si difficile que tu risques de t'y engluer en oubliant l'essentiel.

— Si je réussis à la franchir, comment le saurai-je ?

— Nous nous reverrons, et je te donnerai le verdict. Maintenant, tu dois entreprendre un périlleux voyage et te rendre à Bouto, la ville sacrée du Nord.

Autrement dit, traverser le territoire de Taureau !

— Tu iras seul, précisa l'Ancêtre.

— Qui m'indiquera l'emplacement de cette cité ?

— Ton âne te guidera.

Vent du Nord leva l'oreille droite.

Narmer parut abattu.

— La rencontre avec les gardiennes de ce lieu saint est indispensable pour te permettre de faire face aux chefs de clan. Sans l'appui des Âmes de Bouto, tu seras terrassé.

— Et si… elles me rejettent ?

Les yeux de l'Ancêtre flamboyèrent.

— Ce sera la preuve de ton indignité.

39

Taureau venait de piquer une colère noire, un épais silence régnait sur son camp retranché. En procédant lui-même à une tournée d'inspection, il avait trouvé deux sentinelles endormies.

Ivre de fureur, il avait piétiné ces incapables et ses meuglements figeaient encore d'effroi la campagne environnante. À l'approche d'un probable conflit, tout relâchement de la discipline était impardonnable.

Tremblante, Cigogne préparait des décoctions d'herbes médicinales destinées à soigner les blessures des soldats, soumis à un rude entraînement. Le général Gros-Sourcils n'hésitait pas à frapper ceux qu'il jugeait trop peu combatifs, et la vieille cheffe de clan avait besoin d'une quantité croissante de remèdes.

La totalité de l'effectif fut sommée de se réunir au centre du camp retranché et subit le sermon de Taureau, dont les reproches fusèrent.

Enfin, sa rage retomba, et chacun se hâta de vaquer à ses occupations. Dans leur enclos, les taureaux sauvages cessèrent de gratter frénétiquement le sol de leurs sabots.

Le puissant personnage s'approcha de la guérisseuse aux cheveux blanchis et au long visage triste.

— Sois vigilante, exigea-t-il, et refuse de t'occuper d'éventuels tire-au-flanc. Surtout, signale-les-moi !

— Sois rassuré, je n'ai pas décelé de simulateurs. Tu soumets tes sujets à dure épreuve et tu risques de les épuiser. Méfie-toi de ton général Gros-Sourcils, sa brutalité n'est pas forcément la meilleure solution.

— Je n'aime pas beaucoup qu'on me réprimande, Cigogne !

— Vu mon âge et ma condition, je suis la seule à pouvoir te parler ainsi.

— Tu ne connais rien aux exigences de la guerre.

Gros-Sourcils accourut.

— Gazelle souhaite vous voir.

Taureau se rendit à sa résidence où avait été accueillie la plus jolie des cheffes de clan. La délicatesse de ses traits continuait à le charmer, mais il redoutait de mauvaises nouvelles qui le contraindraient à déployer ses forces.

Le léger sourire de Gazelle n'était-il que diplomatique ?

— Lion me déclare-t-il la guerre ?

— Au contraire, répondit Gazelle de sa voix douce.

Le vaste front de Taureau se plissa.

— Ses explications ?

— Selon lui, la destruction du clan Oryx était un cas de force majeure.

Désorienté, Taureau vida une coupe de vin rouge et s'assit lourdement sur une natte.

— Il s'est justifié, j'espère !

— Grâce à un informateur, Lion a su qu'Oryx, revanchard, se préparait à lancer un nouvel assaut contre Abydos.

Taureau ouvrit de grands yeux étonnés.

— Insensé !

— Ne supportant pas sa défaite, Oryx avait reconstitué sa troupe afin de s'emparer du territoire de Chacal.

Nous étions tous persuadés qu'il courbait l'échine et tirait une leçon salutaire de son échec. Erreur, car il ne renonçait pas à son projet initial. Dûment informé, Lion n'avait pas le temps de nous consulter. En tuant Oryx et en supprimant son clan, il préserve l'intégrité de tous les autres et conforte la paix.

— Et… tu le crois ?

— Le résultat est là.

— Coquillage, Oryx… Deux clans anéantis ! À qui le tour ? Lion ne songe qu'à conquérir le pays entier !

— Tel n'est pas l'avis d'Éléphante. Elle déplore ce drame, mais ne recommande pas de sanctionner Lion, bien qu'elle ait conscience de son agressivité. Quant à Chacal, il respire mieux. S'attendant à un coup de folie d'Oryx, il se réjouit de sa disparition.

— Et Crocodile ?

— Impossible de le contacter, pas de réaction apparente.

— Que préconises-tu, Gazelle ?

— Lion s'est montré convaincant. Je déplore son action violente et j'aurais préféré ramener Oryx à la raison ; néanmoins, réagir en attaquant Lion serait probablement injuste et nous conduirait au chaos. Il m'a affirmé qu'il redoutait Éléphante et Crocodile, se contentait de son vaste domaine et n'avait nullement l'intention d'envahir le Nord. Son armée n'est-elle pas inférieure à la tienne ?

Taureau émit un grognement.

— Lion est un bonimenteur ! Et si ces belles paroles n'étaient destinées qu'à t'abuser ?

— Tu es sur le pied de guerre, rappela Gazelle, Éléphante également. Et Crocodile ne conclura d'alliance avec personne. Crois-tu réellement Lion capable de vous terrasser tous les trois ? Puisqu'il a tenu à m'informer de son intervention et m'en préciser les motifs, plutôt vraisemblables, il semble attaché à l'équilibre actuel. Sinon, il aurait poursuivi son action guerrière en utilisant l'effet de surprise.

Le raisonnement de Gazelle ne manquait pas de pertinence.

— Oryx ne se méfiait pas assez, estima Taureau, et jugeait son repaire inattaquable. Je ne commettrai pas la même erreur. Les défenses de mon camp et de mon territoire seront renforcées, et j'enverrai les servantes de Cigogne surveiller mes frontières.

— Sages précautions, estima Gazelle. J'ose espérer que les turbulences ont pris fin et que nous allons goûter une longue période de stabilité.

*

La réunion d'état-major terminée et les consignes de Taureau distribuées, le général Gros-Sourcils ne cacha pas son mécontentement.

— Seigneur, pourquoi tergiverser ? Nous devrions écraser Lion et nous implanter au Sud, en manifestant notre puissance !

— Semer la mort et la désolation, briser la loi des clans…

— Lion n'a pas hésité ! Comme vous le pressentez depuis longtemps, il poursuit une stratégie implacable. Il a d'abord anéanti le plus faible des clans, Coquillage, afin de s'assurer qu'il n'y aurait pas de réaction de ses principaux adversaires. Ensuite, il a avalé un beau morceau, Oryx, qu'il a toujours détesté et dont les capacités guerrières le gênaient. Là encore, inertie des autres clans ! À l'évidence, il continuera.

— En ce qui concerne le clan Coquillage, Chacal, chargé de l'enquête, n'a pas trouvé de preuve contre Lion. Et ses explications à propos de l'élimination d'Oryx m'ont presque convaincu. Emporté, belliqueux, vexé d'avoir échoué, Oryx songeait certainement à s'emparer d'Abydos. Lion nous a bel et bien débarrassés d'un agitateur incontrôlable.

Modifier l'opinion de Taureau ne serait pas facile, et le général se soumit.

Néanmoins, un incident grave et récent lui procurait un argument.

— J'ai reçu un messager venant d'une zone désolée, déclara Gros-Sourcils. L'un de nos hommes a été abattu et ses camarades n'ont pas retrouvé le coupable. Cela me paraît typique de la méthode de Lion : il s'attaque à des proies isolées, sème la terreur et conquiert ainsi de nombreux territoires.

— Quel poste occupait la victime ? interrogea Taureau.

— Elle chassait.

— Sur mon ordre ?

Le général sembla embarrassé.

— À vrai dire, c'était pour son propre compte, pendant la nuit.

— Un braconnier ! Son cadavre portait-il des traces de griffes, a-t-il été dévoré ?

— Le messager ne m'en a pas parlé.

— Simple règlement de comptes entre petits voleurs, trancha Taureau. Lion est étranger à ce misérable incident. Si l'on attrape le criminel, qu'il soit exécuté. Toi, général, ne tolère aucune indiscipline et maintiens mes troupes en état d'alerte.

Déconfit, Gros-Sourcils se retira.

Hésitant, inconscient du danger, Taureau refusait de lancer une indispensable offensive qui briserait les reins de Lion et se mettait en position d'infériorité. Il croyait à la surveillance des servantes de Cigogne et à sa réputation de chef de clan intraitable, laissant ainsi l'initiative aux habiles tueurs de son ennemi.

En se servant du messager, le général espérait provoquer la colère de Taureau, et déclencher enfin un conflit sanglant. Il en fallait donc davantage ; Gros-Sourcils ne se découragerait pas et préparerait mieux son affaire.

40

— Que t'a dit l'Ancêtre ? demanda Scorpion à Narmer.

— Il m'a accordé une révélation extraordinaire.

— Acceptes-tu… de me la confier ?

— Allons dans ta cabane.

Fleur s'y prélassait, attendant le retour de son infatigable amant. Grâce à Scorpion, l'existence se confondait avec le plaisir.

Le visage de Narmer se figea.

— Je ne parlerai qu'à toi seul, dit-il à son frère.

— Sors, exigea Scorpion.

La jeune femme se redressa.

— Je ne comprends pas…

— Dehors.

— Scorpion, je suis ta femme et…

Il l'agrippa par l'épaule et la força à se mettre debout.

— Dépêche-toi.

Fleur jeta un regard haineux à Narmer et quitta la cabane de roseaux.

— Les femmes procurent bien des joies, commenta Scorpion, mais elles sont aussi une source d'ennuis, si on ne sait pas les mater. Toujours pas de liaison, mon frère ?

— L'amour viendra à son heure.

— L'amour… ça n'existe pas ! Seule compte la jouissance. Ne tarde pas à en prendre conscience, sinon tu gâcheras de belles occasions. Alors, cet Ancêtre ?

— J'avais raison, Scorpion : les formules de puissance sont la clé de notre succès.

— Et… tu les possèdes ?

— Pas toutes ! L'Ancêtre m'a enseigné les lettres-mères et les rudiments du jeu créateur dont elles sont les éléments, traduisant ainsi la pensée des dieux. Nous, humains, devons apprendre à écrire et à lire.

Fasciné, Scorpion écouta très attentivement Narmer. Ressentant l'extrême importance de cette découverte, il traça et déchiffra à son tour les premiers signes sacrés, et eut l'impression de franchir le seuil d'un monde nouveau où les véritables forces étaient à l'œuvre.

Des heures durant, les deux frères s'exercèrent.

Seule la nuit interrompit leurs travaux.

— L'Ancêtre ne consent pas à graver ces signes, précisa Narmer. Ils ne peuvent être inscrits que sur le grand pilier. Bientôt, j'en suis persuadé, ils nous aideront à construire le pays.

— Tu m'offres un inestimable présent, reconnut Scorpion, et je ne sais comment te remercier.

— Je dois partir ; si je ne reviens pas, tu sauras utiliser ce trésor.

— Ta destination ?

— Bouto. J'y rencontrerai les Âmes.

— Je t'accompagne !

— J'ai reçu l'ordre d'y aller seul et je risque d'être foudroyé. Toi, continue à recruter des hommes sûrs et à préparer l'avenir.

— Est-ce la deuxième épreuve ?

— Seulement son début, et elle s'annonce interminable !

— Ce voyage est-il indispensable ? Traverser indemne le territoire de Taureau paraît impossible.

— Je partage ton avis, mais je n'ai pas le choix : la décision de l'Ancêtre ne se discute pas. Pour rendre efficaces les paroles de puissance, il me faut l'approbation des Âmes. En cas de refus, je serai anéanti. Alors, mon frère, il t'appartiendra d'accomplir notre idéal.

*

Narmer confia sa vache et son veau au Maître du silex, salua Scorpion et suivit Vent du Nord qui avait accepté de porter une natte, des sacs de nourriture et une outre d'eau. L'âne ouvrit le chemin d'un pas décidé et prit la direction du nord.

À peine s'éloignaient-ils du bivouac qu'un énorme scarabée aux reflets d'or traversa le sentier bordé d'herbes folles.

Vent du Nord s'immobilisa, attendant que l'imposant insecte eût regagné l'abri de la végétation. La deuxième épreuve de Narmer venait vraiment de débuter.

Le jeune homme adopta le rythme de l'âne qui emprunta le meilleur itinéraire, lequel n'était pas toujours le plus direct. Il évita des zones marécageuses où se dissimulaient des prédateurs, et les hautes herbes, non moins dangereuses, choisit des bordures de chenaux, en évita d'autres.

Les deux premières journées se déroulèrent sans incident notable. Un léger vent atténuait l'ardeur du soleil, les deux compagnons s'octroyaient des haltes fréquentes pour économiser leurs forces.

À la fin de la matinée du troisième jour, en abordant une vaste plaine bien irriguée, Vent du Nord émit un braiment inhabituel et gratta le sol du sabot de sa patte gauche. Narmer comprit aussitôt qu'un péril les guettait et qu'ils devaient se mettre à l'abri. Au galop, ils gagnèrent un épais bosquet de tamaris. Dissimulés par les branches et le feuillage, ils apercevaient les alentours.

L'attente fut longue.

Narmer pensa à une fausse alerte, mais Vent du Nord refusa obstinément de sortir de la cachette.

Et ils se profilèrent à l'horizon.

Une centaine d'hommes armés formant un bataillon entier de Taureau.

L'âne se coucha, Narmer s'aplatit.

Sur l'ordre de leur chef, un homme trapu aux gros sourcils, les guerriers s'immobilisèrent à une vingtaine de pas du bosquet. Narmer et Vent du Nord retinrent leur souffle.

— Nous bivouaquerons ici, dit-il de sa voix autoritaire à un officier.

— Puis-je émettre une objection, général ?

Gros-Sourcils se raidit.

— J'espère qu'elle est valable !

— Le terrain me semble dégagé. Excellent pour notre sécurité mais que risquons-nous ? En revanche, nous sommes visibles de loin. Les rebelles et les déserteurs recherchés nous éviteront aisément.

Irrité, le général observa le paysage.

— Je n'ai jamais parlé d'un bivouac. Puisque la troupe n'est pas fatiguée, nous continuons.

— Installons-nous à l'intérieur du bosquet de tamaris, suggéra l'officier. Nous nous reposerons en disposant d'un poste de guet idéal.

La colère de son supérieur éclata.

— Je suis le général Gros-Sourcils, et c'est moi qui donne les ordres ! Ne t'avise pas de me contrarier, sinon je te révoquerai. En route.

Vent du Nord patienta avant de sortir de l'abri. Humant l'extérieur, il fut rassuré.

Les deux compagnons se restaurèrent, puis repartirent d'un bon pas. Peu à peu, la plaine herbeuse se laissait envahir par des trous d'eau et des mares ; les papyrus formaient de véritables forêts, peuplées d'oiseaux. Le jeune homme retrouvait les paysages de son enfance et l'environnement du clan Coquillage.

La progression devenait pénible. Ici, aucun risque de croiser une patrouille de Taureau ; cependant, Narmer dut utiliser à plusieurs reprises la formule magique qui immobilisait les crocodiles et les reptiles. Et l'âne ne manqua pas de braire afin d'annoncer sa présence et d'éloigner les agresseurs.

N'hésitant pas sur le chemin à suivre, il avançait avec précaution et mesurait ses efforts. Tout en lui accordant sa confiance, Narmer doutait qu'une cité sacrée eût été édifiée dans un tel chaos.

Au sortir d'un dédale, un grand lac saumâtre bordé de roselières.

À bonne distance de la rive, un radeau de papyrus renversé. Un bras apparut et sombra. Quelqu'un se noyait.

Narmer plongea.

41

La plupart des membres du clan Coquillage ne savaient pas nager. Narmer, lui, se félicitait d'avoir passé de longues heures à maîtriser diverses techniques. En crawlant, il fendit l'eau trouble jusqu'au radeau, et s'enfonça à la recherche du malheureux.

Le lac était profond et sombre. Sans ses nouvelles capacités de vision, Narmer n'aurait pas repéré le corps pantelant. Il s'en saisit à la hauteur de la hanche et, au prix de mouvements intenses et réguliers, le remonta à la surface.

De sa main libre, il remit à l'endroit la frêle embarcation de papyrus et y étendit son précieux fardeau.

Ce n'était ni un batelier ni un pêcheur, mais une jeune femme.

Chevelure auburn aux reflets dorés, visage d'une finesse exceptionnelle, longue robe blanche, bracelets aux poignets et aux chevilles… Et ces yeux verts, fixes, inertes !

— Vis, je t'en supplie !

Narmer la serra dans ses bras, comme si sa chaleur pouvait la ressusciter.

Elle ne respirait plus.

Il osa poser sa bouche sur la sienne afin de lui transmettre son souffle. Et il prononça l'une des formules de puissance que lui avait révélées l'Ancêtre : « Le ciel t'absorbe au couchant, il te donne naissance au levant. Des eaux infinies de l'éternité, surgit le soleil du premier matin. »

Et le miracle se produisit. Habité d'une nouvelle lumière, son regard s'éveilla.

— Tu es vivante !

Il l'aida à se redresser et, gêné de tant d'intimité, s'écarta.

Inquiète, la jeune femme regarda autour d'elle, reconnut le lac et découvrit enfin son sauveur.

— Je me noyais… Et tu m'as arrachée à la mort !

Sa voix était un enchantement.

— Veux-tu… regagner la berge ?

Étonnée, elle admirait la surface du lac, ses ondulations et la clarté du ciel, merveilles qu'elle croyait avoir perdues à jamais.

— Qui es-tu ?

— Je m'appelle Narmer et je me rends à Bouto.

— Connais-tu son emplacement ?

— Mon âne, Vent du Nord, me guide. Toi, comment t'appelles-tu ?

— Neit. Surtout, oublie-moi !

Cette injonction choqua Narmer.

— Pourquoi me repousses-tu ?

— Ma gratitude t'est acquise, mais ne cherche pas à me revoir.

Le radeau accosta, elle s'enfuit.

Stupéfait, se demandant s'il n'avait pas rêvé, il n'eut pas le réflexe de la poursuivre.

La femme qu'il rêvait de rencontrer, c'était elle. Elle qui venait de disparaître. Il ne lui restait que son nom : Neit. Serait-il suffisant pour la retrouver ?

De son museau, Vent du Nord le poussa et le ramena à la réalité : ils n'avaient pas encore atteint le but de leur voyage.

*

Narmer connaissait cet endroit. Certes, il avait beaucoup changé, mais il ne se trompait pas : la vallée des Entraves ! Réduite à une plaine herbeuse serpentant entre deux collines, elle gardait un caractère inquiétant.

Vent du Nord hâta l'allure et ne reprit un pas paisible qu'à la sortie de ce goulot d'étranglement. La nuit tombant, ils s'installèrent au bord d'un chenal où Narmer pêcha une superbe perche qu'il fit griller. L'âne se régala de délicieux chardons.

Le jeune homme ne parvenait pas à effacer la vision de cette femme sublime, incarnation de tous ses désirs. Aucune autre ne saurait l'égaler. L'oublier… impossible ! Au contraire, s'il survivait à l'épreuve des Âmes de Bouto, il s'élancerait à sa recherche.

Neit… Ce nom résonnait en lui comme un appel. Incapable de dormir, Narmer contempla les milliers d'étoiles formant l'âme du ciel. Et il discerna le visage de celle dont il était tombé éperdument amoureux. S'abandonnant à cette joie inconnue, liée à la douleur de l'absence, il se sentit animé d'une énergie inépuisable.

« Neit, murmura-t-il, nous nous reverrons. »

*

La forêt de roseaux, hauts d'une dizaine de mètres, paraissait impénétrable. Opiniâtre, Vent du Nord longea la muraille végétale et finit par déceler un étroit passage.

D'épais nuages avaient envahi le ciel, la grisaille régnait en plein midi.

— Es-tu certain que c'est le chemin de Bouto ?

L'oreille droite de l'âne se leva.

— Es-tu persuadé d'y parvenir ?

Cette fois, ce fut l'oreille gauche. Sincère, Vent du Nord ne tentait pas d'abuser son compagnon d'aventure.

Narmer hésita. La rencontre de Neit ne modifiait-elle pas son destin ? Il ne pouvait exister de lien entre elle et les redoutables Âmes de la ville sainte du Nord, à moins que… Et ce n'était pas un lâche qui parviendrait à la conquérir !

— Tu m'as guidé jusqu'ici, dit-il à son âne ; maintenant, je marche en tête. Si ça tourne mal, prends la fuite.

Le sol était boueux, le vent rendait menaçant le chant des roseaux. Déterminé, Narmer était prêt à réagir au moindre signe de danger.

À bonne distance, un cobra se dressa.

L'explorateur reconnut le reptile qui l'avait protégé pendant sa traversée de la vallée des Entraves. Il lui venait de nouveau en aide, l'incitant à continuer.

La hauteur des roseaux ne cessait de croître, leur masse cachait un faible soleil. Le passage s'élargit, aboutissant à une sorte d'esplanade qu'envahissait la brume.

En sortirent lentement les Âmes de Bouto, trois personnages de haute taille à tête de faucon. Ils se dispersèrent en triangle, Narmer et Vent du Nord s'immobilisèrent.

L'Âme occupant le sommet du triangle s'exprima d'une voix lourde dont les vibrations ébranlaient le corps entier.

— Quel est ton nom, à quel clan appartiens-tu et qui t'envoie ?

Narmer sentait les trois faucons prêts à fondre sur lui, et il se savait sans défense contre des êtres d'une telle puissance. Tentant de maîtriser sa peur, il s'inclina avant de répondre. L'âne garda la tête penchée et les oreilles rabattues.

— Mon nom est Narmer, et c'est l'Ancêtre qui m'envoie. Mon clan, Coquillage, a été anéanti.

— Tu as recueilli l'enseignement de la chouette, et tu parviens à voir la lumière dans les ténèbres. Mais te crois-tu capable d'aller plus loin ?

— Je le désire, et le scarabée m'a montré le chemin. Vent du Nord m'a guidé.

— Pourquoi veux-tu détruire Bouto ?

Narmer fut déconcerté.

— Je… je n'en ai nullement l'intention !

— En ce cas, dis la vérité !

Utilisant les pouvoirs du signe sacré de la chouette, Narmer descendit au tréfonds de lui-même et comprit qu'il avait omis de dévoiler l'essentiel.

— La force d'Oryx a pénétré en moi.

Le regard de l'Âme devint menaçant.

— Oryx projetait d'attaquer Abydos, puis de s'emparer de Bouto. À présent, sa violence t'anime, et tu es notre ennemi.

Les trois faucons se rapprochèrent. Le chemin de Narmer s'arrêtait là.

— L'épreuve du scarabée n'est-elle pas celle des mutations ? interrogea-t-il, avec la fierté d'Oryx. Vous, les Âmes de Bouto, transformez cette agressivité destructrice en force constructrice !

Les faucons prirent leur envol et décrivirent des cercles autour de Narmer ; l'extrémité de leurs ailes frôla sa tête. Presque insupportable, une chaleur intense l'envahit. Ce feu brûlait les impuretés et le délivrait de ses scories.

Les Âmes se posèrent, le triangle se reforma.

— Tu n'es pas encore digne de pénétrer à Bouto, Narmer, car il te faut acquérir les qualités surnaturelles des autres clans en suivant la voie du scarabée. Te voici pleinement Coquillage et Oryx, et nous avons placé en toi une flamme purificatrice. Désormais, tu peux affronter les chefs et recueillir leur message. N'oublie pas l'ampleur de leurs pouvoirs.

Étonné d'avoir survécu, Narmer regarda les Âmes de Bouto disparaître dans la brume.

« Un jour, se promit-il, je la dissiperai. »

42

Vent du Nord s'ébroua dans une mare, se laissa sécher au soleil et prit le chemin du retour. Lui et Narmer avaient dormi d'un profond sommeil, réécoutant les paroles des Âmes de Bouto. De fait, l'épreuve du scarabée s'annonçait interminable ! À moins qu'un chef de clan n'y mette fin de manière brutale… À l'évidence, l'idéal de Narmer était irréalisable.

Mais il avait un frère par le sang, Scorpion, un être que ni le malheur ni les épreuves n'abattraient. Et Narmer ressentait le courage d'Oryx, son caractère indomptable, sa volonté de combattre en toutes circonstances, sans se préoccuper de la supériorité de l'adversaire.

La vision des Âmes de Bouto avait été décisive, une transformation capitale s'était opérée. Combien de surprises lui réservait le scarabée, aurait-il la stature nécessaire ?

Sortant de la zone des marais, Vent du Nord aborda une vaste étendue plantée de perséas, d'acacias et de balanites. L'endroit paraissait enchanteur ; cependant, Narmer ne comprenait pas pourquoi son guide choisissait un itinéraire si différent de celui de l'aller.

Comme il n'hésitait pas, autant le suivre.

Surgirent trois gazelles, l'œil inquiet. Cornes torsadées, grands yeux noirs, robe beige, pattes fines… Nerveuses, elles observèrent les intrus. L'âne poursuivant sa progression, elles se dispersèrent afin d'alerter le reste du clan.

Vent du Nord se mit au galop, Narmer courut.

Et des dizaines de gazelles formèrent un cercle pour protéger leur cheffe de cette agression imprévisible.

D'une élégance suprême, elle sortit de l'ombre d'un acacia et fit face au danger.

Vent du Nord s'immobilisa, Narmer reprit son souffle. Affolées, les servantes de Gazelle se serraient les unes contre les autres.

— Quelles sont tes intentions ? demanda-t-elle d'une voix douce et posée.

— Mon âne m'a amené ici, je ne m'attendais pas à croiser ton chemin. Tu… tu diriges le clan ?

— En effet, répondit-elle en souriant. Toi, auquel appartiens-tu ?

— Je suis le dernier survivant du clan Coquillage.

Un instant, le regard charmeur de la jeune femme au corps élancé s'assombrit.

— Sa disparition fut un grand malheur. Désires-tu te restaurer et te reposer ?

Vent du Nord leva l'oreille droite.

— Je vous accorde volontiers l'hospitalité.

Estimant sa mission accomplie, l'âne se joignit à des gazelles rassurées et dégusta de grandes herbes goûteuses.

À l'ombre des acacias, le campement ne manquait pas de confort. De jolies nattes colorées, des écuelles de terre cuite, des gourdes d'eau, des plats de légumes, des chasse-mouches… La ravissante cheffe de clan invita son hôte à s'asseoir, et ses servantes lui proposèrent aussitôt des concombres, des lentilles et des poireaux coupés en tranches fines, parfumées à l'aneth.

L'estomac vide, Narmer apprécia le repas.

— Te rencontrer était l'un de mes vœux les plus chers, avoua-t-il.

— Puis-je connaître ton nom ?

— Narmer.

— T'es-tu rallié à un autre clan ?

— Je désire d'abord connaître la vérité.

La tristesse obscurcit les yeux langoureux de Gazelle.

— Chacal a mené une enquête ; malheureusement, elle n'a pas abouti. Et nous ignorons l'identité de l'auteur de cette abomination.

— Moi, je possède un indice.

Le front de Gazelle se plissa.

De son sac, Narmer sortit le peigne.

— Je l'ai ramassé sur les lieux du massacre. Deux éléments caractéristiques : l'ivoire et la représentation d'une gazelle. Deux éléments en rapport avec des clans.

Il tendit l'objet à la jeune femme qui l'examina longuement, comme si de lointains souvenirs l'envahissaient.

— Éléphante n'a jamais fréquenté les marais du Nord ; quant à mes sujets, s'ils utilisent bien ce genre de peigne, ils ne possèdent pas d'armes et ne se livrent pas à la moindre violence.

— As-tu envoyé des éclaireuses dans cette région ?

L'agressivité du ton heurta Gazelle. Elle croyait entendre Oryx.

— Certes pas.

Narmer serra les poings.

— Mon chef était un être mauvais, il a provoqué la colère des dieux. Une petite fille, une voyante, m'a sauvé la vie. Une bande d'assassins l'a tuée, au cours de l'anéantissement de mon clan ; je lui ai juré de retrouver son assassin et de le châtier.

— Une parole donnée ne se reprend pas, estima Gazelle ; la trahir revient à se condamner soi-même.

— Seul le maître d'un clan a pu ordonner une telle expédition. Si Éléphante et toi êtes innocentes, le principal suspect est Taureau.

— Pourquoi aurait-il exterminé les membres d'une communauté qui ne le gênait en rien ? Quand Taureau s'empare d'un village, il réquisitionne ses habitants et, loin de les supprimer, les engage à son service !

Narmer piétinait. Cette entrevue, dont il espérait tant, était une profonde déception. Gazelle ne lui procurait pas d'information décisive, et il ne croyait plus qu'elle fût l'une des responsables de cette tragédie.

— As-tu des soupçons ? lui demanda-t-il.

— La violence de ce raid évoque Oryx, Lion et Crocodile. Le premier est mort, le deuxième nie toute implication, le troisième refuse de rencontrer ses homologues. Malgré mon rang de négociatrice officielle, impossible d'obtenir un entretien. Les dérobades de Crocodile ne prouvent pas sa culpabilité.

— Aucune piste sérieuse ?

— Chacal a abandonné ses investigations.

— Ce crime ne restera pas impuni ! promit Narmer.

— Disposerais-tu de pouvoirs surnaturels ?

— J'ai vu l'Ancêtre et les Âmes de Bouto.

Cette affirmation figea Gazelle de stupeur.

— Si c'était vrai, tu n'aurais pas survécu !

Dans la terre, Narmer écrivit, de l'index, son nom avec les signes sacrés.

Gazelle n'en crut pas ses yeux.

— Ainsi, l'Ancêtre t'a transmis les formules de puissance !

Le jeune homme effaça l'inscription.

— Il m'est interdit de les graver.

— Que désires-tu vraiment, Narmer ?

Il n'avait pas assez confiance en la trop séduisante cheffe de clan pour lui faire des confidences.

— Tenir ma parole.

— En ces temps difficiles, un noble idéal. L'Ancêtre ne s'était plus manifesté depuis de longues années, et je croyais qu'il se tairait à jamais. Et c'est à toi, non au maître d'un clan, qu'il a choisi de livrer des révélations de première importance ! Comprends-tu mon étonnement ?

— Qui est l'Ancêtre ?

Le regard de Gazelle contempla le lointain.

— Le véritable fondateur des Deux Terres, à la fois en ce monde et hors de ce monde. Il a recueilli l'héritage des dieux et maintient leur présence sur terre. S'il disparaissait, ou si nous cessions de le vénérer, tout s'écroulerait. Les chefs de clan disposent de pouvoirs ; lui, il est la Puissance.

Le doux soleil du couchant baignait le campement de Gazelle. Des ibis traversèrent le ciel, des hirondelles jouèrent à se poursuivre.

— Mes servantes te fourniront une natte. Demain, nous aurons des décisions à prendre.

Narmer s'inclina.

Était-il vraiment en sécurité ou Gazelle lui tendait-elle un piège ? À voir Vent du Nord couché sur le flanc et digérant un copieux repas, il se sentit rassuré. En cas de danger, l'âne l'aurait prévenu.

Alors, Narmer goûta ce moment de paix. Il assista au foisonnement des dernières lueurs et à la renaissance des étoiles, portes d'une lumière impérissable.

Lorsqu'il entendit le hululement de la chouette, il sut que cette quiétude serait de courte durée.

43

Inquiète, alertée au moindre bruit suspect, Gazelle dormait peu. La nuit durant, elle s'était interrogée à propos de cet étrange garçon. Ne doutant pas qu'il eût rencontré l'Ancêtre, événement ô combien exceptionnel, il lui fallait découvrir la vérité. Méfiant, Narmer ne dévoilait pas la mission qui lui avait forcément été confiée.

Et s'il se taisait, c'est qu'elle n'était pas favorable aux clans. L'Ancêtre se lassait-il de leurs interminables querelles, considérait-il l'anéantissement des clans Coquillage et Oryx comme des fautes irréparables, avait-il façonné un envoyé pour les châtier ? Sans mésestimer sa capacité d'action, Narmer ne serait qu'un trublion face aux troupes d'Éléphante, de Taureau, de Lion ou de Crocodile… à moins de détenir une magie insoupçonnée.

Malgré cette sombre perspective, Gazelle accordait une certaine confiance à cet homme fier, au regard franc. Elle ne le ressentait pas porteur de tendances destructrices qu'auraient décelées les Âmes de Bouto. Et l'Ancêtre, ne cessant de lutter contre la force insidieuse qui poussait les humains à commettre le mal et à favoriser son règne, n'aurait pas révélé les formules de puissance à un fils des ténèbres.

Au lever du soleil, sous la garde vigilante des éclaireuses, les gazelles se rassemblaient au point d'eau. Après une excellente nuit, Vent du Nord s'était mêlé à ces délicates compagnes.

— Nous allons quitter cet endroit, annonça Gazelle à Narmer. Désires-tu découvrir la loi du désert ?

Que cachait cette surprenante proposition ? Certes, les membres de ce clan n'étaient pas armés et ne semblaient guère dangereux. Mais sa cheffe n'emmènerait-elle pas son hôte dans un traquenard ?

— Pourquoi cette offre ?

— En dépit de sa faiblesse apparente, mon clan n'est pas dépourvu de dons. Nous apprécions les vastes étendues herbeuses et les paysages arborés ; néanmoins, nous avons dû apprendre à survivre au sein de milieux hostiles. Impitoyable, le désert nous a beaucoup appris. Le soleil l'anime d'une lumière particulière et y dépose d'incomparables richesses. À toi de choisir, Narmer.

— Je te suis.

Vent du Nord ne montra pas de réticences, et accepta d'être chargé de lourdes outres remplies d'eau. Sa robustesse ne suscitait-elle pas l'admiration des gazelles ?

Toujours guidé par les éclaireuses expérimentées, prêtes à signaler le moindre danger, le clan quitta les zones verdoyantes pour s'enfoncer dans un paysage aride qu'animaient des collines desséchées. Comment Narmer, qui avait passé son enfance et son adolescence au cœur des marais du Nord, aurait-il imaginé l'existence d'un tel monde ?

— Nous sommes à l'abri des crocodiles, indiqua Gazelle, mais pas des lionnes en maraude. Leur chef prétend ne pas pouvoir les contrôler toutes.

— Lion serait-il un menteur ?

— Disons qu'il ferme les yeux.

Lors de leur première halte, Gazelle désigna une pierre.

— Ramasse-la et frotte tes paumes sur elle.

La peau devint rouge ; et une seconde roche la teinta de jaune !

— Le désert détient le secret de plusieurs couleurs. Les montagnes sont des mères généreuses dont le ventre met au monde des minéraux qu'ont créés les dieux.

Entraînant Narmer à l'écart, Gazelle lui montra un bloc de calcaire.

— Voici un matériau d'éternité, et il en existe d'autres. Depuis ses origines, mon peuple les détecte, sans savoir les utiliser. Au sud, le fleuve se heurte à une sorte de cataracte, bordée de carrières. Là naît une pierre rouge, nourrie de feu, inaltérable, le granit. Naguère, c'était mon lieu de séjour préféré. La crue surgit d'une caverne mystérieuse, inaccessible aux humains et qu'aucun clan ne contrôle. En son absence, nous serions condamnés à mourir. Veux-tu apprendre à choisir les bonnes pierres, Narmer ?

Il accepta la main tendue de la jeune femme et ressentit aussitôt une douce chaleur.

— Je te transmets la science de mon clan. Quand tu toucheras un bloc, si tu éprouves cette même sensation, sois certain qu'il sera bien né. Il contiendra l'énergie de la montagne et résistera au temps.

Le couple remonta le lit d'un oued asséché et atteignit le pied d'un monticule, couvert de roches éclatées. Narmer mit en pratique son nouveau pouvoir, sous le contrôle de Gazelle. Et il ne commit pas d'erreur.

Comment ne pas songer au chaos formé d'énormes pierres, à l'approche du pilier de l'Ancêtre ? Et le rêve fou l'assaillit de nouveau : construire des monuments à la gloire des dieux !

— Notre voyage se poursuit, décréta Gazelle.

*

Vent du Nord refusa d'avancer.

Depuis un bon moment, Narmer doutait ; à présent, il en était sûr : Gazelle l'emmenait à la résidence de l'Ancêtre, en passant par le désert !

— Je te remercie du don inestimable que tu m'as accordé, mais je souhaite connaître tes projets.

— La cité du pilier n'est pas notre destination. Je désire te montrer un site cher à mon cœur.

Le clan campa à la lisière du désert, près d'un puits et d'une palmeraie. La cheffe et son hôte empruntèrent un semblant de piste en direction d'un vallon. Le visage de Gazelle fut soudain marqué d'une gravité inhabituelle.

Le couple franchit un seuil de pierres sèches, et pénétra dans une sorte d'allée cachée aux regards. De part et d'autre, des tumulus. Un calme étrange régnait en ces lieux, comme s'il s'agissait d'un espace intermédiaire entre le visible et l'invisible.

Gazelle se recueillit longuement.

— Mon clan fut le premier à régner sur l'Égypte, rappela-t-elle. Nous étions des milliers et avions la confiance des dieux. Lorsqu'une cheffe mourait, elle était enterrée ici, enveloppée d'un linceul de lin et d'une natte[1].

Pas à pas, Gazelle et Narmer parcoururent la nécropole.

— Toutes celles qui m'ont précédée reposent ensemble, et j'espère les rejoindre.

Ils s'arrêtèrent à l'extrémité des rangées de tombes.

— Pourquoi la tradition ne serait-elle pas respectée ? s'inquiéta Narmer.

— Notre grande reine, la première Gazelle, avait interdit la violence, et nous continuons à respecter sa

1. Ce cimetière de gazelles fut retrouvé sur le site d'Héliopolis.

volonté. En refusant de nous armer et de combattre, nous avons cédé du terrain à des clans dont la vision diffère de la nôtre. En souvenir du passé et des temps heureux, j'ai réussi à maintenir la paix et le respect mutuel. Malheureusement, la disparition des clans Coquillage et Oryx remet en question ce fragile équilibre. L'ère des gazelles semble bel et bien terminée, et je crains que des affrontements sanglants ne nous mènent à la destruction et au malheur. Cette nécropole elle-même sera-t-elle épargnée ?

— Qui oserait la profaner ?

— Les nuages noirs s'accumulent, Narmer, et l'orage fera d'innombrables victimes. Jusqu'à épuisement de mes forces, je négocierai, afin de respecter la mémoire de mon aïeule et le génie de mon clan, aujourd'hui si faible. Et te voilà, toi, un inconnu auquel j'ai confié notre secret, alors que j'ignore tes desseins. Le trouble de mon esprit n'annonce-t-il pas l'imminence d'un désastre ?

— Je n'en serai pas l'instigateur, Gazelle.

— Es-tu décidé à conforter la paix ?

— Elle ne saurait exister sans la rectitude et la justice.

La cheffe de clan comprit que Narmer n'en dirait pas davantage.

En quittant la nécropole des gazelles, vestige d'un passé heureux, elle souffrit des premières attaques de la vieillesse. D'ordinaire inépuisable, son énergie était entamée, et la perspective d'incessants déplacements ne l'attirait plus.

Narmer osa lui poser la question qui le hantait.

— Connais-tu une jeune femme nommée Neit qui habite les forêts de papyrus du Nord ?

Gazelle eut un sourire énigmatique.

— L'aurais-tu rencontrée ?

— Je l'ai sauvée de la noyade.

— Neit est une prêtresse, chargée de préserver le sanctuaire secret de la déesse dont elle porte le nom. Elle n'appartient à aucun clan et vit en recluse, non loin de Bouto. Refusant tout contact avec le monde extérieur, elle se consacre au culte de sa mystérieuse souveraine, détentrice de l'énergie primordiale.

La figure de la femme aimée sortait des ténèbres, mais demeurait inaccessible. Pourtant, Narmer ne se résignerait pas à l'oublier.

— Le sanctuaire de Neit ne se trouve-t-il pas sur le territoire de Taureau ?

— Ce domaine appartient à la déesse. Ni Taureau ni un autre chef de clan n'oseraient y pénétrer, sous peine d'être foudroyés.

— Comment cette femme est-elle devenue sa prêtresse ?

— Je l'ignore, Narmer. Nos chemins se séparent ici ; moi, je vais continuer à remplir ma tâche, quelles que soient les difficultés, car seul l'équilibre actuel, si imparfait soit-il, empêche un sanglant cataclysme. Puissent tes pas te mener dans la bonne direction.

Quand Vent du Nord et Narmer quittèrent son campement, Gazelle pleura.

La vérité qu'il recherchait, elle la possédait. La cheffe de clan connaissait l'assassin qui avait anéanti le clan Coquillage et tué la petite voyante, mais s'était engagée à garder le silence.

Peut-être une erreur fatale… Un serment ne pouvait être brisé, jamais Gazelle ne parlerait.

44

À plusieurs reprises, grâce au flair de Vent du Nord, Narmer évita des patrouilles de Taureau qui sillonnaient son territoire. Pressentant le danger, l'âne emprunta des chemins de traverse afin de rejoindre le campement de Scorpion que gardaient des guetteurs armés d'arcs. Redoutant un tir meurtrier, Vent du Nord émit un braiment tonitruant, et Narmer se montra à visage découvert.

Aussitôt, Scorpion fut alerté.

— Continue, implora Fleur, nue et abandonnée.

— N'as-tu pas entendu ? Ils reviennent !

— Ne me quitte pas ainsi ! Je…

Dédaignant sa maîtresse, il se vêtit d'un pagne et courut à la rencontre de son frère, sain et sauf !

Longuement, ils s'étreignirent.

— Tu n'as pas quitté mes rêves, déclara Scorpion. Je te voyais progresser et j'étais certain de ton succès. Contemple notre nouvelle armée !

L'enthousiasme du guerrier était communicatif. Alerte, souverain, il fit découvrir à Narmer un alignement de huttes où résidaient ses soldats.

— Pendant ton absence, j'ai beaucoup recruté. En compagnie d'un petit nombre d'hommes sûrs, je me suis aventuré dans les bourgades alentour, et j'ai expliqué à leurs habitants que leur misère était due à la tyrannie de Taureau. Les uns mouraient de peur, les autres ont décidé de me suivre. Chasseur les forme, et nous disposons maintenant d'un groupe de bons archers. Quant à la fabrique d'armes, admire !

Le Maître du silex donnait ses consignes à une dizaine d'apprentis. En apercevant Narmer, il eut un large sourire.

— Heureux de te revoir ! Es-tu satisfait de mon travail ?

Des dizaines d'arcs, des centaines de pointes de flèches en silex, des massues… Narmer ne s'attendait pas à découvrir un tel arsenal.

— Les exigences de Scorpion sont insupportables et je le déteste, avoua l'artisan, mais ça m'amuse de repousser sans cesse mes limites. Et je n'ai pas oublié de m'occuper de ta vache et de son veau.

L'artisan brandit une lance et un couteau.

— Voici les prototypes de mes dernières armes. Demain, mon équipe en fabriquera une bonne vingtaine et nous garderons le rythme. Les troupes de Taureau n'ont qu'à bien se tenir.

Impressionné, Narmer demeura silencieux.

— J'ai engagé un brasseur, précisa Scorpion, et il nous prépare de l'excellente bière. Allons la déguster !

La cabane du chef dépassait en hauteur et en largeur les autres habitations du campement. Lorsque les deux amis y pénétrèrent, Fleur se recoiffait.

— Sers-nous à boire, exigea Scorpion.

— Je suis ta femme, pas ta domestique.

La gifle cingla. Des larmes coulèrent sur la joue de la jeune femme.

— Quand je donne un ordre, on l'exécute. Remplis nos coupes et disparais.

En sortant, Fleur jeta un regard haineux à Narmer. Sa présence ne lui attirait que des ennuis.

Scorpion but une gorgée, Narmer l'imita.

— Qu'en penses-tu ?

— Délicieux.

— Mais enivrant ! Je dois rationner mes soldats, sinon ils se soûlent. En revanche, la promesse d'une jarre décuple leurs efforts à l'exercice. Et nous avons bâti un four qui nous permet d'avoir du pain frais tous les jours. Des hommes bien nourris sont prêts à combattre. As-tu atteint Bouto ?

— J'ai vu les Âmes.

Scorpion considéra son frère avec étonnement et respect.

— Tu es revenu indemne… et sûrement doté de nouveaux pouvoirs ! Les Âmes de Bouto t'ont-elles parlé ?

— Trois êtres à tête de faucon ont placé en mon cœur une flamme purificatrice qui me rend capable d'affronter les chefs de clan, si je continue à suivre la voie du scarabée. En franchissant cette étape, peut-être deviendrai-je dépositaire des qualités de nos adversaires.

Scorpion était fasciné.

— L'esprit du clan Coquillage survit en toi, et tu as acquis la combativité d'Oryx… La victoire est à notre portée !

— Les Âmes m'ont interdit de pénétrer à Bouto, recouvert d'une brume épaisse.

— Elles t'ont donné leur appui, c'est l'essentiel ! En terrassant Taureau, nous vengerons nos morts et rendrons le Nord prospère.

Le visage grave, Narmer but un peu de bière.

— Est-ce la bonne démarche ? Je n'en suis plus persuadé.

Scorpion fut ébahi.

— Aurais-tu peur, toi, riche de tant de pouvoirs ?

— J'ai croisé la route d'une cheffe de clan, Gazelle. Ses sujets ne possèdent pas d'armes, ils sont à la merci des prédateurs. Néanmoins, elle joue son rôle de négociatrice et continue à consolider la trêve.

Scorpion eut envie de rire.

— Quelle folle ! Deux clans ont déjà disparu, et le pays entier menace de s'embraser. Celui qui prendra l'initiative aura un maximum de chances de l'emporter. Et nous serons les premiers, mon frère ! Profitons de la division des clans et de leurs hésitations. En abattant Taureau, nous frapperons les survivants de stupeur et poursuivrons notre conquête.

— Malgré la qualité de ta milice, je ne la crois pas apte à vaincre l'armée de Taureau. Gazelle m'a convaincu de la nécessité de la paix.

Scorpion parut abasourdi.

— Ce n'est pas Narmer qui s'exprime ainsi, cette sorcière t'a envoûté ! Recouvre ta lucidité et ne sombre pas dans une rêverie inutile. Gazelle ne songe qu'à préserver sa propre existence, consciente que son clan est voué à s'éteindre. Adopter sa ligne de conduite ne mène à rien.

— Elle ne considère pas Taureau comme coupable.

— Gazelle ne veut surtout pas le mécontenter et attirer ses foudres ! Elle t'a menti, Narmer, afin de t'empêcher d'agir.

— Elle m'a montré la nécropole de son clan, enseigné la loi du désert et transmis son secret : choisir les bonnes pierres.

— Les meilleures pierres, ce sont les silex taillés que lanceront nos frondes ! Cette séductrice a su déployer ses charmes… Ton manque d'expérience des femelles t'a joué un mauvais tour. Oublie ces illusions, et reviens à la réalité.

— J'ai pris le temps de réfléchir, ma décision est arrêtée.

De rage, Scorpion broya sa coupe de terre cuite.

— Gazelle ne t'a pas seulement séduit, elle t'a aussi manipulé ! Et j'y vois la patte de Taureau. Beau succès, en vérité ! Gazelle se présente comme l'ambassadrice de la paix et annihile toute velléité de révolte contre son protecteur occulte. Tu as été berné, mon frère.

— Je ne le pense pas.

— L'heure est venue d'attaquer Taureau !

— Laissons les négociations se dérouler, avec l'espoir d'éviter un bain de sang.

— Perdre du temps serait une erreur fatale, affirma Scorpion, et nous devons être unis dans l'action. Tu sais que je ne renoncerai pas.

— Je refuse de lancer l'offensive.

— Narmer… Oserais-tu rompre notre pacte ?

— Je te demande de patienter et d'observer.

— Hors de question !

— En ce cas, tu commanderas seul la milice.

— Toi… que comptes-tu faire ?

— Une tâche urgente m'attend.

— Le plus urgent n'est-il pas de combattre Taureau ?

— Je veux retrouver une femme.

La réponse stupéfia Scorpion.

— Tu pourrais en avoir des dizaines !

— Celle-là est unique.

— Pour quelles raisons ?

— Elle est prêtresse de Neit et vit en recluse au sein des forêts de papyrus du Nord. Après l'avoir sauvée de la noyade, je désire lui parler. À mon sens, je continuerai à suivre ainsi la voie du scarabée.

— Ne serais-tu pas tombé amoureux d'un mirage ?

— Je partirai à l'aube.

— Alors, laisse-moi t'accompagner avec une escouade d'excellents archers ! Nous retrouverons ta belle prêtresse et nous l'enlèverons.

— Nul ne saurait violer le territoire de Neit. J'irai seul, Scorpion, et j'implorerai la bienveillance de la déesse.

— Et tu resteras à jamais son prisonnier !

— J'ignore sa décision.

— Nous avons un grand destin, Narmer ; pourquoi y renoncer ? Attaquons d'abord Taureau, tu reverras ta prêtresse ensuite !

— Désolé, je ne changerai pas de ligne de conduite.

Fureur et tristesse emplirent les yeux de Scorpion.

— Es-tu conscient des conséquences ? Nous nous voyons sans doute pour la dernière fois.

— Si j'emprunte le bon chemin, notre idéal s'accomplira. Aie confiance, mon frère.

Les deux hommes se donnèrent l'accolade.

*

Avant de quitter le campement, Narmer se rendit auprès du Maître du silex. L'artisan achevait une lame de couteau, fine et longue.

— Elle coupera et tranchera à merveille ! s'exclama-t-il. Et je n'ai pas fini d'améliorer ma technique. Mes apprentis apprennent vite, et nos capacités de production augmentent. Nos troupes seront mieux équipées que celles de Taureau.

— Je repars et j'ai un service à te demander.

— Tu repars… Et la bataille future ?

— Espérons que la paix ne sera pas brisée ; à Scorpion de trancher. Acceptes-tu de veiller sur ma vache et mon veau ? Je ne reviendrai peut-être pas de cette expédition, et je souhaite qu'ils soient bien traités.

— Tu as ma parole, déclara le Maître du silex, troublé. Sans toi, nous n'avons aucune chance de vaincre !

— Puissent les dieux nous protéger tous.

45

La livreuse de pains frais était étourdie de bonheur. Elle, si jeune, si humble, devenir la maîtresse de Scorpion ! En le croisant, elle osait à peine le regarder. Et ce matin-là, alors que la pauvresse lui apportait une miche chaude et dorée, il l'avait prise dans ses bras et embrassée avec fougue.

Comment résister à son chef, l'homme le plus séduisant du campement ? Elle savoura ses caresses et découvrit, grâce à lui, des sources insoupçonnées de plaisir. Il jouait de son corps abandonné, tantôt doux, tantôt violent. Lui appartenir ainsi l'enivrait.

Ni l'un ni l'autre n'aperçurent Fleur qui demeura un bref instant sur le seuil de la hutte et s'éclipsa. Elle en avait assez vu et ruminait déjà sa vengeance.

Comblée, la livreuse ferma les yeux, tentant de préserver son rêve.

— Nous reverrons-nous, seigneur ?

— Qui sait ?

— Je suis votre servante. Si vous m'appelez, je viendrai.

Scorpion ne se souciait guère de cette nouvelle conquête. Elle lui permettait d'oublier brièvement ses véritables préoccupations, la défection de Narmer et la nécessité d'attaquer Taureau.

Croire à la paix… Quelle stupidité ! Pourquoi son frère perdait-il sa lucidité ? Une femme, une prêtresse inaccessible, le charme vénéneux de Gazelle… Misérables justifications ! En cédant à ses sentiments, Narmer renonçait à combattre. Pourtant, il disposait de pouvoirs qu'aucun homme, avant lui, n'était parvenu à maîtriser.

C'est Narmer que l'Ancêtre avait choisi, c'est à lui que les Âmes de Bouto s'étaient révélées. Il avait acquis les capacités de la chouette, voyait la lumière dans les ténèbres, utilisait le silence et la nuit. Et si Narmer était capable de capter les puissances des chefs de clan, ne serait-il pas un guerrier invincible ? Un guerrier… pacifique !

Débarrassé de la ravissante idiote, Scorpion se rendit à l'atelier du Maître du silex. Patron rugueux, il ne ménageait pas ses employés mais ne cessait de montrer l'exemple. Et lorsque se présentait une difficulté, il était le seul à la résoudre. Rudoyés, ses apprentis l'admiraient. Et ses rares félicitations leur donnaient du cœur à l'ouvrage.

D'ordinaire jovial, l'artisan faisait grise mine.

— Des ennuis ? demanda Scorpion.

— Dois-je continuer mon travail ?

— Surprenante question !

— Pas tellement… Narmer ne nous a-t-il pas abandonnés ?

— Il suit son chemin, moi le mien.

— Puis-je te parler franchement, Scorpion, et sauras-tu m'écouter ?

— Essayons.

— Les miliciens vous respectent et vous obéissent… Je dis bien *vous*, toi et Narmer ! Vos qualités sont complémentaires. Tu ne crains personne, lui a le sens de la stratégie et de l'organisation. Ensemble, vous inspirez confiance, et quantité d'hommes sont prêts à vous suivre. Sans Narmer, ne cours-tu pas à l'échec ?

— À ton avis ?

Le Maître du silex se renfrogna.

— On murmure que Narmer dispose de pouvoirs comparables à ceux de certains chefs de clan. Privé de son appui, et malgré la qualité de notre armement, tu échoueras. Les soldats de Taureau nous écraseront.

L'artisan s'attendait à un déchaînement de colère. Gardant son calme, Scorpion s'assit, les jambes croisées.

— Tu as raison.

— Alors… tu renonces ?

— Ce serait mal me connaître. Puisque les pouvoirs de Narmer me manqueront, il me faut en acquérir de comparables. N'aurais-tu pas une solution ?

— J'étais un ermite, ne vivant qu'avec mes pierres et...

— Justement ! Ta solitude t'a permis de déceler des secrets.

L'artisan caressa un morceau de silex.

— J'ai vu d'étranges phénomènes, c'est vrai, mais je préfère les oublier.

— Aujourd'hui, tes souvenirs me sont indispensables. Où et comment acquérir des pouvoirs équivalents à ceux de Narmer ?

— Je l'ignore.

— Je suis persuadé du contraire.

Le regard acéré de Scorpion transperça l'artisan et brisa ses résistances.

— Trop dangereux, murmura-t-il.

— Laisse-m'en juge !

— Le désert… Seul le désert t'offrira ce que tu désires. Mais je te préviens : tous ceux qui osèrent le défier n'en sont pas revenus. Ce monde est peuplé de créatures hostiles, avides de sang humain.

— Les dominer me procurera-t-il les pouvoirs dont j'ai besoin ?

— Le désert abrite le Maître de l'orage ; il n'existe pas de plus grande puissance. Contente-toi de le craindre, Scorpion. Elle n'est pas à notre portée.

— Quand pourrai-je rencontrer cette créature ?

— Demain, la lune sera rouge et le Terrifiant inspectera son domaine. Même les serpents demeureront au fond de leurs trous, et tu devrais les imiter.

*

Animaux et hommes recherchèrent un abri pour ne pas subir le rayonnement maléfique de la lune rouge. Les soldats de Scorpion se couvrirent la tête, les femmes s'enveloppèrent d'une natte de roseaux, et personne ne leva les yeux vers le ciel.

Scorpion franchit la frontière séparant la savane du désert et marcha droit devant lui. La mort ne l'effrayait pas ; en revanche, la défaite lui serait insupportable. Sans l'appui de Narmer, il ne vaincrait pas Taureau. Doté du feu céleste, il ne redouterait aucun adversaire. Les victimes du Maître de l'orage avaient prouvé leur médiocrité ; si ce démon le terrassait, il ne vaudrait pas mieux que ces incapables. Devenir un authentique chef de guerre impliquait de prendre des risques démesurés et d'apprivoiser les forces des ténèbres.

Éclairé comme en plein jour, le sable avait une teinte rousse. Il crissait sous les pieds de Scorpion, impatient d'affronter le seigneur des lieux.

Les étoiles avaient disparu, pas un souffle de vent ne troublait le silence.

Au pied d'un monticule, le Maître de l'orage apparut. D'interminables oreilles dressées, le museau d'une longueur impensable, le corps d'un canidé, la queue se terminant en fourche, il avait des yeux rouges dont l'éclat illumina le visage de Scorpion, presque à le brûler.

Fasciné, il continua d'avancer.

Assise sur son derrière, la bête le dominait d'une bonne tête, et son regard était celui d'un implacable tueur.

À dix pas du prédateur, Scorpion s'immobilisa, les bras le long du corps, et soutint son regard.

— Pourquoi violes-tu mon territoire, Scorpion ? demanda une voix de l'autre monde.

— Puisque tu connais mon nom, donne-moi le tien !

— Je suis Seth, le déclencheur de la foudre.

De la queue fourchue jaillirent des éclairs qui embrasèrent la nuit.

— Je viens chercher la suprême puissance. Tue-moi ou donne-la-moi.

L'interminable museau oscilla, la bête hésitait à prendre une décision.

— Il faut y mettre le prix, Scorpion. Cette puissance, je la détiens ; toi, m'offriras-tu ton âme ?

— Qu'en feras-tu ?

— Elle nourrira l'orage. En toutes circonstances, tu choisiras la voie de la violence et tu refuseras la paix. Sinon, tu seras anéanti.

— M'accordes-tu vraiment le choix ? Si je refusais, tu me précipiterais dans les flammes !

Un sourire narquois anima le visage de l'animal de Seth.

— En venant jusqu'à moi, ne pressentais-tu pas ton engagement ?

La bête avança, Scorpion ne recula pas.

— Je vais voler ton souffle et t'arracher le cœur. La douleur sera atroce et passagère ; ensuite, ma force de destruction animera ton bras et tu ignoreras à jamais la clémence. Nul guerrier ne saura t'égaler, tu sèmeras la terreur. Tout est magie, Scorpion ; dévore celle de tes ennemis, absorbe-la, transforme-la en ta propre chair.

Scorpion écarta les bras.

Et le feu de Seth le brûla.

46

À l'orée d'une vaste zone de marécages, un scarabée doré. Se déplaçant à vive allure, il disparut dans l'herbe drue.

— Nous avons pris le bon chemin, dit Narmer à Vent du Nord, chargé de provisions.

Depuis qu'ils avaient quitté le campement de Scorpion, le jeune homme, inquiet, espérait ce signe.

Ne pas combattre aux côtés de son frère était une épreuve ; cependant, Gazelle avait raison de tout tenter pour préserver la paix. Lucide, Scorpion saurait patienter avant de lancer une offensive vouée à l'échec. Mais Narmer reviendrait-il de sa périlleuse expédition ? La mise en garde de Neit avait été claire : surtout, ne pas tenter de la revoir !

Conscient de risquer le pire, Narmer s'obstinait. Il avait rêvé de cette femme, elle était devenue réalité. Et il ne concevait plus une vie sans elle. Idée folle, puisque la prêtresse menait une existence de recluse, au service d'une déesse mystérieuse dont la puissance effrayait même les chefs de clan.

Ne se berçait-il pas d'illusions, n'allait-il pas au-devant d'une mort certaine ?

La vision du scarabée le rassurait. Et puis sa décision était prise, il devait retrouver Neit et lui parler.

La progression se compliquait. Mares, étangs, chenaux… les expansions du fleuve s'emparaient de la terre ferme, et l'âne peinait à choisir un sentier sûr.

Non loin, un énorme poisson bondit hors de l'eau, traça une courbe gracieuse et plongea, provoquant un jaillissement argenté. Un compagnon de jeu l'imita.

Des dauphins… La bénédiction des pêcheurs ! Lors du frai des mulets au sein des eaux saumâtres des marécages, ils s'offraient un festin tout en rabattant quantité de proies vers les filets des humains, ravis de l'aubaine et de cette précieuse collaboration.

— Nous n'avons rien à craindre d'eux, affirma Narmer, et nous abordons mon ancien domaine. Voici le milieu où j'ai passé mon enfance, Vent du Nord. La terre ferme manque, j'en conviens, et tu te mouilleras les pattes.

Valeureux, l'âne repartit. Le sol spongieux ne lui plaisait guère, et il se méfiait des entrelacs de plantes aquatiques. Profitant de son expérience et de l'esprit du clan Coquillage qui vivait en lui, Narmer lui signala de funestes trous d'eau et d'autres pièges redoutables, tels des sables mouvants.

À l'approche d'un bras du Nil, le terrain parut plus compact. En dépit de sa prudence, l'âne dérapa sur des branchages épais et commença à glisser. Narmer tenta de le retenir, mais dévala la pente.

Alors, leurs gueules apparurent à la surface.

Quatre crocodiles de bonne taille dont les queues frappèrent l'eau, tellement ils étaient persuadés de dévorer aisément les deux imprudents. Grâce à leurs soixante-dix dents aiguisées, ils les déchiquèteraient en tournoyant sur eux-mêmes et recracheraient des morceaux afin de savourer une viande fraîche.

Une première gueule tenta de broyer les pattes de l'âne. Ne songeant qu'à sauver Vent du Nord, Narmer omit de prononcer la formule de conjuration. De toutes ses forces, il tenta de ramener en arrière son compagnon. Hélas, la pente boueuse les condamnait à dévaler vers le fleuve et à finir dévorés.

La chute était inexorable.

De ses grands yeux en détresse, Vent du Nord supplia Narmer de l'abandonner et de sauver sa propre vie.

— N'y compte pas !

Les quatre monstres se régalaient déjà. Inutile de gaspiller leurs efforts, car leurs victimes n'avaient aucune chance de leur échapper.

Percevant une onde hostile, l'un des monstres se retourna.

Une troupe de dauphins arrivait à grande vitesse. Le combat fut aussi bref qu'intense. Recouverts d'écailles osseuses, les crocodiles semblaient invulnérables ; pourtant, les dauphins connaissaient leur unique point faible : un ventre dépourvu de protection.

Passant sous leurs adversaires, les dauphins se servirent de leurs grandes nageoires caudales et déchirèrent le ventre fragile des reptiles. Précis, rapides, ils frappèrent et frappèrent encore. Mortellement blessés, les émissaires de Crocodile agonisèrent dans la vase.

Joyeux d'avoir vaincu une nouvelle fois leurs pires ennemis, les dauphins bondirent et saluèrent les rescapés en poussant des cris. Reprenant leur souffle, ces derniers recherchèrent des appuis sûrs et remontèrent difficilement la pente.

En sécurité, Narmer adressa de grands signes aux dauphins qui, à l'issue d'une ultime ronde, repartirent en direction du nord.

— Nous l'avons échappé belle, avoua Narmer en examinant son âne.

Pas de blessure.

Il le nettoya soigneusement, puis les deux compagnons se restaurèrent et s'octroyèrent un sommeil réparateur.

Narmer rêva de Neit. Il revécut le moment où il la sauvait de la noyade et la tenait tendrement dans ses bras. Mouillée, la délicate robe blanche, d'une qualité exceptionnelle, dessinait les formes parfaites de la jeune femme. Si les dieux avaient permis à Narmer de jouer un tel rôle, pourquoi lui interdiraient-ils de revoir celle dont il était tombé éperdument amoureux ? En lui envoyant les dauphins, ils continuaient à le protéger et à libérer le chemin menant au sanctuaire de Neit !

Mais le fouillis végétal paraissait impénétrable et la multiplication des bras d'eau troublait Vent du Nord. En dépit de leur obstination et de leur courage, les explorateurs parviendraient-ils au but ?

Un léger bruit réveilla Narmer.

On le fixait.

Juste au-dessus de lui, au sommet d'une épaisse tige de papyrus, une mangouste l'observait. Sans doute revenait-elle d'une chasse aux nids d'oiseaux et découvrait-elle, étonnée, les deux intrus. Le petit carnassier, que l'on nommait « le traqueur qui sait suivre une piste [1] », aurait dû se dissimuler.

Au contraire, la mangouste descendit le long de la tige, ne quittant pas des yeux l'homme et l'âne, lui aussi réveillé.

La queue tendue, les moustaches raides, l'animal se figea à quelques pas des étrangers. Narmer sentit que la mangouste les examinait en profondeur et réfléchissait à sa décision. Vent du Nord se garda de remuer.

Satisfaite, elle gratta le sol de ses griffes et, en marque de confiance, tourna le dos. Au lieu de fuir, elle adopta une démarche lente.

1. *Âdjou.*

— Suivons-la, décida Narmer.

La mangouste emprunta un itinéraire improbable dont elle seule possédait le secret. Évitant lagunes, marais et terrains inondés, elle trouva des sentiers permettant à l'âne de progresser de manière régulière. Armé d'un long bâton, Narmer en frappait le sol afin d'écarter les serpents.

Soudain, le carnassier bifurqua en direction d'une vaste mare et disparut sous un bosquet de saules. Vent du Nord s'arrêta.

— Attends ici, je vais voir.

Privés de leur guide, les voyageurs ne sauraient quelle direction prendre. Pourquoi les abandonnait-il brusquement ?

Narmer n'eut aucune peine à retrouver la mangouste. Après s'être assurée que la mère n'était pas postée à proximité, elle s'offrit un repas de fête : des œufs de crocodile. Ainsi les membres du redoutable clan tentaient-ils de se disséminer dans le monde aquatique du Nord.

Et si Crocodile avait ordonné le massacre du clan Coquillage ? À la lueur de cette découverte, il apparaissait comme un coupable probable, bien davantage que Taureau.

Gavée, la mangouste retourna auprès de l'âne et reprit sa marche en avant.

Une énième forêt de papyrus et, enfin, un espace dégagé au bord d'un lac. À l'extrémité de cette plaine inespérée, couverte d'une herbe drue qu'apprécia Vent du Nord, se dressait un étrange édifice en bois et en roseaux.

— Le sanctuaire de Neit, murmura Narmer, le cœur battant.

La mangouste s'élança.

Une femme sortit de l'édifice, le carnassier lui sauta dans les bras.

Elle… C'était elle, vêtue de sa robe blanche !

47

Narmer et Vent du Nord s'approchèrent de la prêtresse.

— Je t'avais prévenu, rappela-t-elle, il ne fallait pas chercher à me revoir.

— Les dauphins m'ont sauvé et la mangouste m'a guidé.

L'œil vif du petit carnassier se tourna vers sa maîtresse qui le gratifia d'une caresse.

— Cet animal est au service de la déesse, révéla Neit. En te plaçant sous sa protection, il t'a sauvé la vie et m'empêche de déclencher la colère de ma souveraine.

Le sanctuaire était édifié sur une plateforme surélevée. Devant l'unique porte d'accès, une hampe couronnée de deux flèches entrecroisées.

Au pied, deux masses couvertes d'écailles sortirent de leur torpeur.

Deux crocodiles !

Narmer était tombé dans un piège.

— Les membres de ce clan ont tenté de nous tuer, mon âne et moi.

— Ces deux reptiles sont au service de la déesse et n'agressent que les profanateurs. Gardiens vigilants du sanctuaire, ils protègent les richesses de celle qui est à la fois la mère et le père des divinités. Elle leur a ordonné d'aller chercher le soleil au fond des eaux et de le remonter à la surface. Es-tu venu violer le territoire sacré, Narmer ?

Les gueules s'ouvrirent, menaçantes.

— Je désirais te parler.

— Être parvenu jusqu'ici prouve ta valeur. Alors, exprime-toi.

— Je croyais Taureau coupable du massacre de mon clan. À présent, je doute, et je soupçonne Crocodile. Gazelle m'a persuadé de ne rien entreprendre contre la paix fragile qui évite l'embrasement du pays entier. Mais j'ai un serment à respecter et je veux identifier l'assassin. Peut-être… peut-être consentiras-tu à m'aider ?

Narmer aurait souhaité prononcer d'autres paroles. Celles-là convaincraient-elles Neit de ne pas le renvoyer ?

— Désolée, je n'ai pas d'information à te procurer, et ma seule fonction consiste à vénérer la déesse.

Déjà, elle se détournait.

— Neit ! Je voudrais te dire aussi…

Elle s'immobilisa.

— Je t'écoute.

— Accepterais-tu mon bras, à titre temporaire ? Certaines tâches doivent être pénibles, et je suivrai tes directives.

Si elle refusait, il ne lui resterait qu'à partir. Comment s'y résoudre ?

— Tout dépendra de l'avis de mes gardiens, décida la prêtresse.

Les deux reptiles ouvrirent une gueule béante et battirent de la queue, prêts à l'attaque.

Cette fois, Narmer n'oublia pas la formule de conjuration. Il la prononça à haute et forte voix, les crocodiles s'apaisèrent et se roulèrent en boule à l'ombre du sanctuaire.

Dans la terre, Narmer traça les deux signes composant son nom, le poisson-chat et le ciseau de menuisier.

Les sublimes yeux verts de Neit exprimèrent un profond étonnement.

— L'Ancêtre t'a révélé les paroles des dieux… T'aurait-il soumis aux épreuves ?

Narmer dessina une chouette, puis un scarabée.

— Cette deuxième étape sera longue et difficile, m'a-t-il annoncé. Et je suis convaincu qu'elle passe par ce sanctuaire. Toi, as-tu rencontré l'Ancêtre ?

— À la mort de mes parents, j'avais sept ans, et j'ai décidé de me perdre au sein du désert afin de franchir la porte de l'au-delà et de les rejoindre. Alors, il m'est apparu et a dévoilé les signes de puissance. Les flèches entrecroisées de Neit ont orné le sommet du grand pilier et j'ai vu le soleil au cœur de la nuit. L'Ancêtre m'a confié une mission : entretenir la chapelle de la déesse de manière à maintenir sa présence sur terre.

— Cette existence n'est-elle pas trop rude ?

— Est-il tâche plus noble que de servir les dieux ? Et je dois obéissance à l'Ancêtre. Puisqu'il t'a envoyé, je peux t'accorder ma confiance.

Enfin, elle sourit.

Rassurée, la mangouste s'assoupit à son tour.

— De quoi as-tu besoin ? demanda Narmer.

— Il y aurait bien… la corvée d'eau.

— Je m'en occupe.

Vent du Nord émit un léger braiment.

— Pardonne-moi, j'oubliais les sacs !

Narmer délesta son âne, heureux de se reposer.

*

Galettes tièdes et poisson grillé formèrent un véritable festin. Tantôt joyeux, tantôt recueillis, les deux jeunes gens évoquèrent longuement l'Ancêtre qui avait orienté leur vie.

D'une remise attenante au sanctuaire, Neit sortit un petit pot de terre cuite. À l'intérieur, une substance dorée. De l'extrémité du petit doigt, elle en préleva une parcelle et la présenta aux lèvres de Narmer.

— Goûte, recommanda-t-elle.

La saveur était incomparable.

Elle lui prit la main et l'entraîna sur un sentier menant à une clairière où avaient été bâties une dizaine de minuscules cabanes en terre.

— Voici le domaine des abeilles, incarnations de la déesse Neit. Elles fabriquent de l'or liquide, le miel que je t'ai offert. J'ai appris à les soigner sans être piquée ; en échange, elles m'ont enseigné leurs secrets. Nées des larmes du soleil, les abeilles se repèrent en fonction de sa lumière et construisent leurs demeures. Se nourrissant de ce que crée leur propre corps, elles produisent un trésor unique. Le miel guérit les plaies et les brûlures, la propolis les infections, la gelée royale donne de l'énergie, la cire sert à de multiples usages.

Narmer buvait les paroles de la prêtresse. Ce qu'elle lui apprenait était d'une importance capitale, et l'abeille, il le pressentait, aurait un rôle déterminant à jouer dans l'élaboration d'un nouveau pouvoir, capable de dépasser les égoïsmes des clans.

Neit montra à Narmer comment s'occuper des ruches et recueillir la précieuse substance. Attentif, il répéta les bons gestes et devint un apiculteur honorable.

— Demain, à l'aube, la déesse t'accueillera.

*

Le soleil levant éclairait l'intérieur du petit temple. Au fond, un sanctuaire miniature en bois. Agenouillée, la prêtresse en ouvrit les portes et en sortit un tissu rouge éclatant.

— Neit a tissé l'univers et les êtres, révéla-t-elle. À chaque instant, son œuvre s'accomplit, mais l'œil humain est incapable d'en percevoir l'ampleur.

Narmer s'inclina, Neit présenta l'étoffe à la lumière qui la nourrit de son rayonnement.

Puis elle la replaça à l'intérieur du sanctuaire dont elle referma les portes.

— Je dois à présent cueillir des plantes médicinales pour fabriquer les onguents de la déesse.

Neit remit un sac à Narmer qui marcha derrière la prêtresse. Elle récolta de la menthe aquatique, de l'euphorbe, de l'armoise, de la tête-de-bélier, de l'herbe aux faucons, et confia les végétaux à son assistant.

Narmer déversa le contenu du sac devant l'entrée de la chapelle, Neit ouvrit un flacon de rosée et la versa sur les plantes. Ensuite, elle ôta sa robe et, nue, tourna sept fois autour des végétaux.

Fasciné, le jeune homme admirait cette femme superbe, à la démarche aérienne.

Le rituel achevé, elle ne se revêtit pas et demeura, immobile, au centre du cercle. Pris de vertige, Narmer osa néanmoins faire un pas.

— Ton cœur parlera-t-il enfin ? demanda-t-elle à voix basse.

Malhabile, enflammé, Narmer la prit dans ses bras.

— Neit…

— Moi aussi, avoua-t-elle, je t'aime.

48

Ce fut Chasseur qui découvrit le cadavre de la livreuse de pains, noyée dans une mare à une centaine de pas du campement de Scorpion. Il donna l'ordre de l'enterrer, enveloppée d'une natte, et se rendit à la résidence de son chef.

De retour du désert, Scorpion avait changé. Sa beauté et son charme demeuraient intacts, mais il avait acquis une nouvelle puissance dont le caractère dangereux, voire impitoyable, n'échappait à personne. Refusant d'évoquer ce qui s'était passé au cœur du désert, il se comportait en maître absolu, et nul ne contestait son autorité.

Scorpion venait de faire l'amour à une Fleur envoûtée quand Chasseur demanda à le voir.

— Un incident grave, affirma-t-il, la mine embarrassée.

— Explique-toi !

— La jolie livreuse de pains chauds… elle est morte.

Scorpion ne manifesta aucune émotion.

— Cause du décès ?

— Voilà le problème… Officiellement, ce sera une noyade. En réalité, on lui a percé la nuque, sans doute avec une épingle en os ou une pointe de silex.

— Autrement dit, un assassinat !

— J'ai enterré le cadavre, précisa Chasseur, et ne parlerai de cette constatation qu'à toi seul. À mon sens, il faut élucider cette affaire au plus vite.

Scorpion remarqua le sourire satisfait de Fleur.

— Je m'en occupe.

Chasseur se retira, Scorpion but de la bière forte, la dernière production de sa toute nouvelle brasserie, fort appréciée des miliciens. Effaçant la fatigue, elle donnait de l'énergie. En chantonnant, Fleur essuyait son corps parfait, trempé de sueur.

Brusquement, son amant l'agrippa par les cheveux. La jeune femme poussa un cri de douleur.

— C'est toi qui as tué la livreuse, n'est-ce pas ?

— Lâche-moi, j'ai mal !

— Avoue !

— Cette fille, je m'en moque !

— Avoue, ou je t'arrache la tête.

— Libère-moi d'abord.

Il la repoussa. En larmes, elle tenta de reprendre son souffle.

— Je t'écoute, Fleur.

Les poings serrés, l'œil agressif, elle défia son maître et seigneur.

— Eh bien, oui, je l'ai supprimée, cette traînée ! Je vous ai vus ensemble et ne l'ai pas supporté. La nuit dernière, je l'ai attirée près de la mare pour lui ordonner de s'éloigner de toi. La garce a haussé les épaules ! Lorsqu'elle m'a tourné le dos, je lui ai planté une aiguille dans la nuque. Elle a couiné et n'a pas mis longtemps à mourir. Quel plaisir de piétiner son joli corps et de le jeter à l'eau ! Tu m'appartiens, Scorpion, et je préfère disparaître plutôt que de te céder à une autre.

La main puissante du chef serra la gorge de sa maîtresse.

Elle ne baissa pas les yeux.

— Fais vite, implora-t-elle.

Les doigts serrèrent davantage, coupant le souffle de la jeune femme. Sa vue se brouilla. Et Scorpion éclata de rire en relâchant sa prise.

— Tu me plais, Fleur, et tu m'amuses ! Te débarrasser d'une rivale… Excellente idée. Mais elle me lassait déjà, et je n'avais pas l'intention de la revoir. Les servantes de ma milice sont à mon entière disposition et je les utiliserai à ma guise, que cela te dérange ou non. Toi, tu resteras mon esclave principale et tu satisferas mes désirs.

Quand il lui caressa les seins, elle fondit de plaisir.

— La prochaine, promit-elle, je la tuerai aussi !

*

La prestance de Scorpion subjugua ses hommes. Comme eux, le Maître du silex s'étonna de la transformation du jeune et vigoureux combattant en un redoutable chef de guerre, doté d'un nouveau pouvoir acquis lors de la nuit passée dans le désert. À l'évidence, une créature de l'au-delà lui avait transmis sa puissance.

Saurait-il l'utiliser et quel prix avait-il payé ?

Scorpion passa ses troupes en revue et ne manqua pas d'examiner leurs armes. Massues, arcs, flèches, lances, couteaux, frondes… L'équipement était remarquable. Oubliée, la modeste milice du début ; il commandait une véritable armée !

Seule faiblesse : un effectif encore insuffisant. Il fallait recruter et former. Néanmoins, le moment était venu de frapper un premier grand coup. Ainsi, Scorpion saurait si l'animal de Seth ne lui avait pas menti.

— Tous ici, déclara-t-il, nous souhaitons terrasser Taureau et rendre la liberté aux milliers de malheureux qu'il oppresse. Mais nous savons qu'il serait insensé de l'affronter en terrain découvert, en raison de sa supériorité numérique. Trop sûr de lui, ce maudit chef de clan n'a pas amélioré son armement, et il sera inopérant face au nôtre. Avant de déclencher un conflit majeur, emparons-nous des richesses de l'adversaire et engageons de nouveaux soldats, heureux de lutter contre l'oppression ! Je vais vous offrir la première occasion de prouver votre valeur en attaquant un bourg, à deux journées de marche au nord. Cette fois, nous nous heurterons à une garnison de Taureau et nous la détruirons. Ni prisonnier, ni survivant. La victoire acquise, les villageois s'engageront à nos côtés ou seront exécutés. Le butin et les femmes vous appartiendront.

Des clameurs enthousiastes saluèrent ces belles perspectives.

— Les conditions du succès sont le courage et la discipline, précisa Scorpion. J'abattrai quiconque fuirait ou désobéirait à mes ordres. Ce soir, buvez et distrayez-vous. Nous partirons à l'aube.

*

Les gardes étaient moins nombreux que prévu et, surtout, mal disposés. Le gros de la garnison dormait à l'ombre d'une palmeraie et le bourg se croyait en sécurité. Des femmes cuisinaient, des enfants jouaient, les hommes travaillaient aux champs bordant l'agglomération. Un troupeau de moutons dévorait l'herbe tendre. Les soldats de Taureau mangeaient et buvaient beaucoup, en échange de la protection accordée aux civils. Les mécontenter entraînait de sévères représailles, et chacun redoutait les colères du général Gros-Sourcils. Sa cruauté n'effrayait-elle pas ses propres subordonnés ?

— Chasseur, toi et tes archers éliminez les sentinelles, ordonna Scorpion. Le Maître du silex et les manieurs de frondes abattent les gardes à l'entrée du bourg. Moi et les fantassins, nous envahissons la palmeraie.

Les trois attaques furent simultanées et prirent l'adversaire au dépourvu.

La ruée de Scorpion, à la tête de ses hommes, sema la panique. Communicative, la violence du chef se montra dévastatrice. Incapable de réagir, la garnison de Taureau fut anéantie.

Scorpion ne déplorait pas la moindre perte. Il brandit sa massue dont la tête de silex était couverte de sang et de débris humains, des acclamations saluèrent cette première grande victoire. À le suivre, ses guerriers avaient éprouvé une sorte d'ivresse en massacrant leurs adversaires affolés.

Épouvantés, les villageois s'étaient rassemblés au centre du bourg, près du four à pain. Les bambins se serraient contre les jambes de leurs mères, quelques mâles tentaient de faire bonne figure.

L'apparition de Scorpion les tétanisa.

— Vous n'êtes plus les esclaves de Taureau, annonça-t-il. À vous de choisir votre destin : ou bien vous luttez sous mon commandement, ou bien vous disparaissez.

Un cinquantenaire bedonnant s'avança.

— Moi, je n'ai pas envie de combattre ! Et pourquoi céderai-je à tes menaces ?

La massue s'abattit et fendit le crâne de l'insolent.

Plus personne ne mit en doute les déclarations du vainqueur.

— Que mes nouveaux soldats suivent Chasseur, le maître des archers.

La totalité des hommes obéit.

Une brunette s'avança.

— Sommes-nous ton butin ?

— Belle perspicacité !

— Si je t'offrais un trésor, nous épargnerais-tu ?

— S'il s'agit vraiment d'un trésor, je réfléchirai.

De son bras tendu, la brunette désigna une case.

— Isole les mères et les enfants, ordonna Scorpion au Maître du silex. Les autres femmes appartiennent à mes hommes.

Pendant que la curée se déclenchait, Scorpion pénétrait dans la case.

Et sa surprise ne fut pas feinte.

Deux servantes protégeaient une femme âgée, fragile, au visage allongé. À ses pieds, un cigogneau au regard inquiet.

— N'agressez pas notre maîtresse ! supplia l'une des servantes. La cheffe du clan Cigogne vous maudirait.

— Toi et ta compagne, prenez cette bestiole et sortez.

Cigogne demeura impassible. Elle reconnut l'homme qui lui avait vendu des animaux venimeux.

— Moi, Scorpion, je me suis emparé de ce bourg. Que fais-tu ici ?

— Je me reposais avant de reprendre la surveillance des terres du Nord.

— Malheureuse initiative… Maintenant, tu es ma prisonnière. Et je ne redoute pas tes pouvoirs !

D'abord, Cigogne crut que l'impressionnant guerrier était prétentieux ; ensuite, elle perçut la nature de la force qui l'animait. Scorpion ne se vantait pas ; outre ses capacités naturelles, il avait été doté d'une puissance particulière par un démon du désert.

— Où sont les membres de ton clan ?

— Je les ai envoyés en mission.

— À savoir ?

— Repérer d'éventuels envahisseurs.

— Pour le compte de Taureau ?

— En effet, reconnut Cigogne.

— La chance me sert… Avec un otage de ta qualité, je pourrai imposer mes conditions à ce tyran.

— Détrompe-toi, il ne m'accorde guère d'importance et ne te cédera jamais le moindre pouce de terrain.

Soudain, la fragile vieille dame sembla prise d'un malaise.

— Ton ami… ton seul véritable ami est en grand danger.

49

Narmer vivait des jours enchantés dont l'amour était l'unique magicien. Savourant chaque instant, emporté dans un tourbillon de désirs partagés, il découvrait l'univers de Neit, ses paysages sans limites. L'intensité de ce bonheur l'effrayait parfois, mais la tendresse de la jeune femme le rendait encore plus réel.

La prêtresse l'initia à la science des onguents. Purificateurs, ils maintenaient l'intégrité du corps et protégeaient des dangers. Disciple attentif, Narmer songeait au moment où il devrait poser une terrifiante question.

La soirée était douce, le vent caressant. Allongés près du sanctuaire, les amants voyaient renaître les premières étoiles.

— L'Ancêtre m'a confié une mission, murmura Narmer.

— Et tu tenteras de la remplir.

— Neit… viendras-tu avec moi ?

— Il m'a attribué une tâche impérieuse, tu le sais.

— Ton rôle de prêtresse est primordial, j'en suis conscient. C'est pourquoi j'ai besoin de ton aide et de ton autorité afin de convaincre Scorpion, mon frère par le sang, de freiner ses velléités guerrières. Préserver la paix me paraît essentiel et ton intervention sera peut-être décisive.

En lui caressant le visage, elle le regarda droit dans les yeux.

— Ne serais-tu pas un redoutable négociateur ?

— Quand tu retournes consulter l'Ancêtre, il faut bien t'éloigner du sanctuaire.

— Comment le sais-tu ?

— Je suis persuadé qu'il t'appelle et que tu entends sa voix.

— Il en ira de même pour toi.

Neit se blottit contre son amant. Les dernières lueurs du couchant embrasaient le ciel.

— Nous partirons demain.

*

Au sommet de la hampe, les deux flèches entrecroisées de Neit tournoyèrent, prêtes à transpercer les profanateurs. Postés devant l'entrée du sanctuaire à la porte scellée, les deux crocodiles de la déesse dévoreraient un éventuel intrus. Ultime précaution, la prêtresse enveloppa l'édifice d'un épais brouillard qui ne se dissiperait qu'à son retour. Ainsi, nul passant ne soupçonnerait l'existence de cette demeure sacrée.

Goûtant la tranquillité des lieux, Vent du Nord aurait volontiers prolongé cet agréable séjour. Il accepta néanmoins de repartir vers des contrées moins paisibles, chargé de sacs contenant des onguents et du miel.

Le trio emprunta une grande barque de papyrus, dissimulée au sein d'un fourré de roseaux. Habile manieur de pagaie, Narmer suivit la voie qu'indiqua la prêtresse.

Elle et lui, ensemble… Le miracle se poursuivait. Ne ressentant ni fatigue ni angoisse, le jeune homme aurait voyagé jusqu'à l'extrémité de la terre.

*

Âgé d'une trentaine d'années, le colosse pesait plus de trois tonnes. D'un caractère irascible, le vieil hippopotame mâle ne supportait aucun gêneur, pas même ses propres rejetons. D'ordinaire, ses congénères vivaient en bandes et formaient des familles à la fois stables et organisées, jalouses de leur territoire ; mais le ronchon à la peau fragile avait décidé de s'isoler et d'occuper son bras d'eau, longeant des étendues herbeuses qu'il dévastait pendant la nuit.

Alors qu'il sommeillait en se laissant dériver au fil de l'eau, ses minuscules oreilles se mirent à frémir, et l'énorme corps fut parcouru d'un frisson. Une onde troublait son repos, signe de la présence d'un indésirable.

Capable de demeurer de longues minutes en immersion, l'hippopotame plongea et perdit toute balourdise en nageant. Parfois, il marchait sur le fond vaseux et se déplaçait avec aisance avant d'attaquer son ennemi en utilisant sa masse.

Et il repéra l'imprudent, coupable de violer son domaine.

*

Inquiet, Vent du Nord se mit debout.

Alerté, Narmer scruta les berges, redoutant la présence de soldats de Taureau. Par précaution, il prononça en hâte la formule de conjuration des crocodiles. Le bras d'eau semblait calme, pas d'obstacle à l'horizon.

Soudain, une énorme tête souleva la barque et la renversa. Neit, Narmer et Vent du Nord chutèrent lourdement.

Cette première victoire ne satisfit pas l'hippopotame. Ouvrant la gueule, il poussa des hurlements de colère et montra ses armes fatales, deux longues canines capables de transpercer un crocodile. Fou de rage, il était décidé à supprimer ces gêneurs.

En raison du courant et des remous que provoquait le monstre, regagner la rive ne s'annonçait pas facile. Agitant ses quatre pattes en cadence, Vent du Nord se débrouillait. Nageuse honnête, Neit ne progressait pas assez vite. Pour les protéger, Narmer apostropha la bête, plongea et ressurgit. En captant son attention, il permettrait à la prêtresse et à l'âne de s'échapper.

Un instant désorienté, l'hippopotame fonça et tenta d'embrocher le jeune homme qui ne vit pas une cigogne le survoler et tracer un cercle avant de repartir. La masse grise frôla Narmer, la pointe d'une dent rasa sa tête.

D'un coup d'œil, il aperçut Vent du Nord grimper la berge ; Neit s'en approchait. Se jetant de côté, Narmer évita de justesse un nouvel assaut du monstre, de plus en plus furieux. L'eau absorbée et la fatigue rendaient les mouvements du nageur moins efficaces ; à son tour de se diriger vers la terre ferme.

La souplesse et la rapidité du colosse surprirent Narmer. L'hippopotame lui barra la route, et ses petits yeux agressifs lui promirent une mort cruelle. Vent du Nord poussa un braiment sinistre ; épuisée, Neit ne savait comment intervenir.

La gueule s'ouvrit à nouveau, les deux canines étincelèrent au soleil de midi. En plongée, Narmer était condamné. Il ne lui restait plus qu'à crawler, avec le mince espoir de distancer son poursuivant.

L'hippopotame allait rejoindre sa proie lorsqu'un silex pointu le blessa au front. Étonné, il se tourna en direction de l'agresseur.

Debout sur une nacelle de papyrus, Scorpion abandonna sa fronde et s'empara d'un long harpon. Le suivaient d'autres embarcations chargées de soldats.

L'hippopotame fit face. Scorpion visa l'intérieur de la bouche, et la pointe du harpon ne manqua pas sa cible. Indifférent aux cris de souffrance de l'animal, le chasseur lança un second harpon relié à une corde. Il se planta dans les narines de la bête, incapable de plonger. Scorpion tira sur la corde et, dès qu'il fut à bonne distance, sauta sur le dos de l'hippopotame.

À coups de massue d'une incroyable violence, il l'acheva.

Les spectateurs de ce massacre furent aussi subjugués qu'effrayés.

— Scorpion n'est pas un humain, marmonna un soldat. Il a la puissance d'un dieu.

Le sang de l'hippopotame se répandit dans le bras d'eau où Narmer surnageait. Scorpion regagna sa nacelle en papyrus et lui tendit la main.

— Heureux de te revoir, mon frère.

Essoufflé, choqué, Narmer monta à bord de l'esquif.

— Comment es-tu arrivé ici ?

— Au terme de ma première victoire, la prise d'un bourg de Taureau, j'ai capturé une cheffe de clan, Cigogne, sa principale alliée ! Les dieux nous sont favorables, constate-le. Disposer d'un tel otage, c'était inespéré. Et elle m'a offert sa vision : toi, mon unique ami, étais en grand danger. Aussitôt, elle a envoyé des membres de son clan à ta recherche. L'une de ses éclaireuses t'a retrouvé et m'a guidé.

Les deux hommes s'étreignirent.

— Tu m'as sauvé la vie, Scorpion.

— À charge de revanche. Ne sommes-nous pas inséparables ? Et nos retrouvailles seront l'occasion d'un festin ! La viande de cet hippopotame devrait être goûteuse.

Déjà, les soldats tiraient le cadavre sur la berge. Il fournirait une énorme quantité de nourriture, le cuir servirait à la fabrication de boucliers, les canines à celle de parures et d'objets de toilette.

Scorpion accosta, découvrant une magnifique jeune femme aux yeux verts. Elle exerçait un charme étrange, d'une rare intensité.

— Je suis la prêtresse de Neit, et je voyage en compagnie de Narmer.

Vent du Nord se serra contre elle, comme s'il voulait la protéger d'un prédateur.

— Pas de blessure ?

— Je suis indemne. Sois remercié de ton intervention.

Scorpion sourit.

— Je sortirais mon frère du fond des ténèbres ! Et je suis heureux qu'il ait rencontré la femme de ses rêves.

50

La viande d'hippopotame grillée et des jarres de bière forte alimentèrent une ripaille mémorable. Chantant les louanges de Scorpion, ses miliciens se félicitaient d'obéir à un chef d'envergure, capable de tuer seul le monstre du fleuve en inventant une technique qui forçait l'admiration de Chasseur en personne. Ivre et repu, il dormait aux côtés du Maître du silex, lequel s'était effondré après avoir vidé sa troisième jarre.

Scorpion semblait insensible aux effets de l'alcool. Sous l'œil inquiet de Fleur, légèrement grise, il ne cessait de contempler le couple formé de Narmer et de Neit dont la sobriété l'irritait.

— Ce repas te déplairait-il ?

— J'ai mangé à ma faim et bu à ma soif, répondit-elle, paisible.

— En veillant sur le temple de Neit, tu as forcément acquis une partie de ses pouvoirs. Quels sont-ils ?

— L'Ancêtre m'a soumise au secret.

— Pourquoi avoir quitté ce lieu sacré ?

— J'ai prié Neit de m'accompagner, répondit Narmer. Elle et moi avons un message capital à te transmettre : Taureau n'est probablement pas coupable de la destruction du clan Coquillage. L'attaquer serait une erreur.

— Aurais-tu identifié le véritable responsable du massacre ?

— Je soupçonne Crocodile. Il a envoyé des émissaires dans le Nord, en violation des accords conclus par les clans. Ce sont des guerriers impitoyables qui n'hésitent pas à franchir les frontières et à emprunter les chemins d'eau. Les marais n'entravent pas leur progression, et mon clan fut une proie facile.

— En tant que prêtresse de Neit, souveraine de deux crocodiles gardiens, je recommande de prendre au sérieux cette hypothèse. Ces serviteurs-là sont au service de la déesse, mais il n'en va pas de même pour leurs congénères. Le clan de Crocodile n'a-t-il pas entrepris une conquête rampante de l'ensemble du pays, à l'insu des autres chefs ?

Le visage de Scorpion se durcit.

— Si tu n'étais pas mon frère, Narmer, je t'accuserais de t'être vendu à Taureau ! Toi et la prêtresse désirez le disculper et m'empêcher de le détruire.

— Te tromper de cible n'aboutirait-il pas à un désastre ?

— Je me suis emparé d'un des bourgs du tyran, mon armement est supérieur au sien, mes troupes grossissent… Et toi, tu as un serment à respecter !

— Je tiendrai mes engagements, promit Narmer, mais je veux frapper à coup sûr.

— Et tu nous crois capables d'écraser Crocodile ?

— J'ai peut-être une solution, avança Neit. Me permets-tu de m'entretenir avec Cigogne ?

Scorpion hésita.

— Uniquement en ma présence.

Il envoya chercher sa prisonnière.

À la lueur du feu de camp, elle avança d'une démarche lente. Ses tempes avaient blanchi, une profonde lassitude imprégnait son long visage et des rides sillonnaient son cou ; mais la cheffe de clan ne manquait ni de dignité ni de grandeur.

— Es-tu bien traitée ? demanda Narmer.

— Je ne me plains de rien. Tu es le frère de Scorpion, n'est-ce pas ?

— En effet, et je souhaite t'exprimer toute ma gratitude. Sans tes dons de voyance, je serais mort.

Neit s'inclina.

— Et voici la prêtresse de la mystérieuse déesse qui détient le secret de la création, dit Cigogne de sa voix douce. Tu remplis ton office à merveille, jeune femme. Le brouillard est si dense que mes meilleures servantes ne parviennent pas à repérer le sanctuaire ; l'Ancêtre t'en saura gré. As-tu apporté tes onguents ? J'aimerais les comparer à ceux de mon clan.

— Ils sont à ta disposition.

— Et surtout à la mienne, intervint Scorpion. Ces remèdes seront fort utiles à mes soldats. Eh bien, prêtresse, qu'as-tu à proposer ?

— Puisque Crocodile constitue la principale menace contre la paix, il faut le décourager et le contraindre à demeurer sur ses territoires réservés. Une seule solution : négocier une alliance avec Taureau.

Scorpion ne cacha pas son étonnement.

— Moi, allié de Taureau ? Pure folie !

— Au contraire, insista Neit ; Cigogne saura le convaincre de reconnaître ta puissance et celle de ta milice. Au lieu de vous affronter, au prix de lourdes pertes, vous formerez un front commun, suffisamment impressionnant pour obliger Crocodile à cesser ses manœuvres.

— Taureau ne négociera pas ! estima Scorpion.

— En temps ordinaire, jugea Cigogne, je partagerais ton avis. Mais tu as osé prendre en otage une cheffe de clan, créant ainsi des circonstances exceptionnelles. Je vais lui apprendre qui tu es vraiment, et Taureau, si obstiné soit-il, tiendra compte de mes révélations. Il ne s'attendait pas à voir surgir un adversaire de ta taille, hors de la légitimité des clans.

La solennité du ton intrigua Narmer.

— Que s'est-il passé, Scorpion ?

— J'ai renforcé mes troupes et amélioré leur armement, tu le sais.

— Tu as acquis de nouveaux pouvoirs... De quelle manière ?

— Toi, tu es devenu le disciple de l'Ancêtre ; moi, mon propre maître ! Croire en soi suffit à développer une puissance insoupçonnée.

La réponse de Scorpion laissa Narmer dubitatif. Impassible, Cigogne ne se permit pas d'accuser son ravisseur de mensonge et d'évoquer le démon du désert à l'origine de sa transformation.

— Je suis prête à me rendre au camp retranché de Taureau et à lui exposer la situation, affirma la vieille dame. Ma mésaventure lui prouvera que Scorpion ne plaisante pas et qu'il convient de le prendre très au sérieux. Une alliance réussie consolidera une longue paix.

— Ne me trahiras-tu pas en lui ordonnant de m'attaquer ?

— Face aux dieux, je te donne ma parole d'être loyale. Et tu gardes auprès de toi mes deux principales servantes, les êtres les plus chers à mon cœur.

Chacun sentit Scorpion en proie à une intense réflexion.

— J'accepte.

*

Éméchée, Fleur enveloppa son amant de son bras et de ses jambes, et ses lèvres le couvrirent de baisers brûlants.

— Je suis ton esclave, mais tu m'appartiens à jamais ! À moi, tu peux tout demander.

— Pourquoi cette excitation ?

— Cette prêtresse trop belle aux yeux trop profonds… tu n'as pas cessé de l'admirer !

— Elle est superbe, reconnut Scorpion.

— S'il le faut, je…

Reprenant l'initiative, Scorpion s'étendit brutalement sur sa maîtresse et lui coupa le souffle.

— Ne t'égare pas, Fleur. Cette femme aurait pu être mienne, à condition de ne pas être la compagne de Narmer. Ce privilège la rend intouchable.

Folle de joie, Fleur déploya un trésor de caresses.

Lorsqu'elle s'endormit, Scorpion songea aux prochaines journées. Il ne croyait pas à la réussite de Cigogne et prévoyait une réaction violente de la part de Taureau. Restait un impératif : l'attirer dans un piège.

*

Seuls Cigogne, Neit et Narmer n'étaient pas ivres.

— Suivez-moi, ordonna la cheffe de clan au jeune couple.

Elle les entraîna à la lisière du campement, sous un acacia, et remit un petit flacon à la jeune femme.

— Toi, prêtresse de Neit, inonde d'élixir de vie le disciple de l'Ancêtre.

Du flacon, nul liquide apparent ne sortit. Pourtant, Narmer ressentit un fluide glisser sur son corps.

— Ainsi, déclara Cigogne, j'anime ton cœur et je le rends conscient de la vraie puissance, la capacité de maîtrise. Tu sauras contrôler les forces que tu auras à utiliser et voir au loin, même si le destin te semble contraire. Te voici dépositaire des pouvoirs de mon clan ; à ma mort, ils deviendront actifs et te rendront apte à séparer l'essentiel du secondaire en survolant ce monde. Tu franchis une nouvelle étape de la voie du scarabée, mais sache qu'elle sera encore longue. De terrifiantes épreuves t'attendent ; vigilance et persévérance te permettront de les affronter. En manquer te condamnerait à périr.

Lasse, la vieille dame s'éloigna de son pas tranquille.

Demain, elle partirait pour s'entretenir avec Taureau qui ne prévoyait certes pas une alliance avec des fauteurs de troubles. Et sa colère risquait d'être destructrice. Habituée à l'idée de disparaître, Cigogne espérait avoir trouvé un digne héritier.

51

Au terme de mille manœuvres, les trois Vanneaux, Mollasson, Vorace et Gueulard, avaient atteint leur but : fédérer l'ensemble des petites tribus sous leur gouverne, en leur promettant de meilleures conditions d'existence si elles obéissaient sans discuter. Gueulard et Vorace s'étaient chargés d'éliminer les rares contestataires, victimes de noyades. Et le dernier village hostile aux trois compères avait brûlé. Désormais à la tête d'un peuple soumis, ils ne rencontraient plus d'opposition.

— À nous la belle vie ! s'exclama Gueulard en dévorant une caille rôtie. Ces imbéciles vont travailler pour nous et nous nourrir. Et l'on prélèvera les filles qui nous plaisent !

Mollasson ne manifesta aucun enthousiasme.

— Cette période-là ne durera pas longtemps ; à eux seuls, les Vanneaux sont incapables de sortir de la misère et des mouroirs où ils sont confinés. Puisque nous les avons bien en main, poursuivons notre plan.

— Je ne supporte pas ces bois marécageux du grand fleuve, approuva Vorace, et cette existence de pouilleux !

— Seul un guerrier nous en sortira, précisa Mollasson. C'est pourquoi les Vanneaux doivent se mettre au service de Crocodile et appartenir à son clan.

— Ne tardons pas, recommanda Vorace.

Contrarié, Gueulard essuya ses lèvres grasses d'un revers de main.

— Démarche dangereuse… Et s'il refuse ?

— Crocodile ne cesse d'étendre son territoire, rappela Mollasson, et il aura besoin de fidèles sujets afin d'entretenir ses nouveaux domaines. Courbons l'échine devant lui et prions-le de garantir notre autorité sur les Vanneaux en nous accordant un maximum de privilèges. Comme preuve de notre bonne foi, et en signe de totale allégeance, nous dénoncerons ceux qui ont osé critiquer sa grandeur et détruit des œufs de crocodile. Et nous lui livrerons les belles femmes dont il est friand.

— Qui demandera audience à Crocodile ? s'inquiéta Gueulard. Moi, je ne suis pas doué pour la diplomatie.

— On ira ensemble, décida Vorace.

— Je te répète que…

— Ou tu prends le risque, ou tu ne récoltes rien.

— Je partage cette opinion, susurra Mollasson.

Gueulard cracha.

— Crocodile nous jettera au fleuve et ses maudites créatures nous dévoreront ! On aurait mieux fait de continuer nos petites combines et de ne pas défier ce démon.

Vorace se gratta le menton.

— Tout bien pesé, tu n'as pas tort.

— Bientôt, prédit Mollasson, les Vanneaux comprendront que nous leur avons menti en promettant la prospérité et ils nous battront à mort ! Impossible de reculer : seul Crocodile peut nous sauver et satisfaire nos ambitions.

Du talon, Gueulard écrasa un scarabée.

*

Conformément à ses habitudes, Crocodile ne dormait jamais deux soirs de suite au même endroit et inspectait ses sujets à l'improviste. En cas de faute grave, il infligeait aussitôt un châtiment et n'hésitait pas à supprimer les incompétents. Cette loi de la terreur se révélait d'une parfaite efficacité, et les troupes du clan ne souffraient d'aucune défection. Un traître éventuel savait que le chef en personne se lancerait à sa poursuite et qu'il n'aurait pas la moindre chance de lui échapper.

L'absence de nouvelles d'un groupe d'espions, chargés d'explorer les zones aquatiques du Nord, le mettait de méchante humeur. Explication probable : Cigogne les avait repérés et Taureau éliminés. Impossible de protester auprès des autres chefs de clan, puisque les émissaires de Crocodile violaient allègrement les frontières.

À présent, il en était certain : on complotait contre lui. Se heurtant à son refus de collaborer et déplorant ses incursions jugées agressives, ses homologues se liguaient afin de le détruire. Résister à une coalition comprenant Éléphante, Lion et Taureau semblait utopique. Il n'aurait pas le temps de multiplier ses combattants avant l'assaut de ses ennemis. Aussi songeait-il à attaquer le premier ; mais quelle cible choisir ?

Le supérieur de sa garde rapprochée osa troubler ses réflexions.

— Trois Vanneaux désirent te parler.

Crocodile eut une expression de dégoût.

— Des Vanneaux... Donne-les en pâture à mes officiers !

— Ils se sont livrés à l'un de nos postes de contrôle et prétendent avoir une déclaration importante à faire.

— Étrange... D'ordinaire, ces créatures vivent dans la peur et ne songent qu'à se cacher et à se piller entre elles ! Amène-moi ces trois-là.

À les voir, Crocodile n'eut pas de peine à se forger un jugement.

Mollasson, grand et voûté, était un lâche et un comploteur ; Gueulard, au front bas et aux lèvres épaisses, un jouisseur borné ; Vorace, trapu, au visage lunaire, un ambitieux brutal. Encadrés de soldats prêts à leur trancher la gorge, ils tremblaient.

Et le regard cruel du chef de clan les remplit d'effroi. Les chevilles de Mollasson enflèrent, Vorace sua à grosses gouttes, Gueulard ne put s'empêcher d'uriner.

— Mes fidèles reptiles ont faim, déclara Crocodile, et je vais leur offrir une belle quantité de viande !

Mollasson s'agenouilla, ses acolytes l'imitèrent.

— Je t'en supplie, seigneur, écoute-nous !

— Qu'as-tu donc à dire ?

— Nous souhaitons t'apprendre tout sur les Vanneaux et les mettre à ton service.

— Les Vanneaux… Une bande de gueux croupissant au bord du fleuve !

— Ils sont très nombreux, intervint Vorace, beaucoup plus que tu ne le supposes, car ils savent se dissimuler.

La révélation intrigua Crocodile.

— Notre peuple est dispersé en centaines de hameaux répartis le long du grand fleuve, précisa Mollasson d'une voix chevrotante. Caché au sein des forêts de papyrus, il se nourrit de plantes et de poissons, mais sa survie est difficile. Et, jusqu'à maintenant, les multiples factions s'entre-déchiraient. Vorace, Gueulard et moi, Mollasson, nous avons réussi à persuader les Vanneaux de cesser ces querelles destructrices.

— De quelle manière ?

Les paupières de Mollasson s'alourdirent.

— En leur promettant la prospérité.

— Et tu es incapable de tenir ta parole !

— Les Vanneaux ont besoin d'un chef pour lequel ils se battront, affirma Vorace. Habitués à de rudes conditions d'existence, ils se montreront résistants et durs au mal. C'est une armée entière que nous t'offrons.

— Comment moi, Crocodile, les convaincrai-je de m'obéir corps et âme ?

— Ce sera notre rôle, assura Mollasson. Ils sont crédules et nous font confiance ; nous, nous croyons à ton pouvoir.

Le rictus de Crocodile n'avait rien d'amical.

— Que voulez-vous en échange ?

— La belle vie ! clama Gueulard. Tu nous nommes à la tête de l'armée des Vanneaux, sous ton contrôle, et on commence par exécuter une centaine d'hommes, de femmes et d'enfants, au hasard, en les accusant de trahison. Ainsi, les autres deviendront tes soldats dociles, et tes officiers les formeront. Nous, on chantera tes louanges.

— Nous t'indiquerons les cachettes des Vanneaux, ajouta Vorace, et personne ne t'échappera. Bientôt, tu disposeras d'une troupe nombreuse et tu contrôleras les bords du fleuve.

Crocodile tourna lentement autour de ces trois traîtres, moins stupides qu'il n'y paraissait.

Sans eux, il n'aurait pas envisagé une opération de cette envergure. Et la perspective de bataillons capables de tenir tête à une éventuelle alliance des clans hostiles méritait attention.

Les trois crapules sentirent que leur destin se jouait. Ou Crocodile les recrutait, ou il les dévorait.

— J'apprécie l'audace, indiqua-t-il, et je déteste la faiblesse. Les Vanneaux… Qui songerait à leurs qualités de guerriers ?

Mollasson vacilla, Gueulard faillit tourner de l'œil, Vorace avala sa salive. Ils s'imaginaient déjà déchiquetés par les dents des reptiles.

— Pourtant, continua le chef de clan, je décide de tenter l'expérience.

52

Les grands yeux langoureux de la vache de Narmer exprimèrent une infinie tendresse à l'égard de Neit qui venait de la traire avec douceur, sous le regard confiant de son veau, en excellente santé. La prêtresse les remit au champ, pendant que Narmer se rendait à l'atelier du Maître du silex.

Toujours aussi affairé, l'artisan ne cessait d'augmenter la production d'armes.

— Merci d'avoir veillé sur la vache et le veau, mais tu ne sembles pas croire à la paix !

— Cigogne est une grande cheffe de clan, j'admire son courage. Affronter ainsi la mort mérite le respect.

— Penses-tu que Taureau l'abattra ?

— Que supposer d'autre ? Ses colères sont terrifiantes, il se déchaînera en écoutant l'absurde proposition de Cigogne !

— La prêtresse de Neit en est l'auteur, rappela Narmer.

— Cigogne aurait dû l'écarter.

— Elle espère convaincre Taureau.

Le barbu haussa les épaules.

— Ne la juge pas si naïve ! Elle sait sa tentative désespérée et a choisi de disparaître en défendant une noble cause. Quand Taureau connaîtra notre existence, il n'aura qu'une idée en tête : nous repérer et nous détruire. Alors, je fabrique un maximum d'armes. Étant donné la supériorité numérique de l'adversaire, elles nous offriront une chance très mince de lui résister.

Adossé à un empilement d'arcs, Narmer croisa les bras.

— L'arme majeure n'est-elle pas Scorpion ? Ses soldats lui vouent un véritable culte. À voir la façon dont il a massacré un hippopotame monstrueux, on a le sentiment qu'une force indestructible l'habite.

L'artisan s'attacha au polissage d'une tête de massue.

— N'est-ce pas ton avis ? insista Narmer.

— Scorpion déploie une autorité naturelle.

— Certes, mais il a acquis une nouvelle puissance. Comment a-t-il procédé ?

— Je l'ignore. Pardonne-moi, j'ai besoin de calme ; ce travail exige une attention particulière.

*

Scorpion ne laissait pas de répit à ses soldats. Il participait en personne aux entraînements les plus durs, excluant les mous et les incapables. Les membres du corps d'élite recevaient davantage de bière, de poisson, de viande séchée, et ces avantages favorisaient les efforts. Profitant de l'enseignement de Chasseur, Scorpion était devenu un archer exceptionnel. Stupéfaits, ses hommes virent sa flèche transpercer trois cibles superposées.

Fleur s'empressa d'apporter à son amant une outre d'eau fraîche. Il en but la moitié et se versa le reste sur la tête. À la fois svelte et musclé, Scorpion provoquait l'admiration générale, et sa beauté ne laissait aucune femme indifférente.

— Ta vigueur a décuplé, constata Narmer.

— N'exagère pas ! Ce sont les vertus de l'exercice quotidien. À force de travail, on se rend efficace.

— Ne tente pas de m'abuser, Scorpion. Quel être de l'au-delà as-tu rencontré ?

Le chef de guerre contempla le lointain.

— Toi et moi menons une lutte inégale. J'ai pourtant réussi à conquérir un premier bourg appartenant à Taureau, et tu as séduit la prêtresse de Neit. En prônant la paix, tu as failli nous séparer. Puisque je n'y crois guère, je préfère le conflit.

— D'où provient la violence qui t'anime aujourd'hui ?

— L'Ancêtre t'a tracé un chemin, Narmer : moi, j'ai dû créer le mien. Et il passait par le désert. En m'y recueillant, j'ai découvert une puissance formidable et je l'ai absorbée. La vie des pierres et des roches a conforté mon désir de vaincre des tyrans comme Taureau et de modifier le destin de ce pays. N'est-ce pas également ta volonté ?

— Si la mission de Cigogne réussit, en accepteras-tu les conséquences ?

— Elle ne réussira pas. Face à la réalité, te battras-tu à mes côtés ?

— N'en doute pas.

— Ensemble, nous serons indestructibles !

*

En arrivant au camp retranché de Taureau, Cigogne songeait encore à Narmer qui recueillerait et préserverait l'esprit de son clan. N'aurait-elle pas dû accorder ce legs à un chef de la stature de Taureau, plutôt qu'à un jeune homme promis à de redoutables épreuves ? Malgré un avenir inquiétant, elle ne regrettait pas sa décision.

L'activité militaire avait redoublé, le général Gros-Sourcils dirigeait de grandes manœuvres avec sa brutalité coutumière. Vidant un à un les villages des mâles en état de combattre pour en faire des recrues, il leur promettait monts et merveilles. Encasernés, ils subissaient un quotidien beaucoup moins riant. Discipline implacable, châtiments corporels, exercices dangereux causant mort et blessures… Le général tenait à former une armée qui dévasterait tout sur son passage.

Connue des officiers et autorisée à pénétrer dans l'enclos de Taureau, Cigogne franchit sans difficultés plusieurs postes de garde. Mais le préposé à la grande porte de la palissade pointa sa lance vers la vieille dame.

— Halte ! On ne passe pas.

— Je ne te connais pas, mon garçon. Moi, je suis la cheffe de clan Cigogne.

— On ne passe pas. Ordre du général Gros-Sourcils.

— Ne doit-il pas obéissance à Taureau ? M'interdire de franchir ce seuil t'attirera sa colère.

Le préposé fut pris de vertige. Désobéir au général conduisait à l'exécution sommaire, braver Taureau au même résultat.

— Je… je consulte mon supérieur ! Ne bouge pas d'ici.

Gros-Sourcils en personne vint chercher Cigogne.

— Les consignes de sécurité sont strictes, ce soldat les a appliquées.

— À mon égard, il s'agit d'une insulte.

Le général s'adoucit.

— Désolé, il faut comprendre les nécessités du moment. Cet incident ne se reproduira plus.

La tête haute, Cigogne passa devant le gradé dont l'hypocrisie l'écœurait. Tôt ou tard, Taureau déplorerait sa nomination.

Le chef à l'énorme poitrail et au cou puissant achevait un copieux déjeuner.

— Cigogne, enfin ! Où étais-tu passée ? Des dizaines de soldats attendent tes soins.

— J'ai été capturée.

Cette révélation coupa l'appétit de Taureau.

— On ne capture pas une cheffe de clan ! Qui a commis ce crime ?

— Un dénommé Scorpion. Il s'est aussi emparé d'un de tes bourgs et commande une milice dotée d'un armement remarquable. S'il m'a relâchée, c'est afin de négocier.

— Négocier, négocier… Négocier quoi ?

— Une alliance avec toi.

Les colères de Taureau étaient légendaires, mais celle-là dépassa en intensité les précédentes. Éructant des injures, il brisa son mobilier à coups de poing, jeta les débris au-dehors et brisa une bonne dizaine de lances avant de revenir à un calme précaire.

Impassible, Cigogne n'avait pas bougé.

— Quoiqu'il ne dirige pas un clan, indiqua-t-elle d'un ton calme, ce Scorpion est un redoutable chef de guerre. Il a reçu l'appui de la prêtresse de Neit, aux pouvoirs non négligeables, et de Narmer, le dernier survivant du clan Coquillage, à la recherche du responsable de son anéantissement. Tu étais le principal suspect, des faits récents tendent à incriminer Crocodile. Ses émissaires prépareraient la conquête du pays entier. En t'alliant à Scorpion, tu pourrais l'en empêcher et préserver la paix.

Ce flot d'informations désorienta Taureau qui s'assit sur un morceau de natte.

— Me croirais-tu incapable d'écraser ce Scorpion ?

— Certes pas, mais l'utiliser me semble judicieux. La menace que représente Crocodile est bien réelle, seule la force le dissuadera de poursuivre ses funestes projets. Sous tes ordres, la milice de Scorpion interviendrait de manière efficace et dissuasive.

Cigogne s'avançait au-delà du raisonnable et prévoyait une condamnation pour haute trahison. Taureau ne supporterait pas la moindre entaille à son autorité absolue.

— Où se cache Scorpion ?

— Il se déplace sans cesse et retient en otages mes deux proches conseillères. Afin d'éviter la guerre, je suis prête à tous les sacrifices.

— Ce Scorpion t'a envoûtée ! Je suis le maître du Nord et nul n'influencera mes décisions.

— N'ai-je pas toujours été ta fidèle alliée ?

Taureau eut un regard noir.

— Ne sers-tu pas les intérêts de mon ennemi ?

— Je te le répète, Scorpion souhaite négocier. En cas de confrontation, tu sortiras vainqueur, mais il t'aura infligé des pertes sévères et Crocodile, ravi, continuera sa progression.

Taureau ruminait.

— Es-tu la seule informée de ces événements ?

— Aucun autre chef de clan n'en a eu vent.

— Tu as pris d'énormes risques, ma douce amie.

— À mon âge, quelle importance ?

Taureau rechercha une jarre de vin intacte. Ne retrouvant que des débris, il appela son échanson qui se hâta de le satisfaire.

À son grand étonnement, Cigogne accepta une coupe.

— Amène-moi ce Scorpion, décida-t-il. Je suis curieux de l'entendre.

Cigogne n'en croyait pas ses oreilles. Un tel succès exigeait de vivre encore quelque temps !

Cependant, il ne fallait pas céder à la naïveté.

— Je pose une condition, avança-t-elle.

La colère de Taureau se renflamma.

— N'exagère pas ! Sinon…

— Donne-moi ta parole de ne pas le tuer dès qu'il aura franchi le seuil de ton enclos et de lui accorder au moins la liberté, même s'il ne parvient pas à te convaincre.

Le chef de clan en resta bouche bée. Jamais Cigogne ne s'était autorisé de pareilles audaces !

— Je l'écouterai, promit-il. Et si je le considère comme un ennemi, je l'étranglerai de mes propres mains.

53

Perpétuellement inquiets, les chacals montaient une garde vigilante autour d'Abydos. En dépit du renforcement des défenses, le chef de clan redoutait une attaque d'envergure que ses modestes forces, malgré leur courage, ne sauraient repousser.

Le coup de folie d'Oryx avait ouvert une brèche, et Chacal ne se faisait plus d'illusions : la paix était condamnée. Rapides et perspicaces, ses émissaires lui adressaient des rapports inquiétants. Les guerriers de Crocodile se répandaient sur les bords du fleuve et recevaient un bon accueil de la part des Vanneaux qui sortaient en masse de leurs tanières. Se ralliaient-ils au redoutable prédateur et à quelles conditions ?

Lion ne demeurait pas inactif. Il rassemblait ses meutes dispersées et leur imposait une stricte discipline, tel un conquérant s'apprêtant à partir en guerre. Quant à Éléphante, elle s'était retirée avec l'ensemble de son clan près de la première cataracte du Nil et laissait le champ libre à d'éventuels adversaires.

Les nouvelles en provenance du Nord n'avaient rien de rassurant : l'armée de Taureau grossissait chaque jour, et il fallait les incessantes allées et venues de Gazelle pour maintenir un semblant de concorde entre les chefs.

Vénérant les défunts et accomplissant des rites en l'honneur des dieux, Chacal espérait attirer leur bienveillance à l'égard d'un pays en grand péril. La barque du soleil continuait à traverser le ciel, mais si la violence embrasait la terre, ne s'éloignerait-elle pas à jamais ?

*

Éléphante conduisit les membres de son clan jusqu'à une maigre zone de verdure où ils trouveraient néanmoins de quoi se nourrir. Le trajet l'avait épuisée, elle s'assit à l'ombre d'un bosquet de palmiers doums et ferma les yeux quelques instants.

Depuis soixante longues années, elle donnait des ordres et tentait d'assurer la meilleure existence possible à ses sujets. Tantôt autoritaire, tantôt compréhensive, elle avait toujours su les écouter, et la plupart lui vouaient une profonde affection. Oubliant son bien-être personnel, Éléphante n'avait pu enrayer le déclin de son peuple, attaqué de manière sournoise par Lion et Crocodile. Refusant un affrontement direct qui aurait brisé le pacte de paix, elle s'était efforcée d'atténuer les souffrances des faibles et de préserver l'illusion de sa puissance, jadis redoutée.

Aujourd'hui, la maladie la rongeait, et son énergie s'éteignait peu à peu. Impossible, désormais, de dissimuler son état. Le clan constatait l'affaiblissement de sa cheffe, laquelle ne songeait qu'à le mettre en sécurité.

Aussi la décision, si difficile à prendre, s'imposait-elle : quitter l'Égypte et gagner un nouveau territoire où les survivants du clan d'Éléphante goûteraient des jours tranquilles.

La cheffe avait gardé le projet secret, n'en parlant même pas à Gazelle. Mais aurait-elle la force de mener les siens au-delà de la cataracte ?

— Puis-je te parler ? lui demanda sa cousine, chargée de l'éducation des adolescents.

Éléphante ouvrit les yeux. La fièvre embuait son regard.

— Que se passe-t-il ?

— Je crains… un grave souci.

Angoissée, la vieille cheffe parvint à se relever. Pataude, sa cousine avait du mal à s'exprimer.

— C'est à propos d'Abou.

— Quelle nouvelle bêtise a commis cet imprudent ?

Abou était le plus indiscipliné des jeunes éléphants. Se séparant volontiers de son groupe, il avait failli être victime des scorpions, des serpents et des lionnes en maraude. De sévères remontrances ne modifiaient pas son caractère et son goût du péril.

— Nous ne le retrouvons pas… Pourtant, nous avons longuement exploré les alentours !

— Qui l'a vu pour la dernière fois ?

— Sa sœur aînée, au sud de la ville sainte de Nékhen. Elle n'a pas réussi à le dissuader de partir à l'aventure, il lui a promis de revenir vite.

Éléphante était atterrée.

Elle ne se sentait pas capable de retourner en arrière afin de repérer le téméraire et se refusait à envoyer une escouade, risquant de tomber dans une embuscade. Au moment d'effectuer un difficile voyage, la cheffe avait besoin de tous les membres de son clan.

— Nous allons attendre une journée entière, décida-t-elle. Ensuite, nous tenterons de franchir la cataracte.

La cousine était au bord des larmes.

— Et si Abou ne réapparaît pas ?

— Le danger se rapproche, affirma Éléphante, et le temps nous est compté.

*

Abou s'était égaré. Folâtrant de plus en plus loin, il avait perdu la piste de sa famille. Affolé, il n'eut pas conscience de se rapprocher de Nékhen, la ville sainte du Sud, sur laquelle veillaient les Âmes à tête de chacal.

Ses barrissements attirèrent l'attention d'un groupe de lionnes qui regagnaient le campement de leur maître. Elles auraient dû passer leur chemin, mais l'occasion était trop belle ; après avoir tué beaucoup d'éléphanteaux imprudents, elles porteraient un nouveau coup à ce vieux clan dont les combattants se raréfiaient.

Utilisant leur technique habituelle, les fauves encerclèrent le malheureux qui céda à la panique en les voyant se rapprocher. Incapable de trouver une issue, il tournait sur lui-même, appelant désespérément au secours.

Toutes griffes dehors, les lionnes attaquèrent ensemble.

Leur plaisir de prédatrices fut de courte durée car la terreur d'Abou fut si intense que son cœur lâcha. Le jeune éléphant s'effondra, n'offrant pas de résistance aux chasseuses, déçues. Elles s'apprêtaient à le dépecer quand des voix impérieuses les figèrent sur place.

— Écartez-vous, exigèrent les trois Âmes de Nékhen.

Leur visage de chacal, au long nez et aux oreilles dressées, exprimait une colère froide.

Les lionnes n'hésitèrent pas longtemps ; ces êtres-là n'étaient pas à leur portée.

Rugissant de dépit, elles s'éloignèrent.

Les Âmes se recueillirent. Puis elles transportèrent le cadavre de l'éléphant à la nécropole où elles l'inhumèrent en hommage à un clan pacifique, jadis protecteur de ce site sacré. Dans sa tombe[1], furent déposés des récipients d'albâtre, un bracelet d'ivoire, une palette en schiste et une tête de massue rappelant la souveraineté d'Éléphante.

*

Informé de la retraite du clan d'Éléphante vers le sud, Lion avait décidé de l'exterminer. Débarrassé de cette vieille pacifiste, il occuperait définitivement ses anciens territoires et pourrait envisager de nouvelles conquêtes.

Malgré leur petit nombre, les éléphants demeuraient des adversaires puissants et dangereux, surtout en groupe ; il fallait donc les prendre par surprise, les isoler et les épuiser avant de les massacrer. Les pertes de Lion seraient importantes, mais un tel triomphe rendrait son armée invincible.

Restait à trouver un bon prétexte pour lancer l'assaut ! La folie d'Oryx avait été une aubaine, Éléphante ne commettait pas de semblables erreurs et bénéficiait d'une excellente réputation auprès des clans.

L'arrivée d'une meute de lionnes retardataires augmenta l'irritation de leur chef. Alors qu'il comptait passer ses nerfs sur elles, leur rapport lui offrit la solution : elles avaient vu des guerriers du clan d'Éléphante attaquer la ville sainte de Nékhen ! Après avoir sauvé Abydos, les troupes de Lion s'étaient portées au secours de cette autre cité vénérable puis avaient terrassé l'agresseuse, prise d'une démence meurtrière, due à son grand âge et à sa volonté de domination.

— En route, ordonna Lion.

1. Elle fut retrouvée à Nékhen (Hiérakonpolis).

*

Le soleil brûlait l'amoncellement de roches de la première cataracte, formant une barrière au cours du Nil qui tentait de se faufiler entre les blocs. Déployée sur les rives et les promontoires, l'armée de Lion avait fière allure et aurait impressionné n'importe quel adversaire. En tête, des lionnes nerveuses et affamées.

Aussi loin que portait le regard, pas trace d'Éléphante et de ses sujets. Se cachaient-ils, ou avaient-ils pris la fuite ? Intrigué, Lion envoya des éclaireurs inspecter les îles et les déserts voisins, tout en maintenant ses troupes en état d'alerte.

Leurs investigations demeurèrent stériles.

Une seule certitude : le clan d'Éléphante avait quitté le pays, et Lion devenait le maître du Sud. Pas encore le maître absolu, puisqu'il restait Crocodile et ses forces éparpillées.

*

Éléphante avait mené les siens jusqu'au premier point d'eau, au cœur de la savane, loin de l'Égypte qu'ils ne reverraient jamais. Épuisée, la vieille cheffe s'adossa à un palmier doum et appela sa cousine.

— Mon chemin s'arrête ici. À toi de gouverner notre clan.

— Je ne saurai pas, je…

— Voilà de nombreuses années, j'ai vécu une épreuve identique. Moi non plus, je ne me sentais pas prête, et j'ai pourtant affronté les mille et une difficultés du quotidien. Nous avons connu le bonheur en Égypte, cette époque est révolue. Prends la direction de l'ouest, fie-toi à ton instinct et ne songe qu'à la préservation du clan. Seules la désobéissance et l'indiscipline le mettront en péril. Sois indulgente, mais sans faiblesse, et tente d'éviter les conflits. Préserve surtout notre cohésion et vénère les dieux.

Éléphante émit un interminable soupir et sembla s'endormir.

Pour la vieille cheffe venait enfin l'heure du repos.

À l'appel de la cousine, les membres du clan se réunirent autour de la défunte et, pendant des heures, récitèrent les formules permettant le voyage de l'âme. Ensuite, ils creusèrent une tombe à l'ombre des palmes, prévoyant d'y revenir en pèlerinage.

Les funérailles achevées, la nouvelle cheffe, les paupières lourdes, prit la direction de l'ouest.

54

Le général Gros-Sourcils brandit la tête coupée d'un homme jeune au menton fuyant, orné d'une barbichette.

— Un Libyen, constata Taureau, étonné.

— Notre poste de surveillance de l'extrême ouest a été attaqué. Il est parvenu à repousser ces barbares et à détruire la quasi-totalité de leur commando. Quelques lâches ont pris la fuite.

— Étrange… Voilà bien longtemps que les Libyens ne sortaient plus de leur tanière !

— J'ai doublé les effectifs à la frontière et je préconise une expédition punitive.

— J'y réfléchirai, promit Taureau.

Un officier se présenta.

— Cigogne vient d'arriver à la tête d'une délégation.

— Qu'elle entre.

— Ne te laisse pas abuser, recommanda le général au chef de clan. À ton signal, je me débarrasserai de ces factieux qui ne songent qu'à te tendre un piège.

*

Cigogne avait prévenu Scorpion : si Taureau le considérait comme un ennemi, il l'étranglerait de ses propres mains. À lui et à Narmer de déployer leurs talents de diplomates pour s'attirer les bonnes grâces du chef de clan. Sinon, ils ne ressortiraient pas vivants de son camp retranché.

Cigogne passa la première, accompagnée de Neit vêtue d'une longue robe blanche, suivie de Scorpion et de Narmer.

Taureau était assis sur une souche d'arbre grossièrement taillée. Debout, à sa droite, le général Gros-Sourcils adressa des regards hostiles aux visiteurs.

Scorpion fut impressionné par la masse musculaire du chef de clan. À lui seul, il devait terrasser sans peine une dizaine d'adversaires ! L'œil était sombre et menaçant.

— C'est toi, Scorpion ?

— En effet. Je te présente la prêtresse de Neit, et mon frère, Narmer.

Taureau ne manqua pas d'admirer la beauté de la jeune femme qu'il aurait volontiers honorée de ses ardeurs. Narmer l'intrigua : posé, déterminé, il ne serait pas facile à manier. Quant à Scorpion, il était un curieux mélange de charme et de violence contenue. À l'évidence, un personnage redoutable.

— Reconnais-tu t'être emparé d'un de mes bourgs et avoir exterminé ma garnison ?

— Je le reconnais.

— Comment te justifies-tu ?

Le ton commençait à monter.

Certain d'être fouillé, Scorpion n'avait pas emporté d'arme. Pourtant, ses intentions n'avaient pas varié : tuer Taureau. Désemparé, son clan se soumettrait-il ? Les risques étaient immenses, mais l'aventure valait la peine d'être tentée. Scorpion se ruerait sur le général, s'emparerait de son couteau et trancherait la gorge de Taureau. Le succès dépendrait de sa vivacité.

— Un guerrier n'est pris au sérieux que s'il triomphe. À la tête de ma milice, j'ai prouvé la valeur de mes hommes et celle de leurs armes. En réalité, j'ai déjà conquis plusieurs villages et ne cesse d'enrôler de nouveaux soldats.

Cette révélation fit bouillir le chef de clan. Les veines de son énorme cou se gonflèrent.

— Serait-ce une déclaration de guerre, Scorpion ?

— À toi de juger.

Narmer estima indispensable d'intervenir.

— Nous avons un ennemi commun : Crocodile. Ses guerriers se répandent partout, de façon sournoise, et préparent une invasion du Nord comme du Sud. Moi, le dernier survivant du clan Coquillage, je le soupçonne de l'avoir exterminé afin de s'assurer le contrôle des marais et des lacs. Aujourd'hui, notre milice n'est pas quantité négligeable, et le Maître du silex l'a équipée d'armes très efficaces. En nous alliant, nous contraindrons Crocodile à reculer et préserverons la paix.

— Crois-tu vraiment que j'aie besoin d'aide ?

— La nôtre t'est indispensable, affirma Scorpion. Tes troupes sont lourdes, peu mobiles, faciles à éviter. Mes hommes, eux, sont rapides et entraînés aux embuscades.

Gros-Sourcils explosa.

— Pour qui te prends-tu, vantard ? Je suis le général de l'armée de Taureau et j'écraserai ta bande de morveux en moins d'une heure ! Agenouille-toi et implore sa clémence !

À la surprise de Narmer, Scorpion baissa la tête, fit deux pas en direction du général et mit un genou à terre.

Gros-Sourcils eut un rictus de satisfaction.

— Voilà le héros qui voulait nous défier ! Un prétentieux pétri de frousse, un…

Scorpion se détendit à la manière d'un cobra, étrangla le général de son bras gauche, s'empara de son poignard et lui piqua la gorge.

— Tu m'irrites, Gros-Sourcils, et je ne supporte pas les insultes.

Le sang coula le long du cou.

— Ne le tue pas, ordonna Taureau ; il est un peu borné, mais c'est un excellent militaire.

— Qu'il me présente ses excuses.

Taureau approuva d'un signe de tête. Se débattant en vain et sentant la lame s'enfoncer dans sa chair, le général marmonna quelques mots de regret. Puis il hurla :

— Il va t'égorger, Taureau !

Scorpion jeta le poignard et, d'un coup de coude au creux de la nuque, assomma Gros-Sourcils. Ses genoux se ployèrent, il s'effondra.

Taureau demeurait impassible.

— Tu m'intéresses, mon garçon. Je préfère les actes aux discours, et tu viens de démontrer tes qualités.

— Je n'ai rien à ajouter aux paroles de Narmer. C'est à prendre ou à laisser.

— À ton âge, j'étais aussi insolent que toi ; la pratique du pouvoir m'a appris la prudence, liée à l'autorité. Voici ma décision : toi et ta milice, je vous engage afin de vous confier les missions les plus périlleuses. Vous serez sous mon commandement et, à la première désobéissance, le général Gros-Sourcils sera chargé de vous exécuter.

— Pas question de lui confier nos armes.

Taureau hésita.

— Entendu, mais vous prendrez vos quartiers à proximité de mon camp, et toute initiative vous sera interdite. C'est moi, et moi seul, qui déciderai de la stratégie à suivre.

— Nous autoriseras-tu à en discuter ? interrogea Narmer.

— Pourquoi pas ? Les conseils sont profitables, à condition que la décision finale m'appartienne.

La prêtresse de Neit s'avança.

— Puisque chacun, ici, désire la paix, je m'engage à célébrer la danse des masques pour attirer la bienveillance des esprits et repousser les forces du mal. Taureau, désigne six femmes auxquelles j'enseignerai le rituel.

— Elles seront à ta disposition dès ce soir. Mon aide de camp vous indiquera vos huttes, et je vous convie à un grand dîner.

Cigogne savourait ce miracle ; Scorpion avait adopté la seule attitude capable de convaincre Taureau. Une telle alliance permettait d'espérer en des jours meilleurs.

Les hôtes du chef de clan se retirèrent.

Il se leva, remit debout son général et le gifla.

— Réveille-toi, Gros-Sourcils !

Embrumé, le militaire revint à lui.

— Fameux guerrier, ce Scorpion !

— Il m'a pris par surprise… Cela n'arrivera plus.

— Oublie la vengeance stérile et observe plutôt sa milice et son armement. Nous aurons beaucoup à apprendre.

— Tu… tu ne comptes pas l'engager ?

— Accord conclu, il servira sous mes ordres. Si ses soldats sont aussi valeureux qu'il le prétend, ils nous débarrasseront des espions de Crocodile.

— Et… ensuite ?

— Ensuite, nous verrons. Continue à préparer mon armée, Gros-Sourcils.

55

Digne du chef de clan et à la mesure de son appétit, le banquet avait vu défiler plusieurs plats de viande. Cigogne s'était autorisée à tremper ses lèvres dans une coupe de vin vieux, et Taureau avait apprécié la bonne tenue de Scorpion, le seul à rivaliser avec lui. Goûtant à tout, vidant coupe sur coupe, il gardait sa lucidité.

— Satisfait de ta hutte, Scorpion ?

— Je m'y habituerai, mais je déteste dormir seul.

Taureau eut un œil égrillard.

— Petit problème facile à régler… Je m'en occupe.

Assis loin de Scorpion et de Narmer, le général Gros-Sourcils se contenta de manger et de boire, ressassant sa rancœur. Les ordres étaient les ordres, et Taureau ne modifierait pas sa décision.

— Demain, annonça Scorpion, j'irai chercher ma milice et je l'amènerai à ton camp.

— Je suis impatient de la découvrir, avoua Taureau. Le Maître du silex viendra-t-il ?

— Il nous est indispensable. La qualité de l'armement qu'il fabrique te surprendra.

— Tant mieux ! Et cette belle surprise me donne soif…

*

En franchissant le seuil de sa hutte, Scorpion constata que le chef de clan avait tenu sa parole.

Craintive, les bras croisés sur sa poitrine, vêtue d'un modeste pagne en papyrus, une brunette se collait contre le mur en terre.

— Tu es… le guerrier Scorpion ?

Il lui sourit.

— C'est bien moi.

— On m'a dit…

— N'aie pas peur, tu es ravissante.

On lui avait parlé d'une brute terrifiante, elle découvrait le plus bel homme qu'elle ait jamais vu.

Sous le charme, elle décroisa les bras tandis qu'il ôtait son pagne avec douceur avant de l'enlacer. Au contact de Scorpion, la brunette perdit tout contrôle d'elle-même et se soumit à ses désirs.

*

Scorpion avait quitté le camp de Taureau, Neit formait les six ritualistes, Narmer observait l'entraînement du corps d'élite que commandait le général Gros-Sourcils. La démonstration de puissance était impressionnante ; durement sélectionnés, ces soldats ne redouteraient aucun adversaire.

À l'entrée principale, de l'animation. Accompagnée de ses servantes, Gazelle demandait audience à Taureau. Elle croisa le regard de Narmer, lui adressa un pâle sourire et suivit un officier.

Remis de sa beuverie, le chef de clan lui souhaita la bienvenue.

— Tu sembles effondrée !

— Le clan d'Éléphante a quitté l'Égypte et franchi la cataracte. D'après des rumeurs, elle serait morte.

Taureau fut consterné. Éléphante garantissait la stabilité d'une partie du Sud, et son engagement en faveur de la paix contenait les ardeurs de Lion et de Crocodile.

— Elle a été contrainte à fuir, estima-t-il. Qui l'a agressée ?

— Lion fait répandre un bruit selon lequel il aurait sauvé la cité sainte de Nékhen d'une attaque d'éléphants mâles en furie. Je crains qu'il n'ait trouvé un prétexte pour contraindre Éléphante à l'exil et s'emparer de son domaine.

Le visage de Taureau s'assombrit.

— Si tel est le cas, je ne saurais accepter d'être mis devant le fait accompli ! En rompant le pacte, Lion m'oblige à lui déclarer la guerre.

— Nous n'en sommes pas encore là, jugea Gazelle ; je vais lui demander des explications. La diplomatie nous permettra de sortir de cette nouvelle crise.

— J'en doute, mais je connais ton grand talent et je t'autorise à lui parler de l'ampleur de mes forces. Qu'il sache que, cette fois, je ne resterai pas immobile.

— Lion entendra raison, j'en suis certaine, il se sait incapable de te résister.

— Hors de question qu'il s'approprie les territoires d'Éléphante. J'exige une réunion des clans afin de procéder à une répartition.

— Je repars immédiatement.

— Ne devrais-tu pas te reposer ?

— La situation est trop préoccupante.

*

Narmer s'approcha de Gazelle. Nerveuse, la cheffe vérifiait la quantité de vivres nécessaire pour le voyage.

— Je suis étonnée de te voir ici !

— La milice de Scorpion va rejoindre les rangs de Taureau, et ce ne sera pas un apport négligeable.

— Un argument supplémentaire… Lion en tiendra compte.

— Menacerait-il la paix ?

— Le clan d'Éléphante a quitté le pays, peut-être à cause de Lion. Ma mission s'annonce délicate.

— N'es-tu pas habituée aux difficultés ?

L'élégante Gazelle parut désenchantée.

— Réfréner la violence… est-ce encore possible ? Éléphante était un appui précieux. Sa disparition nous prive d'une voix fort écoutée et brise l'équilibre qu'acceptaient les clans. Les ambitions démesurées de Lion ne l'ont-elles pas conduit à commettre une folie ?

— Son armée n'est-elle pas inférieure à celle de Taureau ?

— C'est probablement le seul motif d'espérer, car Lion déteste courir des risques et ne frappe qu'avec la certitude de vaincre. Prions les dieux, Narmer.

Les grands yeux de Gazelle n'exprimaient qu'une timide assurance. À la tête de son clan, elle s'élança, et Narmer eut le cœur serré. Un monde n'était-il pas sur le point de disparaître ?

*

Neit avait elle-même préparé les masques évoquant des têtes de vaches aux grandes oreilles et aux cornes surmontées d'étoiles. Par sa douceur et sa beauté, l'animal n'évoquait-il pas l'harmonie céleste ? Les ritualistes avaient répété les figures de danse, destinées à former une spirale. Elle serait célébrée à la tombée du jour, avant que la barque du soleil n'affronte l'épreuve de la nuit.

En écoutant Narmer lui transmettre les révélations de Gazelle, la prêtresse avait ressenti une profonde inquiétude.

— Pourquoi Scorpion tarde-t-il à revenir ?

— Il se méfie et doit prendre mille précautions pour ne pas tomber dans un piège.

— Taureau oserait-il trahir sa parole ?

— Je ne le crois pas, mais Scorpion reste méfiant. Comment le lui reprocher ? Le général Gros-Sourcils est hostile et pourrait inciter son chef à l'éliminer.

— Même si Taureau veut nous supprimer, je célébrerai ce rite en faveur de la paix et de l'apaisement des cœurs.

En raison d'épais nuages, les lueurs du couchant n'éclairaient que faiblement le cercle formé par les six danseuses masquées. Neit se plaça au centre et tournoya lentement à sept reprises avant d'amorcer une spirale dans laquelle elle entraîna, une à une, les ritualistes masquées. Elles incarnaient ainsi la naissance d'une vie nouvelle, victorieuse des conflits.

Au moment où la figure achevait de se déployer, la dernière danseuse s'effondra et la magie de la cérémonie fut brutalement anéantie.

Neit se précipita auprès de la malheureuse.

Les yeux révulsés, elle avait cessé de vivre. Affolées, ses camarades arrachèrent leurs masques et se dispersèrent.

En examinant le corps, la prêtresse découvrit, sur l'épaule droite, une griffure. Blessure légère qui aurait pu, cependant, permettre à un poison végétal d'accomplir lentement son œuvre de destruction.

Un membre de l'assistance se réjouissait de l'échec du rituel. À l'évidence, les dieux refusaient la paix, et le général Gros-Sourcils démontrerait bientôt l'efficacité de ses méthodes.

56

La concentration de lionnes et de guerriers stupéfia Gazelle. Lion avait rassemblé la totalité des membres de son clan et les préparait à combattre.

Trop tard pour reculer. De nombreux guetteurs encerclaient Gazelle et ses suivantes, et leur comportement n'avait rien d'amical. La frêle ambassadrice fit face.

— Je désire voir immédiatement votre chef. Mission diplomatique.

Sans cesser d'être hostiles, les regards devinrent interrogatifs ; un officier trancha.

— Toi, tu me suis. Les autres, vous restez ici.

À regret, Gazelle abandonna ses compagnes. Inquiètes, elles se regroupèrent, comme si cette manœuvre dérisoire leur offrait une protection.

Lion était en grande discussion avec son état-major. La crinière flamboyante, sûr de sa force, il écoutait peu et dictait ses exigences.

— Chère Gazelle ! Quel bon vent t'amène ?

— Je souhaite dissiper des rumeurs.

— J'espère t'être utile. Puis-je solliciter ta patience ? Quelques problèmes d'intendance à régler, mon échanson va te servir à boire.

Le camp de Lion rappelait celui de Taureau. Une belle discipline régnait, chacun se consacrait à une tâche précise. Plus trace de l'indolence d'autrefois.

En se désaltérant, la négociatrice tenta d'ignorer son entourage et de se persuader que son intervention avait encore un sens. Après avoir empêché tant de conflits, pourquoi ne réussirait-elle pas à calmer les ardeurs de Lion ?

— Je suis à toi, chère Gazelle ! Une promenade autour de l'étang te plairait-elle ? Loin de cette agitation, nous serons tranquilles pour converser.

Bordé de saules, l'endroit offrait de la fraîcheur.

— Alors, ces rumeurs ?

— Elles concernent Éléphante. Son clan aurait quitté l'Égypte, elle serait décédée.

— Étant donné l'inexcusable comportement d'éléphants mâles qui ont menacé la ville sainte de Nékhen, la cheffe devait prendre des mesures radicales. Heureusement, mes lionnes sont intervenues à temps, et ont dispersé ces fous furieux. L'un d'eux a même été tué. Sur mes conseils, avant d'être l'objet d'une réprobation générale, voire d'une condamnation, Éléphante a choisi l'exil. Triste destin, reconnaissons-le, mais il faut savoir contrôler ses troupes.

— Non content d'avoir sauvé Abydos, remarqua Gazelle, tu as protégé Nékhen.

— La bravoure ne se commande pas, et j'ai accompli mon devoir.

— C'est curieux…

— Pourquoi cet étonnement ?

— Éléphante n'a cessé de militer en faveur de la paix, dirigeait ses sujets avec autorité et ne manquait pas de m'alerter en cas de difficulté.

— Le grand âge conduit souvent à des aberrations, estima Lion, condescendant. Nous savions tous que les facultés de cette très vieille dame s'amenuisaient.

— En dépit de l'affaiblissement de son clan, elle disposait d'un assez vaste territoire. Taureau souhaite une réunion des chefs afin de procéder à une répartition.

— Réunion inutile. Puisque j'ai écarté le danger et garanti la sécurité de Nékhen, les anciennes possessions d'Éléphante ne me reviennent-elles pas de droit ?

— Il vaudrait mieux en discuter, de manière à éviter un conflit. Les troupes de Taureau se sont encore renforcées, et tu connais son caractère colérique. Il tient beaucoup à cette assemblée des clans qui permettra d'examiner la situation dans les détails.

— Ces détails ne sont-ils pas clairement établis ?

— Une entrevue éliminera les zones d'ombre et consolidera le pacte de paix. Auparavant, je rencontrerai les membres du clan d'Éléphante.

— Il a gagné le grand Sud, tu ne parviendras pas à le retrouver.

— Suppose qu'elle ait besoin de soins ou d'assistance. Au nom de notre amitié et de notre estime, nous…

— Éléphante est morte, affirma Lion, subitement glacial ; ses troupes se sont dispersées et ne réapparaîtront jamais en Égypte. Contente-toi de ces révélations et persuade Taureau de renoncer à des territoires qui sont maintenant ma propriété. Qu'il se satisfasse de dominer le Nord.

— Je crains qu'il n'apprécie guère ton attitude.

— Je m'en moque, ma chère Gazelle ! À moi de m'étonner : j'ai l'impression que tu mets en doute ma version des faits.

À travers la dureté du ton, l'ironie était mordante.

— M'aurais-tu caché la vérité ?

— Tu es délicieuse, tendre Gazelle, et je vais te la confier, cette vérité. À ton insu, j'ai appliqué un plan conçu de longue date. Première étape : éliminer le clan d'Oryx, guerrier courageux mais téméraire et impulsif. En attaquant Abydos, que je n'avais nullement l'intention de défendre, il m'a fourni l'occasion rêvée. Oryx est mort en brave et, grâce à toi, je n'ai pas été soupçonné.

Effondrée, Gazelle tenta de garder son calme.

— Alors, Éléphante…

— La chance, ma douce, toujours la chance ! Elle m'a offert la possibilité de briser son clan, indéfectible garant de la paix. Un jeune éléphant s'est égaré à proximité de Nékhen, une harde de lionnes l'a tué. Admirable prétexte pour me poser en sauveur et attaquer la coupable ! Je n'ai même pas livré bataille car Éléphante, mourante et incapable de commander ses troupes, n'avait d'autre choix que la fuite et l'exil. La deuxième étape de mon plan accomplie, voici l'heure de mon triomphe !

— Moi, je ne mens pas : l'armée de Taureau est dix fois supérieure à la tienne, et tu n'as aucune chance de vaincre.

— Erreur, ma chère. Il fallait m'arrêter après l'élimination d'Oryx, à l'époque où mes forces étaient effectivement insuffisantes ; aujourd'hui, c'est trop tard.

L'angoisse serra la gorge de Gazelle.

— Aurais-tu conclu… une alliance ?

Lion eut un large sourire.

— Ton intelligence me fascine !

Sortant de l'abri d'un saule au feuillage abondant, Crocodile apparut.

Gazelle fut tétanisée.

— Beau succès, ne trouves-tu pas ? interrogea Lion, sémillant. Oh, ce ne fut pas facile ! Mais mon nouvel ami, à la suite de l'acte d'allégeance des Vanneaux, nouveau cadeau de la chance, a beaucoup réfléchi.

Sortir de son isolement ne lui suffisait pas. La guerre lui semblant inévitable, un seul ennemi à abattre : Taureau. En me débarrassant d'Oryx et d'Éléphante, je lui prouvais ma détermination, et nos négociations secrètes purent enfin aboutir. Ses guerriers, les miens et des milliers de Vanneaux… Tu vois, dérisoire ambassadrice de la paix, ta mission est terminée, et l'armée de Taureau ne nous effraie pas. À présent, c'est elle qui est en position d'infériorité.

Gazelle n'évoqua pas la milice de Scorpion, trop faible apport pour modifier l'issue du conflit.

— Crocodile et moi allons conquérir le pays entier, annonça Lion, et les Vanneaux deviendront nos esclaves. Ainsi se réalisera la troisième étape d'une superbe stratégie.

Des larmes coulèrent sur les joues de la jeune femme.

— Tu devrais te réjouir, Gazelle. Ton attitude m'offense et, comme le supposait mon allié Crocodile, tu n'es plus qu'une créature nuisible.

Lion exhiba son couteau au manche d'ivoire et à la lame de silex, décoré de lionnes plantant leurs griffes dans le dos de gazelles.

— Épargneras-tu mes servantes ?

— Mes fauves sont affamés, ton clan entier disparaîtra.

— Puis-je solliciter une faveur ?

— Tue-la ! exigea Crocodile.

— Montrons-nous magnanimes, décida Lion, je t'écoute, ambassadrice.

— Acceptes-tu de livrer mon corps à Cigogne pour qu'elle l'enterre dans le cimetière de mes ancêtres ?

— Désolé, j'ai d'autres préoccupations.

D'un geste violent et précis, Lion trancha la gorge de la dernière cheffe du clan des gazelles.

— Sois maudit, murmura-t-elle avant de s'effondrer. Puisse l'au-delà te punir à la mesure de ta cruauté.

Le bruit d'un battement d'ailes fit lever la tête de Lion et de Crocodile ; une cigogne venait de les survoler.

— Elle avertira Taureau, déplora Crocodile.

— Peu importe, estima son allié, la réaction de ce colérique est facile à prévoir ! Il lancera ses troupes à l'assaut du Sud, sans se méfier des pièges que nous lui tendrons.

Gazelle ne respirait plus.

Lion ordonna à ses sbires d'ajouter le cadavre à ceux de ses servantes. Ce soir, son clan et celui de Crocodile s'offriraient une orgie de viande fraîche.

*

Chacal n'avait pas trouvé le sommeil. La nuit durant, son esprit s'était encombré de visions terrifiantes. Des spectres sortaient de terre, le désert s'enflammait, le fleuve s'asséchait, de monstrueux oiseaux dévoraient des vaches… Quand l'aube dissipa les ténèbres, le chef de clan fit le tour du sanctuaire d'Abydos, craignant de découvrir les conséquences d'une attaque.

Les sentinelles n'avaient rien à signaler. Pourtant, Chacal restait inquiet ; de tels tourments prouvaient qu'un drame s'était produit.

Au rythme régulier de ses grandes ailes, une cigogne descendit du haut du ciel et se posa aux pieds du chef de clan.

Dans son regard, Chacal déchiffra un message de désespoir. Il vit l'exécution de Gazelle et entendit la plainte qu'elle portait contre Lion devant le tribunal des dieux.

— Je la transmettrai selon les rites, assura-t-il à l'oiseau. Poursuis ta route et préviens Cigogne.

La messagère s'envola vers le Nord.

57

— Ça ne sent pas bon, dit Chasseur à Taureau. Il y a des bêtes féroces dans les parages, et je déteste jouer le rôle du gibier.

La milice s'était approchée du camp retranché du chef de clan en prenant quantité de précautions : une dizaine d'éclaireurs, protection des flancs et de l'arrière, escouade mobile explorant les endroits propices à une embuscade. Archers et manieurs de fronde restaient sur le qui-vive.

Scorpion ne s'attendait pas à une marche tranquille. Un tyran comme Taureau ne cédait pas aussi facilement, et cette attitude conciliante cachait un coup tordu. Au lieu de s'adjoindre un allié encombrant, pourquoi ne pas le détruire et s'emparer de ses armes ?

Chasseur désigna une forêt de tamaris.

— Le meilleur chemin longe les arbres. Ils nous attaqueront là.

— Prends la moitié des hommes, effectue une manœuvre d'encerclement. Moi, je continue.

— Tu risques gros, Scorpion.

— Ne t'inquiète pas.

Alors qu'il atteignait la bordure de la forêt, des branches remuèrent, en l'absence de vent. Les soldats de Taureau s'impatientaient.

Scorpion dénoua la cordelette d'un sac en cuir, et relâcha le scorpion femelle et sa progéniture, composée de mâles de belle taille. D'un geste, il ordonna aux archers de se mettre en position.

Au premier cri d'effroi des hommes mordus par les arachnides, ils tirèrent. Plusieurs fantassins tombèrent, certains sortirent de la forêt avec l'intention de combattre. Jaillissant des frondes, les silex pointus leur percèrent le front.

— Arrêtez, implora un officier, on se rend !

Magnanime, Scorpion accorda la vie aux incapables chargés de l'anéantir.

— Liez-leur les mains derrière le dos, ordonna-t-il, et qu'ils marchent en tête, bien visibles.

— On regagne notre base, avança Chasseur.

— Certes pas.

— Tu… tu ne comptes pas te rendre au camp de Taureau ! Cet avertissement ne te suffirait-il pas ?

— Je n'abandonnerai pas Narmer.

— Sans doute a-t-il déjà été exécuté et nous, nous serons massacrés !

— Ne soyons pas pessimistes, Chasseur.

*

À la vue des hautes palissades, Chasseur et plusieurs miliciens sentirent leurs jambes flageoler. Lorsque la grande porte s'ouvrirait, des dizaines de taureaux monstrueux jailliraient de l'enclos.

Et rien n'interromprait leur assaut.

Scorpion tira la corde qui entravait ses prisonniers et avança d'un pas régulier.

— Taureau, je t'amène le résidu de ton bataillon ! clama-t-il. Utilise ces pauvres bougres comme fermiers ; au combat, ils sont inutiles.

Un énorme éclat de rire salua cette déclaration, et Taureau en personne apparut sur le seuil de son domaine.

— Excellent, Scorpion, tout à fait excellent ! Je n'en espérais pas moins de toi. Je devais t'éprouver, et tu le savais. Comment accorder confiance à un guerrier crédule, inapte à déjouer un guet-apens ? Me voilà fixé, et j'en suis heureux ! Cette randonnée t'aura donné soif… Viens boire en ma compagnie.

À demi rassurés, les miliciens suivirent leur chef et pénétrèrent dans le camp retranché, sous le regard attentif du chef de clan.

— Je n'ai jamais vu des arcs de cette taille… Et la longueur de ces flèches, quelle merveille ! Donne-moi l'une de tes frondes, Scorpion, je veux l'essayer.

La taille du silex, pointu à souhait, surprit Taureau, et plus encore la distance incroyable à laquelle il l'expédia ! Et quand il soupesa, admiratif, les couteaux et les piques, il ne cacha pas ses sentiments.

— Cet armement est fabuleux ! Le Maître du silex a bien travaillé. Présente-le-moi, il mérite du vin, lui aussi !

Impressionné, l'artisan ne fut pas mécontent de se désaltérer. Taureau lui posa cent questions à propos de ses techniques et mit à sa disposition un vaste atelier.

Cette fois, Scorpion sentit que le chef de clan lui faisait réellement confiance et qu'il ne lui tendrait pas un nouveau piège. Consulté, Narmer émit un avis identique. Le calme de Vent du Nord, se régalant d'une jolie quantité d'orge, ne confirmait-il pas leur jugement ?

— Comment s'appelle cette beauté qui te dévore des yeux ? demanda Taureau à Scorpion en remplissant lui-même sa coupe d'un vin blanc fruité.

— Fleur, ma maîtresse en titre, d'une jalousie féroce.

— Ah… je dois donc renoncer à ma petite surprise de cette nuit. J'avais prévu de t'envoyer une compagne très douée pour te faire oublier les fatigues du voyage.

— Un tel cadeau ne se refuse pas.

— Mais Fleur…

— Nous nous amuserons à trois.

L'énorme main de Taureau frappa l'épaule de Scorpion.

— Tu me rappelles ma jeunesse ! J'étais inépuisable, une harde de donzelles ne m'effrayait pas. Avec l'âge, je me contente de quelques concubines.

Le chef de clan redevint grave.

— Tu as formé une remarquable milice, Scorpion, et tes soldats sont supérieurs aux miens, à l'exception de mes taureaux de combat. Et cet exploit, tu l'as accompli sur mon territoire et à mon insu, en dépit des patrouilles de Gros-Sourcils. En choisissant le Maître du silex, tu as perfectionné l'armement habituel et produit des innovations. Et je n'oublie pas ton frère, Narmer, observateur, rigoureux, doté d'étranges pouvoirs… Tu possèdes le tempérament d'un grand guerrier, Scorpion, et tu sais t'entourer. Cependant, n'oublie pas que je suis le chef du clan auquel tu as prêté allégeance, et que c'est moi qui donne les ordres.

Scorpion vida lentement sa coupe.

— Je tâcherai de ne pas l'oublier, promit-il, surtout si tu me demandes mon approbation avant de prendre une initiative d'envergure.

Il sentit monter la colère de son hôte. Les narines de Taureau se dilatèrent, ses poings se serrèrent.

— Demain, entraînement au corps à corps. Malgré leurs qualités, tes hommes ont encore besoin d'apprendre.

*

La matinée était brumeuse.

Narmer caressa la chevelure de Neit et sortit de la hutte où ils avaient passé une nuit d'amour.

Le jeune homme admira la rosée ornant les liserons qui ouvraient leurs corolles pour vénérer la renaissance du soleil. Ne célébraient-ils pas l'impossible union de l'eau et du feu ? La paix et la guerre, elles, n'étaient pas compatibles. L'alliance de Taureau et de Scorpion, dûment proclamée, impressionnerait-elle un adversaire déterminé ?

Les bras de Neit l'enlacèrent. La douceur de sa peau l'émerveilla, il l'embrassa tendrement.

— Quel souci te ronge ? demanda-t-elle.

— Nous avons réussi au-delà de nos espérances, et ce succès n'est peut-être qu'illusion.

Elle ne pouvait lui cacher la vérité.

— Les flèches entrecroisées de la déesse Neit ont flamboyé au cœur des ténèbres, avoua-t-elle, et j'ai entendu son appel. Je dois me rendre au sanctuaire.

— Nous irons ensemble.

— Non, Narmer ; ta place est ici. L'entente entre Taureau et Scorpion est fragile, toi seul sauras la consolider.

Que lui objecter ? La lucidité de la prêtresse dictait la conduite à suivre.

— Tu disposeras d'une escorte composée d'hommes aguerris, décida Narmer. Et promets-moi de revenir très vite.

Ils s'étreignirent avec fougue.

*

Scorpion s'étira.

Fleur ayant accepté de partager sa couche avec la dernière arrivée au harem de Taureau, à condition que son amant ne la revoie pas, la nuit avait été brève. Rivalisant de séduction, les deux jeunes femmes s'étaient offertes sans retenue.

Le soleil était déjà haut dans le ciel.

Levant les yeux, Scorpion aperçut un grand oiseau, au vol lourd, qui se dirigeait vers le camp retranché.

Úne cigogne.

Épuisée, peinant à battre des ailes, elle parvint à se poser aux pieds de la cheffe de son clan.

Aussitôt, Cigogne prodigua des soins à sa messagère, blessée à une patte, assoiffée et affamée, mais fière d'avoir rempli sa difficile mission.

En l'écoutant, la vieille dame blêmit.

D'un pas lourd, elle se rendit au champ clos où Taureau assistait à l'entraînement au corps à corps des miliciens de Scorpion, confrontés à ses propres soldats. Le retard de ce dernier commençait à l'exaspérer.

— Cigogne… Que fais-tu ici ? Tu n'apprécies guère ce genre de spectacle !

— L'une de mes messagères est revenue du Sud. Lion s'est allié à Crocodile, désormais à la tête des Vanneaux. Et ils ont assassiné Gazelle.

58

L'escouade chargée de protéger Neit ne comptait que des soldats d'élite. Narmer tenta en vain de contenir son émotion et la jeune femme n'eut pas davantage de succès. Cette séparation leur déchirait le cœur, et les atroces nouvelles apportées par la messagère de Cigogne ne laissaient plus planer le doute : cette fois, la guerre était inévitable.

Et Narmer serait en première ligne.

— La déesse te protégera, promit Neit. Si elle m'a appelée, c'est pour donner sa magie à notre armée. En célébrant son culte, je déclencherai sa fureur contre les ténèbres, et ses flèches transperceront les félons, les traîtres et les lâches.

— Au moins, tu seras en sécurité.

— Dès que possible, Narmer, je te rejoindrai.

Le convoi était prêt à partir, ils devaient se séparer. Neit caressa Vent du Nord, aux grands yeux tristes.

— Nous nous reverrons, murmura-t-elle.

En la regardant s'éloigner, Narmer se demanda si le chemin du scarabée ne s'arrêtait pas là. Sans Neit, aurait-il le courage et le désir de continuer ?

*

« Quel surprenant conseil de guerre », pensa Taureau en dévisageant la douce et paisible Cigogne déterminée à venger Gazelle, le redoutable Scorpion et le taciturne Narmer dont, voilà peu de temps encore, il ignorait jusqu'à l'existence. Quant au général Gros-Sourcils, à l'idée des affrontements prochains, il était surexcité.

— Mon plan de bataille est prêt, révéla-t-il d'un air gourmand. Les Vanneaux ? Une bande de trouillards qui prendront la fuite à la seule vue de nos troupes ! Le clan de Crocodile ? Des maraudeurs incapables de livrer un combat d'envergure ! Et Lion n'est qu'un prétentieux, enivré de sa vanité. Je préconise une attaque massive, sur un large front. Quelques jours suffiront à écraser cette médiocre coalition.

— Exactement la réaction que nos ennemis ont prévue, estima Scorpion. Adoptons cette stratégie stupide, et nous serons terrassés.

Un rire aigrelet et nerveux secoua la carcasse trapue du général.

— Toi, un novice dépourvu d'expérience, tu oses me critiquer !

— Face à cette situation inédite, ton passé de général est inutile. Et mépriser l'adversaire est une faute impardonnable.

Gros-Sourcils se tourna vers Taureau.

— Adopte mon plan, et notre triomphe sera rapide !

— Que proposes-tu ? demanda le chef de clan à Scorpion.

— Les Vanneaux ne sont pas des guerriers mais, à elle seule, leur masse représente une menace. Lion et Crocodile les enverront au massacre, nous subirons forcément des pertes et notre progression sera entravée. Nous savourerons une victoire illusoire, et les guerriers des deux clans nous attaqueront par surprise. Crocodile est passé maître dans l'art de la ruse, Lion dans celui de la manipulation. Alliés, ils deviennent redoutables.

Cigogne hocha la tête affirmativement, Gros-Sourcils haussa les épaules.

— Le cœur du Sud, reprit Scorpion, c'est la ville sainte de Nékhen. Il faut nous en emparer.

Taureau grogna.

— Impossible, les Âmes la protègent !

— C'est pourquoi personne n'osait l'attaquer. Aujourd'hui, les temps ont changé, et nous devons prendre l'initiative au lieu de livrer le type de combat que souhaite l'adversaire. Nékhen conquise, notre position sera dominante.

— Pure folie ! jugea le général.

— Ton avis, Narmer ? questionna Taureau.

— J'approuve Scorpion. Lion et Crocodile n'ont-ils pas amplement prouvé leurs qualités de manœuvriers ? En disposant de la masse des Vanneaux, dont la majorité est promise à la mort, ils garderont intactes leurs propres forces et, sur un terrain que nous ne connaissons pas, ils nous attireront dans des traquenards meurtriers. Une guerre éclair, consistant à s'emparer de Nékhen, me paraît être la seule solution. Ni Crocodile ni Lion ne prévoient un tel exploit. Puisque notre cause est juste, ne redoutons pas l'accueil des Âmes.

— Chacal intercédera en notre faveur, précisa Cigogne. Il est très lié aux Âmes de Nékhen et s'oppose à Lion et à Crocodile.

— Restent des difficultés majeures, ajouta Narmer : l'équipement et le mode de déplacement. En fort peu de temps, nous pouvons les résoudre si nous mettons tous les soldats au travail.

— Sois plus précis, exigea Taureau, troublé.

— Emprunter les chemins de terre nous retarderait et multiplierait les dangers. En conséquence, nous utiliserons le grand fleuve.

— Veux-tu dire… voyager sur l'eau ? s'inquiéta le robuste chef de clan qui n'appréciait que la terre ferme.

— Nous fabriquerons une quantité suffisante de barques afin de transporter l'armée et nous atteindrons Nékhen sans avoir perdu un seul homme. À partir de cette base, nous commencerons le combat.

— Nos soldats n'ont pas l'habitude de naviguer ! protesta Gros-Sourcils.

— Je formerai le nombre de pilotes nécessaire, assura Narmer, et les fantassins deviendront d'excellents rameurs.

— Je m'oppose formellement à ce projet insensé, déclara le général, trépignant, et je maintiens ma stratégie.

Embarrassé, Taureau se leva. Il songeait à la mésaventure vécue devant Bouto dont les Âmes à tête de faucon l'avaient repoussé ; et la navigation lui faisait horreur. Comment ses taureaux de combat supporteraient-ils un si long voyage ? D'un autre côté, la proposition de Scorpion et de Narmer était tellement inattendue qu'elle pouvait procurer un avantage décisif.

— J'ai besoin de réfléchir. Vous connaîtrez ma décision ce soir.

*

Le soleil déclinait.

Voyant Narmer morose, Scorpion lui apporta de la bière. Assis côte à côte, les deux frères admirèrent les couleurs chatoyantes du couchant. Avant de disparaître et d'affronter les démons des ténèbres, l'astre de vie inondait de beauté le monde qu'il avait créé.

— Tu songes à la prêtresse, n'est-ce pas ?

— Son absence m'est insupportable, avoua Narmer.

— Te connaissant, inutile de te rappeler qu'il existe nombre de femmes séduisantes.

— Inutile, en effet.

— Rassure-toi, Neit est en sécurité, et la magie de la déesse s'ajoutera à nos armes.

— Cette expédition n'a qu'une infime chance de succès, Scorpion, tu le sais. De plus, à Bouto, les Âmes m'ont interdit de franchir le seuil du territoire sacré. Pourquoi en irait-il autrement à Nékhen ?

— Parce que la guerre a été déclarée ! En brisant le pacte de paix, en assassinant Gazelle et en chassant Éléphante, Lion et Crocodile ont définitivement anéanti l'équilibre voulu par les Âmes. Si nous n'arrivons pas les premiers à Nékhen, ces deux prédateurs la ravageront. En réalité, nous n'avons pas le choix.

— Taureau ne paraît pas favorable à notre option ! N'écoutera-t-il pas son général ?

— En ce cas, je le convaincrai de son erreur.

— Taureau est têtu… Naguère, tu voulais l'abattre.

— Je n'ai rien oublié, affirma Scorpion, et je lui ferai payer ses crimes. Pour l'heure, jouons l'alliance de manière à éviter le chaos. Ensuite, nous verrons qui s'imposera vraiment.

La violence froide de ces propos impressionna Narmer. Scorpion visait au-delà de ce premier conflit majeur, sans renoncer à sa vengeance.

Autour de la cabane de Taureau, de l'agitation. Le chef du clan allait annoncer sa décision.

Narmer et Scorpion se présentèrent devant lui. À la gauche du puissant personnage, le général Gros-Sourcils, goguenard. Son long entretien avec Taureau semblait avoir été productif.

— J'ai pris en compte l'ensemble des arguments en gardant un seul objectif : la victoire. C'est pourquoi nous emprunterons la voie du fleuve afin de conquérir la ville sainte de Nékhen.

59

Le rituel de l'aube s'achevait, Chacal avait éveillé la puissance divine au cœur du sanctuaire d'Abydos, loin des rumeurs de guerre. Il effaça la trace de ses pas, referma les portes de la chapelle et se dirigea vers la nécropole où reposaient les membres de son clan.

Chacal pensa à la malheureuse Gazelle, privée de sépulture par les deux monstres qu'étaient devenus Lion et Crocodile, oublieux de la loi d'harmonie et soucieux de leurs seules ambitions. Des années durant, la frêle jeune femme avait sauvé la paix au prix d'efforts incessants, jusqu'à payer de sa vie cette entreprise désespérée.

Le monde des clans n'était-il pas sur le point de disparaître ? Non, si Taureau parvenait à briser les reins de ses adversaires. La sage Cigogne saurait discerner l'avenir, et lui, Chacal, implorerait les dieux de leur venir en aide. Sans doute conviendrait-il de nommer de nouveaux chefs, conscients de leurs devoirs.

La tranquillité de la nécropole ne calma pas les inquiétudes de Chacal. Et lorsqu'il vit le coffre mystérieux entouré d'un halo rouge, il comprit qu'il devait quitter Abydos au plus vite en emportant l'inestimable relique.

En hâte, il rassembla ses sujets.

Le soir même, des hordes de lionnes accompagnées de Vanneaux envahissaient Abydos.

*

Le camp fortifié de Taureau ressemblait à une ruche dont Narmer contrôlait l'activité incessante, en distribuant des consignes précises. Son sens de l'organisation faisait merveille, sous l'œil attentif du chef de clan, toujours aussi inquiet à l'idée d'un long parcours en barque.

Assisté d'une équipe efficace, le Maître du silex travaillait jour et nuit, pour produire une grande quantité d'armes. Pierres aiguisées qu'utiliseraient les manieurs de frondes, pointes de flèches bien équilibrées, arcs de tailles diverses, javelots, massues. S'y ajoutaient des boucliers en cuir et des bâtons de jet en tamaris.

Un autre atelier fabriquait des rames légères et faciles à manier. Scorpion formait les rameurs et composait les équipages, avec l'accord du général Gros-Sourcils, dépassé par les événements. Tout en imposant ses propres officiers, Scorpion prenait soin de ménager ceux de Taureau qui reconnaissaient volontiers son autorité, tant il les envoûtait. Un excellent armement ne suffirait pas à la réussite d'une guerre éclair. Il fallait également prévoir la nourriture et l'équipement. À l'aide d'aiguilles en os, droites ou incurvées, on travaillait le cuir et l'on façonnait des cordes, des paniers et des sandales en se servant des fibres de palme. Les cuisiniers, eux, préparaient de la viande séchée, des stocks d'oignons, des jarres d'huile et de bière. Pendant le parcours, il serait aisé de déguster du poisson frais.

Bien nourris, bien vêtus, disposant de nattes confortables et d'un armement supérieur à celui de l'adversaire, les soldats jouiraient d'un moral élevé et ne redouteraient pas une aventure périlleuse.

Narmer avait donné l'ordre de rassembler un maximum de chèvres. Sobres, supportant la chaleur, capables de se déplacer aisément sur des terrains accidentés, elles porteraient de petites charges. On appréciait leur lait, base de succulents fromages, et la peau des bêtes mortes fournissait le cuir des outres à eau. Malheureusement, il n'existait qu'un seul Vent du Nord ; peut-être Narmer pourrait-il engager d'autres ânes dans la région de Nékhen. Eux seuls, à son avis, détenaient la clé des transports terrestres ; mais les apprivoiser réclamerait de la patience.

À la surprise générale, Cigogne retrouvait une nouvelle jeunesse. Délicatement maquillée, vêtue d'une seyante tunique courte, la vieille cheffe de clan se montrait d'une activité débordante, servant d'exemple à l'ensemble de ses sujets, décidés à jouer un rôle décisif lors de cette guerre. En survolant le territoire du Nord au Sud, et du Sud au Nord, les cigognes communiqueraient de précieux renseignements à l'armée de Taureau et lui permettraient d'éviter les pièges. À Cigogne de coordonner les allées et venues de ses émissaires et d'en tirer profit.

Un moment crucial approchait : la mise à l'eau de la première grande barque de papyrus, renforcée au maximum, et dont l'étrave relevée était formée d'un gros morceau de palmier. Narmer avait utilisé la science et l'expérience du défunt clan Coquillage, en espérant obtenir un résultat satisfaisant.

Taureau, Scorpion, le général Gros-Sourcils et Cigogne observèrent la manœuvre.

Huit costauds montèrent à bord, s'assirent et commencèrent à ramer en cadence.

— Magnifique ! s'exclama Scorpion. Nos fantassins sont devenus de vrais bateliers.

— Est-ce ta meilleure embarcation ? demanda Taureau.

Narmer s'attendait à cette réclamation. Il appela ses assistants qui poussèrent à l'eau une sorte de barge aux dimensions impressionnantes.

— Elle supportera un taureau de combat, affirma le constructeur.

Sceptique, le chef de clan fit approcher l'un de ses monstrueux guerriers qu'il était le seul à pouvoir maîtriser. Le sabot nerveux, l'animal consentit à quitter la rive et à prendre pied sur ce territoire flottant.

De sinistres craquements inquiétèrent l'assistance.

La barge tint bon, le taureau s'accroupit et se détendit.

À cet instant, une vision envahit Narmer. La tête haute, fière face à la mort, Gazelle regardait le couteau de Lion s'approcher de sa gorge. Et c'était à lui, le miraculé du clan Coquillage, qu'elle adressait ses dernières pensées.

— Son esprit vient d'être absorbé par la lumière, murmura Cigogne. Te voici dépositaire de sa magie et de ses qualités.

Comme Gazelle, Narmer saurait désormais dialoguer, convaincre, rechercher l'harmonie en toutes circonstances, se montrer agile et trouver les bonnes pierres destinées aux constructions futures. Le sacrifice de la persévérante jeune femme n'avait pas été vain, puisque son génie habitait le cœur de l'héritier spirituel des clans Coquillage, Oryx et Cigogne.

Une nouvelle étape de la voie du scarabée était franchie.

Rassuré, Taureau convia ses alliés à un plantureux repas.

*

Narmer vérifia les barques une à une, s'assurant de la solidité des ligatures. Encore quelques jours de travail, et la flottille serait suffisante pour transporter la totalité des troupes et leur matériel. Les techniciens avaient effectué un travail surprenant, ne cessant de s'améliorer au fur et à mesure de leur labeur.

Et une cigogne avait fourni une heureuse nouvelle : Neit était arrivée au sanctuaire et célébrait le culte de la déesse, en implorant son aide. Entourée de sa garde rapprochée, elle agissait en parfaite sécurité.

Surmontant sa fatigue, Narmer courait d'atelier en atelier et encourageait les artisans. Vu les résultats remarquables, l'enthousiasme se propageait. Les humbles avaient le sentiment de participer à une mission d'importance et de tracer ainsi leur propre avenir.

— Nous sommes prêts, dit Narmer à Scorpion.

— Pas tout à fait.

— Que nous manque-t-il ?

Scorpion montra à son frère une dent d'hippopotame dans laquelle il avait sculpté des taureaux furieux piétinant leurs ennemis.

— Elle protégera l'ensemble de l'expédition. Jette-la au fleuve afin de l'apaiser, et nous partirons à la conquête du Sud.

60

Quand Taureau embarqua, il s'efforça de faire bonne figure. La barque supporta son poids, et les rameurs guettèrent son ordre. À sa droite, l'embarcation de Narmer ; à sa gauche, celle de Scorpion.

Le chef de clan eut une ultime hésitation. À la réflexion, cette folle entreprise n'avait aucune chance d'aboutir ! En prêtant une oreille trop attentive aux discours de Scorpion, ne condamnait-il pas les siens à disparaître ? Mieux valait garder ses positions et attendre l'attaque d'un adversaire qu'il saurait repousser. Tout bien pesé, il allait mettre fin à cette ineptie.

Jaillissant du disque solaire, trois faucons descendirent en piqué vers le convoi naval et se posèrent sur la proue des barques occupées par Taureau, Scorpion et Narmer.

Le regard des rapaces flamboya. Pour la première fois, Narmer vit, à moins d'un pas de lui, l'œil du faucon. À cet instant, sans être capable de déchiffrer l'intégralité de son message, il sut ce qu'étaient la véritable autorité et la puissance de la création.

D'un même élan, les trois oiseaux s'élancèrent en direction du sud.

Subjugué, Taureau leva la main, et les rameurs se mirent en mouvement.

*

— Abydos nous appartient, déclara Lion, fier de ce nouveau succès.

— Rudes combats ? s'inquiéta Crocodile.

— Comme je le supposais, Chacal a pris la fuite ! Mes lionnes et leurs dévoués Vanneaux occupent le site.

— A-t-on retrouvé trace de Chacal ?

— Qu'importe ! Il a probablement quitté le pays, et nous n'en entendrons plus parler.

— Le coffre mystérieux ?

— Disparu.

— Chacal l'a emporté, déplora Crocodile. Dommage… Cette relique aurait conforté notre prise de pouvoir.

— Détail dérisoire, jugea Lion. Je compte raser Abydos et installer le siège de notre futur gouvernement à Nékhen.

— Oublies-tu les Âmes ?

— Elles reconnaîtront notre triomphe, et celles de Bouto les imiteront lorsque nous aurons conquis le Nord !

Crocodile ignorait l'enthousiasme et ne partageait pas la belle humeur de son allié.

— Il faut d'abord écraser l'armée de Taureau, rappela-t-il.

— Ce mastodonte a commis une erreur fatale : perdre du temps. Il nous a laissé le loisir d'occuper l'ensemble des passages obligés et d'organiser de superbes traquenards. Comme il ne connaît pas le terrain, nous le harcèlerons. Épuisé, affaibli, il finira par se rendre. Et j'ai le sentiment que tu ne lui accorderas pas ta grâce.

Crocodile rêva de la carcasse de Taureau, étendue sur le flanc, incapable de se défendre.

*

Mollasson dormait, Gueulard cuvait sa bière, Vorace violentait une jeune fille obligée de céder à ses pulsions sous peine d'être étranglée. Les trois chefs des Vanneaux commandaient les troupes de réserve, stationnées à une journée de marche au nord de la ville sainte de Nékhen.

Se félicitant de leur bonne fortune, ils jouissaient de tous les plaisirs, enfin accessibles, et n'auraient d'autre responsabilité que d'envoyer leurs hommes au combat quand Lion et Crocodile en donneraient l'ordre. Affectés à l'intendance, les trois compères ne couraient aucun danger. La fille se montrant un peu rétive, Vorace décida de l'attendrir. Après l'avoir giflée, il l'emmena au bord du fleuve, en empruntant un étroit passage creusé entre des roseaux géants et drus. Au moment de lui plonger la tête dans l'eau, Vorace crut avoir une hallucination.

Des barques… des dizaines de barques remplies de soldats !

Abandonnant la femelle, il courut jusqu'à son campement.

*

Bien qu'il eût hâte de regagner la terre ferme, Taureau admettait que ce voyage, si angoissant, ressemblait à une agréable promenade. En dépit des mouvements du grand fleuve, son appétit restait intact, et il appréciait la beauté sauvage des rives, couvertes de forêts de papyrus. Le vent du nord, rafraîchissant, facilitait la tâche des rameurs, et la progression se révélait d'une étonnante rapidité.

Grâce aux éclaireuses de Cigogne, une certitude : les troupes de Lion et de Crocodile, habilement concentrées et dissimulées à des points de passage terrestres, attendraient en vain leurs adversaires ! Comment auraient-ils pu imaginer Taureau, dont l'aversion pour l'eau était légendaire, à la tête d'une flottille de guerre ?

Scorpion et le Maître du silex occupaient la même embarcation. Méditatif, l'artisan semblait perdu dans ses souvenirs.

— Revis-tu ton existence de Vanneau ? interrogea Scorpion.

— Je ne la regrette pas.

— En es-tu certain ?

Le barbu parut offusqué.

— Que signifie cette question ?

— Tu es issu d'un peuple qui est devenu notre ennemi. En certaines circonstances, ne te sera-t-il pas difficile de choisir ton camp ?

Le visage de l'artisan perdit toute bonhomie.

— Baisse-toi, Scorpion ! exigea-t-il en maniant sa fronde.

Le silex taillé en pointe fendit l'air et perça le front d'un lanceur de javelot, campé sur un îlot herbeux et visant le dos de Scorpion.

— Voilà notre premier Vanneau abattu, constata le Maître du silex. Les autres vont surgir en masse des forêts de papyrus, et nous devrons livrer bataille.

Scorpion proclama aussitôt le branle-bas de combat, et les archers se mirent en position.

— Doutes-tu encore de moi ? questionna l'artisan en colère.

— Tu m'as sauvé la vie, je ne l'oublierai pas.

Avoir échappé à la mort renforça l'énergie de Scorpion. S'emparant d'une rame, il imprima la cadence en direction de la rive, et l'ensemble de l'armée le suivit.

La plupart des Vanneaux n'eurent pas le temps de lancer leurs javelots, car le tir des archers formés par Chasseur décima leurs rangs. Conscient de sa défaite, Vorace réveilla Mollasson et sortit Gueulard de sa torpeur. Pendant que le contingent de réserve se ferait massacrer, ils alerteraient Lion et Crocodile.

*

— Une flottille de guerre, marmonna Lion, ébahi. C'est… c'est impossible !

— Seigneur, je l'ai vue de mes propres yeux ! affirma Mollasson.

— Avec leurs frondes et leurs arcs, ils ont tué des centaines de Vanneaux, précisa Vorace. Nous nous sommes battus courageusement, mais nous ne possédions pas les armes nécessaires pour leur résister.

— Qui commandait l'attaque ? demanda Lion, désemparé.

— Un guerrier déchaîné, à la belle stature. Il était animé d'une rage dévastatrice et semblait invulnérable.

— N'as-tu pas remarqué un chef au cou puissant, à la tête énorme et à la musculature d'un taureau ?

— Si, si, il piétinait les survivants et déchiquetait les roseaux où se couchaient les fuyards. À son approche, les derniers résistants lâchaient leurs armes. Une vraie tornade, seigneur ! Personne n'aurait pu lui résister.

— Taureau emprunter la voie du Nil… Insensé, il déteste l'eau !

— Il n'est pas seul, observa Crocodile, la mine sombre. Le guerrier déchaîné l'aura convaincu d'éviter ainsi nos lignes de défense et d'effectuer une percée.

— Quel est leur objectif ?

— Je n'en vois qu'un : Nékhen.

Perdant de sa superbe, Lion était la proie d'une vive agitation.

— Les Âmes les repousseront !

— Et s'ils disposaient de pouvoirs suffisants pour les convaincre d'ouvrir la porte de la cité ? Nous avons sous-estimé l'ennemi, jugea Crocodile, et Taureau semble avoir trouvé de nouveaux appuis.

— Ne restons pas inactifs, et dirigeons immédiatement l'ensemble de nos troupes vers Nékhen !

— Pas de précipitation ! N'est-ce pas la réaction qu'espère Taureau ? Il vient de nous surprendre et cherche à nous tendre un nouveau piège.

— Les laisseras-tu s'emparer de la cité sacrée ?

— S'ils s'y enferment, pourquoi pas ? Au lieu d'un affrontement incertain, préparons un encerclement. En les affamant et en les assoiffant, nous reprendrons l'initiative.

61

Entraînés par la fureur de Scorpion, les fantassins avaient mis en fuite le dernier carré de Vanneaux. Le succès de cette guerre était total, et Taureau n'avait à déplorer que des blessés légers qui bénéficiaient déjà des soins de Cigogne et de ses assistantes.

Face à l'armée victorieuse, l'enceinte de la ville sainte de Nékhen et sa porte monumentale, hermétiquement close.

Scorpion avait recouvré son calme, et Narmer restait étonné, voire choqué, de l'ampleur de sa violence, dépassant les capacités d'un homme ordinaire. Taureau, lui, s'en félicitait et goûtait l'équilibre qu'offrait un sol bien ferme.

À la tête de ses troupes, il s'approcha de l'entrée de la cité fortifiée.

— Je suis le chef de clan Taureau, et je ne viens pas en ennemi. Lion et Crocodile ayant brisé notre pacte de paix, je suis contraint de les combattre et de libérer le Sud de leur oppression. Âmes de Nékhen, accueillez-moi !

Un silence total s'établit. Pas un oiseau ne traversa le ciel, le vent tomba, la gorge des guerriers se serra. Même Scorpion parut inquiet.

Lentement, la grande porte s'ouvrit.

Apparurent trois géants à tête de chacal.

S'il n'avait été le chef de son clan, Taureau aurait volontiers rebroussé chemin. Ces Âmes-là étaient aussi terrifiantes que celles de Bouto.

— Oseras-tu violer notre sanctuaire ? demanda une voix sourde dont les vibrations tordaient les entrailles.

— Je n'en ai nullement l'intention !

— Alors, éloigne-toi.

— J'ai besoin de votre aide, insista Taureau. Derrière vos murailles, mon armée sera à l'abri, et nous organiserons ensemble la reconquête.

— Nous ne sommes pas de ce monde, précisa la voix, et ne participerons pas à la guerre des clans.

Scorpion s'avança.

— Vous êtes présentes en ce monde, Âmes de Nékhen, et ne sauriez vous tenir à l'écart de ce bouleversement ! Si vous nous repoussez, Crocodile et Lion détruiront votre ville.

Les regards des trois chacals se tournèrent vers l'imprudent. Quand leurs yeux, hostiles, commencèrent à rougeoyer, les soldats s'agenouillèrent et se voilèrent le visage.

— Ai-je commis une faute en disant la vérité ? s'insurgea Scorpion, le front haut.

— Vous avez à choisir le destin de ce pays, intervint Narmer, se portant aux côtés de son frère. Ou vous approuvez notre lutte, ou vous nous combattez.

Taureau sentit que la situation tournait mal. Quel humain avait jamais eu l'impudence d'interpeller les Âmes de cette façon ?

À proximité de Scorpion et de Narmer, la terre se fendilla. Une crevasse se forma autour des deux sacrilèges, de la fumée sortit des entrailles de la terre. Les Âmes de Nékhen les condamnaient aux flammes des régions ténébreuses.

À l'abri au sein de l'arrière-garde, le général Gros-Sourcils jouissait du spectacle. Débarrassé de ces deux gêneurs, il reprendrait la première place. Et si Taureau succombait, lui aussi, le clan entier lui appartiendrait !

— Écoutez-moi ! exigea Chacal, venant du Nord en compagnie de ses sujets qui se disposèrent entre les Âmes et l'armée de Taureau. Lion et les Vanneaux se sont emparés d'Abydos, révéla-t-il. Gazelle, égorgée par Lion avec l'accord de Crocodile, m'a demandé de porter plainte contre eux auprès du tribunal de l'au-delà. À présent, le devoir des justes consiste à les combattre sur cette terre.

— Approche, Chacal, ordonna une Âme.

Pendant leur entretien, les lèvres de la crevasse se refermèrent et les fumerolles disparurent. À l'étonnement des soldats, Scorpion et Narmer ne quittèrent pas cet endroit redoutable, comme s'ils continuaient à défier les géants.

La négociation fut longue, et Taureau craignit l'échec de Chacal dont les révélations n'avaient rien de réjouissant.

Les Âmes rentrèrent dans Nékhen, la grande porte se referma et Chacal annonça à ses alliés le résultat d'une âpre discussion.

— Vous êtes autorisés à dresser ici votre campement.

— On nous refuse l'accès à la cité ! constata Scorpion.

— Les Âmes délibèrent. Vos arguments et les miens ont porté, mais elles veulent prendre le temps de réfléchir à une décision de cette importance.

— Si elles tardent trop, déplora Taureau, nos troupes seront exposées aux attaques de Lion et de Crocodile !

— Organisons immédiatement nos défenses, préconisa Narmer.

— Il y a tout aussi urgent, estima Chacal : libérons Abydos. Sans l'énergie provenant de ce territoire, nous ne vaincrons pas.

— Diviser nos forces serait une erreur fatale ! protesta Taureau. Je crains déjà d'être en infériorité numérique et j'aurai besoin de la totalité de mes hommes pour repousser un assaut.

— Je n'en exige qu'un seul : Narmer.

Taureau roula des yeux noirs.

— Tu prétends libérer Abydos… à vous deux ?

Chacal hocha la tête affirmativement.

— Ce serait un suicide !

— Que Narmer me fasse confiance.

Au plus profond du jeune homme s'exprimèrent les pensées des chefs de clan disparus, et leurs messages concordaient.

— Entendu, consentit Narmer. Auparavant, je donnerai mes directives afin d'assurer notre sécurité.

*

On creusait des fossés, on plantait des pieux dont seule la pointe dépassait, on répandait des morceaux de poterie tranchants, on aménageait des postes d'alerte et de surveillance, on façonnait des buttes qui serviraient d'abris aux archers. Et Narmer imposa de strictes consignes aux responsables de l'intendance ; disposant d'un minimum de confort, les soldats ne manqueraient ni d'eau ni de nourriture.

Scorpion fixait la porte monumentale de Nékhen.

— Crois-tu qu'elle s'ouvrira un jour ? demanda-t-il à son frère.

— Les Âmes finiront par percevoir la gravité de la situation. Surtout, ne tente pas un coup d'éclat et montre-toi patient !

Scorpion sourit.

— Tu déchiffres mes pensées ! Attendre la décision des Âmes n'est-il pas insupportable ?

— C'est l'unique solution, leurs pouvoirs nous dépassent.

— Et si elles nous refusent leur aide ?

— Nous envisagerons une nouvelle stratégie.

— Reconquérir Abydos avec le seul Chacal… Ne serait-ce pas une folie ?

— Il est aussi intelligent que prudent, et sa proposition dissimule forcément un plan qu'il ne tient pas à révéler.

— Tâche de revenir, Narmer ; cette armée a besoin de tes compétences.

Des cris interrompirent les deux frères.

Couverte de sang, une cigogne venait de se poser au milieu des soldats. Ils avertirent la cheffe de son clan, qui se hâta de prodiguer des soins tout en écoutant le rapport de son émissaire.

Ébranlée, Cigogne se rendit à la hutte de Taureau où avaient été convoqués Chacal, Scorpion, Narmer et Gros-Sourcils. Chacun sentait qu'un grave événement s'était produit.

— C'est à peine croyable, révéla Cigogne, mais la blessée est formelle : des hordes de Libyens ont envahi le Nord. Elle s'est posée pour s'assurer qu'elle ne se trompait pas et ils ont tenté de la tuer en lui jetant des pierres. Elle leur a échappé de justesse, redoutant de ne pouvoir parvenir jusqu'à nous.

— Impossible, s'exclama Taureau, complètement impossible ! Les tribus libyennes ont toujours été incapables de s'unir !

— Sans doute ont-elles trouvé un chef qui a profité de ton absence, avança Cigogne.

— Je leur avais pourtant donné une bonne leçon ! rappela le général. Comment ces lâches ont-ils osé violer notre territoire ?

— Nous n'avons laissé là-bas que de modestes effectifs, déplora Taureau. Ils n'entraveront pas une déferlante de sauvages et ne protégeront pas longtemps les femmes, les vieillards et les enfants.

Cigogne ne dissimula pas la vérité.

— Les massacres ont déjà commencé, de nombreux villages sont en feu. Intact, ton camp retranché accueille les réfugiés.

— Repartons pour le Nord ! préconisa Gros-Sourcils.

— Absurde et inefficace, objecta Scorpion. Lion et Crocodile nous barreront le chemin, tant fluvial que terrestre. L'effet de surprise ne jouera plus. Cette fois, nous serons contraints de les affronter à leur guise et risquons de tomber dans leurs pièges. C'est ici, et nulle part ailleurs, que nous pourrons les vaincre. Le Sud pacifié, nous partirons à la reconquête du Nord.

Accablé, Taureau baissa la tête. Scorpion avait raison, et il devait accepter, impuissant, la destruction d'une grande partie de son clan.

— Les Libyens me le paieront, promit-il. J'éradiquerai cette race maudite.

Narmer ne songeait qu'à Neit.

Sa garde rapprochée n'avait pu repousser les meutes libyennes. S'était-elle enfuie, avait-elle trouvé refuge au camp de Taureau, était-elle blessée… ou morte ?

Seul Scorpion paraissait inébranlable.

— Notre destin est clair : soit nous triomphons, soit nous disparaissons. Continuons donc à renforcer nos positions, maintenons le moral des troupes et préparons-nous à combattre.

La main de Chacal se posa sur l'épaule de Narmer.

— Nous, nous partons pour Abydos.

62

Chacal et Narmer portaient les gourdes d'eau et les provisions, Vent du Nord le coffre mystérieux, soigneusement emmailloté.

La démarche de Chacal, sa souplesse, sa manière de humer l'air afin de déceler le meilleur itinéraire fascinèrent Narmer. Pas une seule fois, Vent du Nord ne fut en désaccord avec les options du chef de clan. Doté de tels guides, le jeune homme progressait en confiance.

Chacal avait choisi de quitter la vallée du Nil et d'emprunter la voie du désert de l'ouest, à bonne distance des zones verdoyantes où se tenaient les troupes de Lion et de Crocodile. S'accordant de courtes haltes et de brèves périodes de sommeil pendant lesquelles l'un d'eux montait la garde, Chacal, Narmer et Vent du Nord marchèrent jour et nuit. Les deux premiers étant capables de discerner le bon sentier dans les ténèbres, l'âne les suivait de son pas sûr et régulier.

Six fois déjà le soleil s'était couché, et le moment de prendre un peu de repos survenait. Chacal fixa une haute dune.

— De l'autre côté débute un chemin sinueux menant à Abydos, mais des prédateurs nous guettent.

Vent du Nord acquiesça en levant l'oreille droite.

Narmer n'était armé que d'un poignard et ne parviendrait pas à contenir une bande de lionnes et de Vanneaux.

— Contournons l'obstacle, décida Chacal ; enfonçons-nous au cœur du désert, traçons une large boucle et rejoignons mon territoire en évitant d'éventuels agresseurs.

— L'eau nous manquera !

— Un risque à courir.

Renonçant à dormir, le trio repartit.

*

— Sommes-nous encore loin ? demanda Narmer, la bouche sèche et les muscles raides.

— Nous arriverons au crépuscule.

Il était temps de poser la question essentielle.

— Les occupants d'Abydos ne nous donneront pas à boire et nous n'aurons pas la force de leur échapper. Je suppose que des membres de ton clan se sont dissimulés en attendant ton retour et combattront sous ton commandement.

— Tu te trompes, nous sommes seuls.

— En ce cas, nous sommes condamnés à une mort certaine !

— Je n'ai pas l'intention de disparaître en abandonnant mon peuple.

Chacal avança, Vent du Nord le suivit. Interloqué, Narmer l'imita : le calme de l'âne ne l'incitait-il pas à demeurer confiant ?

Le ciel s'embrasa ; de longues traînées rouges le sillonnèrent, la lune scintilla. Les rayons du soleil mourant dorèrent la nécropole et le sanctuaire d'Abydos. La profonde sérénité régnant en ces lieux surprit Narmer qui prévoyait un rude affrontement.

Çà et là, des cadavres de lionnes et de Vanneaux. Quelqu'un avait libéré le territoire de Chacal en éliminant ses occupants. Pourtant, pas de blessures apparentes ; bêtes et hommes semblaient s'être éteints de façon naturelle.

La tristesse étreignit Narmer. Il songea à la femme qu'il aimait, peut-être perdue à jamais, et à la petite voyante qu'il n'avait pas réussi à venger. Sur le chemin du scarabée et des transformations, il était confronté à la désespérance, en ce site silencieux, à la lisière de l'invisible. Soudain, la douleur de la soif disparut ; Chacal déchargea Vent du Nord et posa à terre le coffre mystérieux.

Une torche éclairait le seuil de la chapelle, à l'extrémité de la nécropole.

— Entre, Narmer, et rencontre ton destin.

Chacal s'effaça, son hôte hésita. Ainsi, telle était la véritable raison de ce voyage ! Le chef de clan savait qu'une puissance surnaturelle repousserait les envahisseurs ; elle lui avait ordonné de l'amener ici afin de lui faire subir une nouvelle épreuve.

Narmer franchit le seuil.

Au fond de la petite chapelle, entouré d'un halo de lumière, l'Ancêtre.

Enveloppé dans son long manteau, le visage recouvert d'un masque triangulaire, pointe en haut, il paraissait immense. Ses yeux, des perles blanches, fixèrent l'arrivant.

— Désires-tu continuer, Narmer ?

— À quoi bon, si je suis incapable de respecter mon serment et de retrouver Neit ?

— J'ai quitté la cité du pilier pour Abydos, car nul ne doit souiller la pureté de ce site où le dieu de la résurrection a bâti son trône. Sans son énergie qui lie le ciel à la terre et illumine l'esprit des hommes, aucune harmonie ne saurait exister. Avant d'accéder à l'immense lumière de la vie, il faut passer par de multiples formes de mort. En auras-tu le courage ?

Narmer comprit que l'Ancêtre ne répondrait pas à ses questions d'humain et qu'il s'adressait à l'âme réunie des chefs de clan dont il était devenu l'héritier. Une désertion, et l'avenir se refermerait à jamais. Narmer n'avait plus le droit de s'attacher à sa seule existence ; à travers sa personne s'exprimaient d'autres exigences.

— Je ne reculerai pas.

— La guerre des clans marque la fin d'un monde. La naissance du prochain dépendra de la capacité d'un être à franchir les sept épreuves, d'un seul être et d'un être seul. S'il échoue, le chaos s'imposera, et les hommes s'entre-déchireront en développant leurs penchants naturels, l'injustice, la violence et le mensonge. La tâche qui t'est proposée est surhumaine, Narmer, et je ne te dicterai pas ta décision.

— Les Âmes ouvriront-elles la porte de Nékhen ?

— Je l'ignore. Tout dépendra de leur volonté à regagner ou non l'invisible.

Narmer ne disposerait donc pas de la moindre certitude. À supposer qu'il parvienne à franchir une nouvelle étape, Scorpion, Taureau et Cigogne n'auraient-ils pas été exterminés ? Lutter à leurs côtés s'imposait. Pourtant, un autre combat devait être mené ; sinon, l'Ancêtre disparaîtrait et la victoire éphémère des armes n'aboutirait qu'au désordre et à de nouveaux conflits.

— Je continue, affirma Narmer, au mépris de ses craintes.

— Présente-moi la paume de ta main droite.

Le jeune homme s'exécuta.

Des yeux de l'Ancêtre jaillirent des rayons qui gravèrent dans la chair une étoile à cinq branches sans provoquer de souffrance.

— Puisse ce signe te protéger et te faire reconnaître des dieux lors de la traversée du temple des scarabées. Chacal te guidera.

Le halo de lumière s'estompa, et l'Ancêtre retourna aux ténèbres et au silence.

Narmer sortit de la chapelle et, sous l'œil inquiet de Vent du Nord, suivit Chacal. Ils longèrent la nécropole, passèrent entre deux monticules, descendirent une pente abrupte et aboutirent à l'étroite entrée d'une fosse.

Narmer frémit.

En pénétrant à l'intérieur de la terre, quels monstres allait-il affronter, aurait-il la force de les terrasser ?

— La bouche des profondeurs se refermera, précisa Chacal, et tu ne pourras pas revenir en arrière. Tu seras obligé de progresser et de rechercher la sortie au jour. À présent, avance ou va-t'en.

Narmer fixa les ténèbres.

À peine se glissait-il dans la fosse que ses parois se rejoignirent. Vent du Nord poussa un long braiment de désespoir, Chacal parvint à le ramener aux abords du sanctuaire.

L'âne refusa de boire et de manger ; accroupi, il fixa l'horizon. Sans doute savait-il comme Chacal que, du temple des scarabées, aucun humain n'était ressorti vivant.

POCKET – 12, avenue d'Italie – 75627 Paris Cedex 13

Date initiale de dépôt légal : mars 2012
Dépôt légal de la nouvelle édition : mars 2015
S26074/61